政治レトリックとアメリカ文化
オバマに学ぶ説得コミュニケーション

鈴木 健=著

朝日出版社

はじめに

　近年、政治家の説得コミュニケーション研究に対する注目が高まっている。背景には、黒人初の大統領バラク・オバマの誕生があり、彼が雄弁によって国内だけでなく世界中に「新しいアメリカ」の誕生を予感させたことがある。1788年に発効したアメリカ合衆国憲法に基づいて、その翌年に第1回大統領選が実施されて以来、これまでに56回の大統領選が行われ、43人の大統領が選ばれてきた。オバマは、2008年民主党予備選でヒラリー・クリントン元ファーストレディを破り、同年本選ではベトナム戦争の英雄ジョン・マケイン共和党候補を破った。さらに、彼は民主党が優勢の青い州（blue states）と共和党が優勢の赤い州（red states）に分断されたアメリカにおいて、初の非白人大統領になったのである。

　大統領就任前後のオバマを見ていると、寡黙な執政者よりも「語る指導者」に人々が魅了されていることに気づく。ボストンにおける2004年民主党全国大会の基調演説によって将来有望な大統領候補に躍り出た時点では44歳の若さであった彼の魅力の源泉が、「公的な説得の技法」（the art of public persuasion）としてのレトリックであることには疑問の余地がない。2008年選挙キャンペーン序盤におけるアイオワ勝利宣言やマケインとのテレビディベート、150万人という史上最高の聴衆を集めたワシントンDCでの就任演説、プラハにおける「核なき世界」演説など、彼のスピーチは人々を熱狂させてきた。しかしながら、政治コミュニケーションを専門領域とする研究者は日本国内にまだ少なく、彼のレトリックの分析がこれまで十分になされてきたとは言いがたい。

　本書は、主に3つの目的を持っている。第1に、アメリカで誕生して発展してきた「政治コミュニケーション論」（political communication）の基本的な理論を紹介することである。これは、政治を伝統的な権力論の立場からではなく、さまざまな政策決定のレベルにおけるコミュニケーションとして捉える立場である。議院内閣制を取る日本では「三権分立」（the separation of powers）がしばしば強調されるが、大統領制を取るアメリカでは自明の理と見なされることが多く、3つの権力間の「抑制と均衡」（check and balance）の方が重要視される。本書は、行政府の長としての大統領がどのような説得コミュニケーションの技法を用いて、保守主義とリベラリズムという意見の対立のバランスを取りながら、自らの「政治的資産」（political capital）を利用して、国内および国際的なリーダーシップを発揮しているかについての分析を目指している。

　第2の目的は、アメリカの政治レトリックと社会的な説得構造を分析することである。死刑、同性婚、中絶などアメリカ国内の「世論を分断する論点」（wedge issues）を考察する場合、社会論争（social controversy）の構造を分析することなしに問題を語ることはできない。保守主義とリベラリズムのイデオロギーによって表面的に二分されたように見える社会論争は、実は多文化・多人種・多宗教といったアメリカを規定するさまざまな要因と深い相互作用がある。社会論争は、何も存在しない状況で起きるものではなく、すでに与えられている歴史的・社会的・文化的な文脈と、参加者やメディアによって意図的に枠組みされた文脈中で提示される。アメリカ人の行動原理を理解するには、日本人が考えるよりもはるかに歴史的・社会的に複雑な分析を必要とするのである。実際、社会論争に見られるレトリックは、文化的なインデックスのように機能して、短期的に人々の態度を形成させるだけでなく、長期的にも大きく変化させていくのである。

　最後の目的は、「象徴的な現実を構築する道具としての言語」（the language as a tool to construct the symbolic reality）について考えることである。人種、年齢、性差、社会階層、居住地域、イデオロギーによって人々が分断された現代社会においては、立場や経験が違えば、当然求める議論や政策も変わってくる。「アメリカンドリーム」（American Dream）や「機会の国」（the land of opportunity）といったレトリックを使うことにより、分断を超越するような象徴的現実を構築することによって、アメリカ人は歴史の転換点で危機を克服してきた。言うまでもなく、オバマ大統領も例外ではない。コミュニケーション学ではしばしば意見が対立した状況を研究対象とするが、公的な説得

の技法としてのレトリックは、そうした状況において、重要な政策決定の道具として機能してきたのである。

　日本でも、コミュニケーションの重要性に対する意識が高まり、中学校の国語の教科書でもプレゼンテーションの技法やディベートが扱われるようになった。政治の分野でも、与党が党内の根回しや野党に対する国会対策だけをしていればよかった時代が終わり、国民に対する公的な説得によって二大政党が争う時代が来ている。ニューメディア時代とグローバリゼーションが進んだ結果、公的コミュニケーションの技法を持つ政治家が日本でも求められており、政策を決定するだけでなく、決定の妥当性や有効性に対する説明責任が求められる時代が到来している。現代の政治家に求められる資質を一言で述べるならば、イエスかノーで答えられるような単純な質問（simple yes/no questions）に答えることではなく、しばしば対立する政策間の優先順位を調整する（how to strike the balance between multiple priorities of competing policies）能力に長けていることである。

　特に日本では、少子高齢化とグローバリゼーションが同時に進行する中、限られた資源の選択と集中を行うのは当然として、ブラジル・ロシア・インド・中国（BRICs）に代表される中進国に追い上げられる中で、付加価値の高い商品を生み出す産業構造、ニーズに合った労働者を育てる教育制度、富を再配分できる社会システムの構築といった問題への対応も急務になっている。そのために、政治コミュニケーション研究は、以下のような課題を取り上げていくべきである。

（1）社会的な問題意識が高く、国際感覚にも優れ、政策立案・提示能力に長けたポリシーメーカー、あるいはビジョンを雄弁に国民に語り、公の支持をテコに政策を実行できるコミュニケーターとはどのような人物か。
（2）政権担当者として、あるいは責任野党として、政治家はどのようなスピーチをすべきか、どのような選挙制度にすれば効果的なキャンペーンが可能になるか、官邸や各省庁の意見の対立をどのように調整するか。
（3）マスメディア時代からインターネットに代表されるニューメディア時代

に変わって、外国のよい例・悪い例も参考にしながら、「選挙を勝ち抜く」ための作戦をどのように構築すべきか。
（4）政権交代が可能な二大政党制下で、個人だけでなく党としても、どのようなレトリック戦略を構築できるのか。核になる価値観（core values）を構築して、メッセージをその中に収斂するにはどうしたらよいのか。
（5）無党派層や若者など、これまで積極的に政治に参加してこなかった有権者層を活性化するには、どう働きかけたらよいのか。特に、若い世代には積極的な政治参加の意思はなくても不満はあるはずであり、例えばネットによるバーチャルな集会などは持てないか。最終的に、世代間の政治的公平さと欲求のバランスをどのように取っていくのか。
（6）説得力をつけるために、どのようにディベート的発想の訓練を取り入れられるか。ディベートのうまい人はスピーチも例外なくうまいが、逆は真ならずである。それが、政治家が国民や官僚とどう向き合うかを考えることにつながり、民主主義社会における「効果的な政策提唱者」（the effective policy advocate）を目指すことになるのである。

　本書の出版までには多くの方々にお世話になった。そのうちのどれが欠けても、本書がひとつの成果として結実することはなかっただろう。まず、生まれて初めて留学したカンザス大学のドン・パーソン教授とロバート・ローランド教授からは、若く未熟だった著者に親身な指導をいただいた。2006年4月より1年にわたり、フルブライト研究員および南カリフォルニア大学アネンバーグ・コミュニケーション学部客員教授としての研究の機会を与えていただいた日米教育委員会にも感謝したい。滞在中、政治コミュニケーション論の権威で公私の区別なく研究上の便宜を図っていただいたトーマス・ホリハン教授とノースウエスタン大学時代からの恩師G・トーマス・グッドナイト教授のお2人には、感謝の言葉が思いつかない。松井孝治参議院議員には、ノースウエスタン大学同窓で同い年というよしみもあり、民主党中堅議員とのオバマ研究会の講師依頼を度々いただいた。高山智司衆議院議員にも、民主党若手議員とのオバマ勉強会をコーディネートしていただいた。お2人

のおかげで、比較政治学的に日本とアメリカのレトリックを分析する貴重な機会を得られたことに厚く感謝したい。さらに元ノースウエスタン大学スピーチ学部長で、2009年に来日し各地で講演をされた際、筆者のさまざまな質問に丁寧にお答えいただいたデビッド・ザレフスキー名誉教授にも、お礼を申し上げたい。10年間教鞭を執った津田塾大学で、つねにアメリカ文化に関して的確なアドバイスを下さったのみならず、本書に貴重なご意見をいただいた藤田文子先生にも深く感謝している。明治大学のジェームス・ハウス先生には、英文原稿に目を通していただき、貴重なアドバイスを数多くいただいたことに感謝したい。しかしながら、言うまでもなく本書における誤りや勘違いは筆者の責任であり、ご指摘をいただければ幸いである。最後に、本書刊行まで原稿を辛抱強く待ちながら励ましとアドバイスを下さった朝日出版社編集部の山本雄三氏に心から感謝したい。

茨城の自宅にて
鈴木　健

CONTENTS

はじめに………………………………………………………………… 3

第1章
政治とコミュニケーション……………………………………… 13
 1. 公的なコミュニケーションとしてのレトリック ……………… 14
 2. 政治とは何か ……………………………………………………… 18
 3. アメリカ文化と政治レトリック ………………………………… 22
 4. コミュニケーションとは何か …………………………………… 24
 5. なぜ政治コミュニケーションを学ぶのか ……………………… 33

第2章
政治と説得コミュニケーション………………………………… 39
 1. 政治レトリックの歴史：選挙キャンペーンの変遷…………… 40
 2. オバマに見るアメリカの政治レトリック ……………………… 46
 3. 対立の架け橋の戦略 ……………………………………………… 52
 4. 対立を生み出す戦略 ……………………………………………… 58

第3章
レトリカル・プレジデンシー…………………………………… 63
 1. レトリカル・プレジデンシーの変遷 …………………………… 64
 2. オバマの東京演説に見る4つのビジョン ……………………… 65
 3. アメリカ大統領の「定義する力」……………………………… 68
 4. 政治レトリックの戦略 …………………………………………… 72

5. 政治レトリックと誤謬 ································· 75
　6. 政策決定：リベラリズムと保守主義 ····················· 78
　7. リベラルと保守の間：「過激な中道」とは？ ·············· 83

第4章
大統領選キャンペーン ································· 87
　1. なぜ大統領選について学ぶのか ······················· 88
　2. 大統領選キャンペーンの4段階：予備選から本選へ ········ 91
　3. 大統領選の主要論点 ······························· 103
　4. 社会論争理論：賛成論と反対論の相互作用 ·············· 106
　5. 大統領選とジェンダー、人種、宗教 ····················· 111
　6. 選挙と世論調査 ··································· 113
　7. 世論調査の問題点 ································· 116

第5章
メディアと政治コミュニケーション ······················ 119
　1. メディアの演じる役割 ······························· 120
　2. メディア時代におけるイメージ管理 ····················· 123
　3. 「ゴーストライター」から「スピーチライター」へ ·········· 126
　4. 2008年大統領選と争点 ···························· 134

第6章
政治ディベートの歴史 ································ 149
　1. 政治ディベート ··································· 150
　2. 時代背景と過去の主要なテレビディベート ·············· 154
　3. フレームを通して報道されたオバマのテレビディベート ···· 167

第 7 章

政治コミュニケーションの分析方法 ····· 171
1. なぜレトリック批評を学ぶのか ····· 172
2. レトリック批評の基本 ····· 173
3. ジャンル分析 ····· 179
4. 比喩分析 ····· 184
5. 物語論分析 ····· 188
6. ファンタジー・テーマ分析 ····· 190
7. 社会運動分析 ····· 191
8. イデオロギー分析 ····· 192

第 8 章

[事例研究 1] CNN と Newsweek が伝えた クリントン・スキャンダル ····· 195
1. はじめに ····· 196
2. クリントンと過去の疑惑 ····· 196
3. クリントンの不倫疑惑の重要性 ····· 198
4. クリントンの自己弁護戦略 ····· 199
5. メディアイベントとしての不倫疑惑 ····· 201
6. CNN Interactive と Newsweek の報道の比較分析 ····· 205

第 9 章

[事例研究 2] A Fantasy Theme Analysis of Prime Minister Koizumi's "Structural Reform without Sacred Cows" ····· 207
1. Introduction ····· 208

2. The First Phase: A Construction of the Rhetorical Vision ……210
3. The Second Phase: A Maintenace of the Rhetorical Vision … 212
4. The Third Phase: A Crisis Management of the Rhetorical Vision …… 215
5. The Final Phase: A Termination of the Structural Reform … 218
6. Implications …… 220

第10章
[事例研究 3] 1984 Reagan-Mondale Presidential Campaign: An Analysis of the Budget Deficit Issue …… 223

1. Introduction …… 224
2. How Requirements of the Metaphor Met the 1984 Situation …… 225
3. Methodology …… 226
4. Mondale's Strategies against Reagan …… 227
5. Reagan's Strategies against Mondale …… 230
6. The Comparison of Mondale and Reagan's Strategies …… 234
7. The Implications Drawn from the Discussion …… 236
8. Conclusion …… 238

政治コミュニケーション関係ウェブサイト …… 239
参考文献 …… 241
索引 …… 257
あとがき …… 263

第1章

政治とコミュニケーション

1. 公的なコミュニケーションとしてのレトリック

　アメリカにおいては、説得コミュニケーションは「公的な説得の技法としてのレトリック」(rhetoric as the art of public persuasion) として研究されてきた（鈴木、岡部 2009）。最もよく知られたレトリックの定義とは、アリストテレス (Aristotle 1954) の「いかなる状況においても説得の手段を見いだす能力」(the faculty of observing, in any given case, the available means of persuasion) である。彼が提唱したレトリックの3ジャンルとは、過去の事件の有罪と無罪を論じる法廷弁論 (forensic rhetoric)、現在の場における賞賛と非難を行う儀式演説 (epideictic rhetoric)、将来の政策の利益と不利益を論じる政治演説 (deliberative rhetoric) である。西洋には古代ギリシャ・ローマ時代以来、2,300年以上にわたる弁論術 (oratory) の歴史がある。政治家は、ある時は雄弁に国民にビジョンを語り、またある時は政敵と激しいディベートを繰り広げてきた。同時に、多くの市民や集団も政治活動や論争に参加して、積極的に公的な発言をすることで社会を動かしてきた。そのために政治演説や社会論争は、説得コミュニケーション論における最も重要な研究対象であった。

　アメリカにおいては、政治演説は、1970年代までは主に「公的アメリカ演説史」(American Public Address) という名称の科目として研究されてきた。しかしながら、1980年代に入って「レトリック的合衆国史」(Rhetorical History of the US) と名称変更されるようになった。理由の第1は、前者が権力の座にある白人男性のスピーチを中心としていたのに対して、後者は発言権さえ与えられていなかったマイノリティの参政権運動や権利拡張運動などに関するスピーチを含むこともあるからである。同時に、レトリック研究の方法論が、社会運動やイデオロギーなどにも対象を広げつつあることも見逃すことはできない。現在では、大学によってカリキュラムに多少の違いはあっても、議題設定戦略・政治論争・イデオロギー・選挙キャンペーン・社会論争・政府とメディアなど、広い範囲が政治コミュニケーションの研究テー

マに含まれるようになっている。しかしながら、政治学者が権力構造や政策決定などシステムの分析に重点を置くのに対して（例えば、大石 1998 を参照）、コミュニケーション学者は、歴史状況の中で政治家がレトリックを用いて大衆の支持を得たり敵対者に対して反駁を行ったりするプロセスを分析しようとする（例えば、岡部 1992 を参照）。言い換えると、政治学者にとっては理論や歴史が、コミュニケーション学者にとっては議論やイベントが中心にあるのであるが、両者の研究対象や方法論がしばしば重複するのは言うまでもない。ニューメディア時代には、インターネットの発達によって、ウェブサイトなどを立ち上げれば個人でも不特定多数に直接接することができるようになった。かつては独占的な地位にあったテレビや新聞などのマスコミの地盤沈下に伴って、マスコミュニケーション研究者が自らをメディア研究者と標榜することが多くなっている。同様に、レトリック批評家も自らを社会論争やビジュアルレトリックも分析対象とする「公的コミュニケーション研究者」（public communication scholars）と呼ぶようになる時代が来るかもしれない。

　本書は、以下の章立てで説得コミュニケーションの問題を扱う。しかしながら、順番通りに読む必要はなく、各読者の興味のある章から読んでいただけるように構成してある。第 1 章では、政治とコミュニケーションの定義を考察した後で、政治コミュニケーション研究の現状を概観する。第 2 章では、政治レトリックの変遷を振り返る。特に、現代社会において政治家がどのように対立を生み出したり、対立に橋を架けたりするかを論じる。第 3 章では、語ることで統治するというアメリカの「レトリック的大統領制」の伝統を紹介する。政治家の説得の技法だけでなく、彼らの誤謬に関しても説明する。第 4 章では、大統領選キャンペーン史を眺める。選挙のたびに話題となる「世論を分断する争点」に関しても考察する。第 5 章では、政治の分野において重要性を増しつつあるメディアの役割を考え、スピーチライターと世論調査の問題を取り上げる。第 6 章では、選挙キャンペーン中最大のメディアイベントであるテレビディベートの歴史について振り返る。第 7 章では、主要なレトリック批評の方法論を示す。第 8 章では、1998 年のクリントンの不倫

スキャンダルの事例研究を示す。第9章では、小泉純一郎が総理大臣時代に行った「構造改革」のレトリック分析を提示する。第10章では、1984年のロナルド・レーガンとウォルター・モンデールの「財政赤字」をめぐる大統領選キャンペーンを分析する。

レトリック批評は、アリストテレスが提唱した論理的説得（logos）、感情的説得（pathos）、話者の信憑性や好意の表明を通じた倫理的説得（ethos）という3つの説得戦略(three modes of proof)の枠組みから始まった。その後、80年代の方法論的多元主義の時代を経て、現在では、深層テキスト分析や批判的レトリックまで多岐にわたっている（鈴木、岡部2009を参照）。本書では、日本ではなじみのない方の多いレトリック批評の主要理論を、主に第7章で政治コミュニケーション研究者および学生・大学院生に示している。政治とは、権力を持っている側からの一方通行のメッセージであってはならず、彼らのメッセージが分析されることで、一般人も民主主義社会のよき構成員としての責任を果たし権利を行使できるはずである。より多くの人がレトリック批評の分析手法を身につけておくことの重要性は、いくら強調しても強調しすぎることはない。アメリカで出版された初のレトリック批評の教科書である *The Rhetorical Act* の著者カーリン・キャンベルは、「レトリック的な物の見方」（rhetorical perspective）に関して以下のような説明をしている。

> 学問分野としてのレトリックとは、シンボルを使用する技法の研究である。それは、理論的、応用的、実験的な分析、さらには批判的な分析を提供する。レトリックは、集団内の人々の社会的な言葉の使用、誰がどのような決定を下すかという政治的な言葉の使用、さらには文化的価値観を通して信念や行動を正当化する倫理的な言葉の使用を研究する。(Campbell 1982, p. 15)

キャンベルは、最も伝統的な言い方をするなら、レトリックはシンボルが人々を教育し、歓喜させ、感動させるすべての方法を研究すると述べる。結果として、レトリック的な物の見方は、「社会的真実」（social truths）の探求に中心を置いている。つまり、集団内の人々が創造し検証する真実であり、

社会的あるいは政治的な決定に影響を与えるような真実である。

　第4章で述べるように、人々の利害はしばしば衝突する（例えば、Olson & Goodnight 1994を参照）。世代間の負担の違い、大都市圏と地方の格差、政治的イデオロギーの相違、先進国と途上国の対立など、枚挙にいとまがない。しかしながら、対立を乗り越えた共同作業によって解決にあたらなければならない問題は、財政・経済・人口・環境など、国内的にも国際的にも山積している。市民の民主主義への参加は西洋社会では長い伝統を持っているが、そうした伝統は、現在、「対話型民主主義」(deliberative democracy) という概念として注目を浴びつつある（Bohman & Rehg 1997）。ジェームズ・ボーマンとウィリアム・レッジは、「広義にとると、対話型民主主義とは、正統的な立法が市民の公的討議からもたらされるというアイディアを指す」(Broadly defined, deliberative democracy refers to the idea that legitimate lawmaking issues from the public deliberation of citizens.) と述べている（p. ix）。例えば、エミー・ガットマンとデニス・トンプソン（Gutmann & Thompson 1996）は、現代社会では価値の対立が政治においては避けられない以上、相互依存性（reciprocity）、公共性（publicity）、説明責任（accountability）の3原則が討議を制御する主要な条件であり、基本的自由（basic liberty）、基本的機会（basic opportunity）、公平な機会（fair opportunity）が討議内容の鍵を握る要素であると論じている。彼らは、民主的な市民が公的な政策にモラル的に同意できない場合、可能な同意を求めて互いに討議すべきであり、たとえ同意に達することができない場合でも互いに敬意を維持すべきであるとしている。あるいはユルゲン・ハーバーマスは、市民が理性的な特質を持って民主的プロセスに参加することで、より思慮深い相互作用と世論が形成される必要を論じてきた（Habermas 1996）。こうした問題を考える上で、政治コミュニケーションにおいてレトリックが演じる役割を知ることは不可欠である。本書が、公的な政策決定のプロセスと公的な説得の技法の関係を理解する一助になれば幸いである。

2. 政治とは何か

政治コミュニケーションが、どのような研究分野を指し、どのような方法論が用いられるかに関して、これまで十分に議論されて来たとはいえない。「政治」と「コミュニケーション」という言葉があまりにも身近であるために、厳密な定義が必要であるという認識が欠如していたと考えられる。まず、「政治」の定義に関して考えてみたい。コミュニケーション学者のダン・ハーン（Hahn 2002）は、政治を「権力（power）に関連するプロセス」（例えば、誰が持つか、どのようにそれが維持されるか、どのように使われるか）と見る伝統的な定義は避けられるべきであると主張する。なぜならば、「権力」には、物理的なもの、委託されたもの、権威から生じるもの、経済的なもの、象徴的言語による説得力など、さまざまな種類が存在するために、政治とは権力に関連するプロセスであるという定義は、多義的すぎて実際の役に立たないからである（権力論に関しては、例えば、Lukes 1986 を参照）。

ハーンは、政治を権力中心に考える代わりに、コミュニケーションを通じて起こるプロセス（a process that takes place through communication）とし

図1-1　公的問題解決のための段階別コミュニケーション

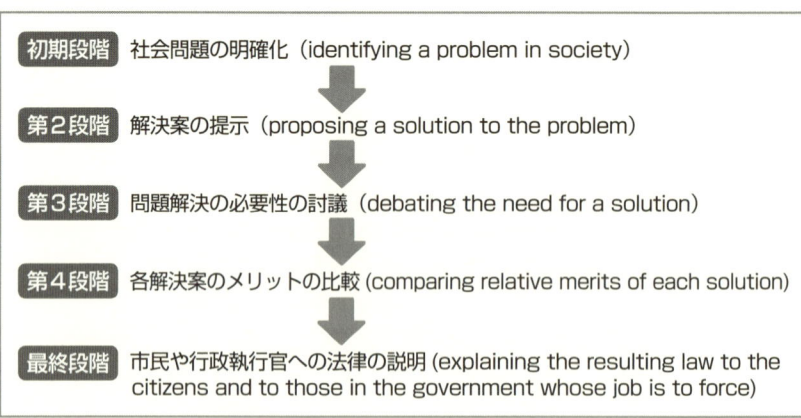

出典：Hahn, D. (2002). *Political Communication*, 2nd ed. より作成

て見ることを提唱する。彼は、政治を「公的問題を解決するプロセス」（the process of solving public problems）と定義している。こうしたプロセスには、社会問題の明確化、解決案の提示、問題解決の必要性の討議、複数の解決案のメリットの相互比較、結果的に生じる法律を行政官が施行する手続きや、市民に対する説明責任までが含まれる。すべての公的問題の解決段階において、コミュニケーションと政治は深く関わっているのである（図 1-1 を参照）。

　政治はさまざまな形態を取るので、厳密に定義できない「権力」の分析よりも、人々がコンセンサスを形成するプロセスであるコミュニケーションの分析の方がはるかに有効性が高い。アリストテレス（Aristotle 1954）が、レトリックを「いかなる状況においても説得の手段を見いだす能力」と定義したことを思い起こしていただきたい。彼は公的な説得の技法としてのレトリックは、「道徳的な目的のための正しい手段」（a right means to moralistic ends）であるべきだと述べている。政治家には、つねに現状をしっかりと分析して、問題に対する現実的な解決案を提示することが求められる。例えば、政治家が公共の福祉という「道徳的な目的」を掲げても、目標達成のための「正しい手段」を提示できなれば失格である。逆に、いくら高い支持率があり巨額の予算を動かす力があっても、その目的が私腹を肥やすことや地元への利益誘導であれば、「道徳的な目的」を目指しているとはいえない。この点、政治コミュニケーションを知ることは、国民ひとりひとりが民主主義社会におけるよき構成員であるためにも重要である。なぜならば、代表制民主主義（representative democracy）は、有権者による賢く厳しい審判がなされてこそ初めて正しく機能するからである。

　民主的な統治プロセスの構築には、第 1 に、「コミュニケーションを通じた相互信頼と説明のシステムを創造し保持する能力」を政治家選出の基準に置くべきである。同時に、公職を目指す候補者は、政治活動・選挙演説・記者会見・公的書簡・宣伝などを通じて、自らの価値観と目標を有権者に伝えなくてはならない。真の民主主義の達成には、公職にある人々とその候補者から有権者や住民にコミュニケーションが図られるだけではなく、市民も関心事と要望を彼らに表明しなければならない。こうした意味で、政治プロセ

スとは双方向的でなくてはならず、21世紀型の政治は代表制民主主義からますます参加型民主主義（participatory democracy）に変容していくはずである（例えば、ネズビッツ 1983 を参照）。市民が価値観や目標を政治家に伝える手段には、世論調査、キャンペーンにおける寄付と参加、新聞への投書、投票、ウェブサイトへの投稿、必要であれば抗議行動などが含まれる。このように、政治コミュニケーションは、人々が連帯と相違の両方に関する意見表明を行う手段なのである。同時に、国政だけでなく地方レベルの選挙においてもボランティアが増加していることや、すでに職を持っている人が休職して公職選挙に出馬するシステムなどについても考慮が必要である。

　このようなプロセスでは、何を問題として取り上げるか、どのように問題を設定するかに関して、象徴的行為としての言語が重要な役割を演じている。われわれが生活する社会では、言語により構築された現実の中で、どこに賞賛と非難が割り振られるか、何が問題に対する適切な解決案なのかが決定される。政治学者のマレイ・エデルマン（Edelman 1988）は、以下のように述べる。

> もしも貧困が個人の不適切さから生じるとするならば、心理学者やソーシャルワーカーや教育者などが、そうした問題に関して発言する権威を持つであろう。しかしながら、十分な給与を得られるだけの仕事の提供に経済が失敗していることが貧困の原因であるとするならば、経済学者が発言する権威を持つことになる。問題にはさまざまな理由が受入れを競い合うために、それぞれの主張に疑いがさしはさまれたとしても、軍事的脅威、犯罪、精神疾患、文盲などといったあらゆる他の問題が発言すべき権威者を生み出すのである。（p. 20）

　このように、ある社会問題に対してどのような解決案を採択するかという選択は、その問題をどのように定義するかにかかっている。例えば、権力者が「貧困の原因はあくまでも自己責任にあり、国家がすべきことは機会均等の保障だけである」と発言したとする。その場合、ホームレスや失業者が貧困に陥っている理由は彼ら自身の努力不足であり、取られるべき対策は職業

訓練や就職の斡旋である。しかしながら、権力者が「貧困の原因は、長期間にわたって与党の座にあった政府の無策であり、国家が今すべきことは景気対策である」と宣言したとする。その場合、貧困者は社会の犠牲者と見なされ、取られるべき施策はより直接的な失業手当の支給や生活保護費の充実になる。このように、社会的に構築された現実（the socially constructed reality）の中で問題をどのように論じるかによって、責任の所在、問題の原因、解決の方向性、各解決案の妥当性の基準などのすべてが異なってくる。これが、「公的言語を語る力を持つ者」のすべてに、権限と同時に「公的責任」が生じる理由である。問題は、すべての構築された現実にはある程度の説得力があり、どのような政策にも、それが保守主義であれリベラリズムであれ、一定の支持層がいるという事実である。

　結果として、政治家・関係者・専門家の「公的な議論が行われる場」（public forum）がメディアによって提供されることが必須になってくる（例えば、Goodnight 1982 を参照）。大衆迎合主義や社会の雰囲気によってではなく、分析と資料により裏付けされた議論が社会的責任を持った人々によってなされて初めて、民主主義社会は正しく機能する。大衆にも情報提供を受ける権利があるだけでなく、手紙やインターネットを通じての投書、電話、公聴会への参加、メディアへの投稿などを通じて、公的な議論に参加する責任があることを大衆自身が認識しなければならない。日本では、繁栄が続き人口が増え続けた高度経済成長時代には、利害関係の対立する人々と彼らの代理人が公的な議論を行うよりも、前例踏襲主義や長老支配が一般的であった。しかしながら、本章 5 節などで述べるように、国内においては少子高齢化が、地球規模ではグローバリゼーションが進行する時代においては、世代間・業界間・地域間の利害対立を恐れずに、国内および国外の新たなニーズに対応しながら、公的な議論と討論（public debate and discussion）によって問題解決案の最善の組合せを決定していく必要性が高まっている。「ある問題に対する解決案を提示することは、新たな問題を立てること」にほかならず、全体のためにどの個が既得権益を失うか、あるいは国際協調のためにどの国がどのような負担をするかという議論が不可欠になっている。

3. アメリカ文化と政治レトリック

　1830年代にアメリカを旅して『アメリカの民主主義』(Tocqueville 1945)を著したフランスの政治家アレクシス・ド・トクヴィルは、アメリカ人の気質を表す言葉として「個人主義」(individualism)を用いた。アメリカ人は、個人を思考や判断の立脚点とするために、社会も個人の集合体と考える傾向が強く、時には集団の利益に優先させても個人の意義を認める態度を持っている。その結果、彼らは自己主張を重視する文化を持っている。大統領は、価値観と利害の対立を抱える国民の結合を図って、彼らからの幅広い支持をとりつけながら行政府の長として議会を説得する「公的な説得の技法」としてのレトリックを駆使する。このように、行政府の長として、大統領には公的なコミュニケーション能力が必須となっているのである。

　「不言実行」を長らく文化的な理想型としてきた日本と異なり、多文化社会のアメリカにおいては「有言実行」が文化的な理想型であり、「沈黙は銀、雄弁は金」である。その理由は、アメリカ社会の説得構造を考えてみると明らかである。「人種のるつぼ」、「モザイク社会」など多様なメタファーで形容されてきた多民族国家であるアメリカは、多宗教国家であり、多言語国家でもある。エスニシティ(ethnicity)は、「民族性」と呼ばれており、近代国民国家内部に存在している身体的特徴や文化的・歴史的背景について共通性が認められる集団を指して使われることが多い(エスニシティの定義に関しては、明石、飯野 1997、pp. 3-4 を参照)。現在、アメリカ合衆国にいくつの民族的集団が存在するかについて統一的見解はないが、1980年に発行されたHarvard Encyclopedia of American Ethnic Groups には合計106の民族的集団が載せられている(明石、飯野 1997)。

　こうした多様性は、アメリカにおける単なる人種的な多様性を意味しない。なぜならば、何世代も前に移民して経済的にも中流以上の階級入りをすでに達成したアメリカ人と、成功を夢見て「裸一貫」で移民して来たばかりのアメリカ人や、カリフォルニア州だけでも数百万人といわれる不法移民の間に

は、画然たる経済格差が横たわっているからである。日本のように人種的・宗教的・文化的な均一性が高い国家と異なり、アメリカでは何事につけても、上意下達的な押しつけや前例踏襲主義的な意思決定は機能しない。極端にいえば、100人のアメリカ人がいれば100の立場が存在するために、全員が納得するような案はありえない。最悪の場合、権力者が自分に都合のよい意見を押しつけようとすると何も決定できないのである。

　そのために、ありとあらゆる社会的論点に関して、政治家だけでなくメディアや知識人、運動家も巻き込んだ激しい議論が戦わされる。つまり、アメリカ社会には「公的な議論」を行う以外、皆が納得する政策決定のよりどころがないのである。例えば、2007年時点で、アメリカ合衆国全体では国民の15％にあたる約4,600万人の無保険者が存在していた。多くは貧困者と失業者であり、国民皆保険制度のないアメリカでは、無保険者は医療機関にかかることができない。しかしながら、貧しい人々にまで保険を提供するには税金がつぎ込まれることになり、増税の危険があった。裕福な人々がそうした制度を「社会主義的施策」(socialist policy)と批判したために、医療保険制度改革はオバマ新政権が直面した最大の国内問題のひとつであった。

　「公的な議論以外によりどころがない」というのは、逆にいえば、公的な議論を経て決定された事柄には、ある種の権威が生まれるということである。あれほど自分の権利や意見を声高に主張するアメリカ人が、どれほど不満があっても、論を尽くした上で多数決の原理に基づいて決定された事柄には粛々と従う。ここでウィンストン・チャーチル英首相が言った「民主主義とは、最悪の統治形態だ。時々試されてきた、その他すべての統治形態を除いてのことであるが」(Democracy is the worst form of government, except for all those other forms that have been tried from time to time.)という言葉を思い起こすのは、著者だけであろうか("Quotation details" 2010)。そこにあるのは、様子を見て、決定にほころびがあれば再び公的な議論を行って新しいシステムを決定すればよい、という楽観的な民主主義の姿である。

4. コミュニケーションとは何か

政治コミュニケーションのもうひとつのキーワード「コミュニケーション」の定義に関して、次に考えてみたい。コミュニケーションとは、しばしば「人々によって共有された意味が創造されるプロセス」(communication as the process by which shared meaning is created) と定義される (Suzuki & Foreman-Takano 2004)。つまり、コミュニケーションとは、「文化」という文脈 (context) の中で、「言葉や非言語メッセージ」という手段 (tool) を用いて、「意味」が人々の間で共有されていく過程 (process) である。コミュニケーションの語源がキリスト教における集会を意味するコミュニオンから来ていることからも分かるように、上記の定義では「人々の間で共有されていく過程」の部分が最も重要である。例えば、愛し合う恋人同士は言葉を交わさなくても黙って一緒にいるだけで濃密な時間を共有している。この場合、2人にはたしかにコミュニケーションが成立しているだけでなく、目に見えない相互作用 (interaction) があり、時の経過とともに2人の関係には微妙な変化が生じていく。逆に、女性の愛を得たい男性が2人の間を言葉で埋め尽くそう

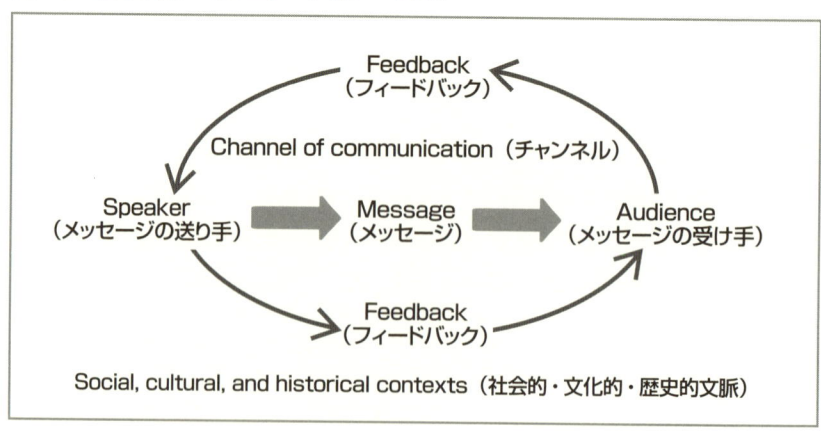

図1-2 基本的なコミュニケーション・モデル

としても、必ずしも相手はすべてを聞いていないし、かえってムードに浸れないために2人の関係は深まっていかない。

　われわれは、さまざまな形態のコミュニケーションに囲まれて日常生活を送っている。例えば、メディア学者ラルフ・ハンソン（Hanson 2008）は、「コミュニケーションとは、話された言葉を通じてであれ、書かれた言葉やジェスチャー・音楽・絵画・写真・ダンスを通じてであれ、どのように世界のすべてと社会的な相互作用を持つかである。最も重要なのは、コミュニケーションが動的な（dynamic）プロセスであり、静的な（static）ものではない点である」と述べている（p. 6）。メッセージが、送り手から受け手に発せられて相互作用が起こるプロセスを説明した基本的なコミュニケーション・モデルは、**図 1-2** に示すようなものである。

　「コミュニケーション学」は、伝統的にどのような専門分野に分けられてきたのであろうか。専門的には、コミュニケーション論は、どのレベルにおけるメッセージの相互作用を取り扱うかによって大別できる。最小単位が、ひとりひとりの心の内部に関する「個人内コミュニケーション論」（intrapersonal communication）であり、その研究手法は心理学に近い。「私という名の他人」という言葉があるように、自分が自分自身のことを一番分かっていないことも多い。独り言や夢の内容など、われわれの考えのすべてが意識下に置かれているわけではない。それどころか、他人の中傷や非難に悩んだり、将来を悪い方向にばかり考えてしまったり、客観的にはそれほど深刻でない問題に過度に悲観的になってしまったりすることも少なくない。他人との関係で起こる勘違いやあつれきが自分自身に対しても同様に起こりうる可能性を考えれば、個人内コミュニケーションの重要性はどれだけ強調しても強調しすぎることはない。

　次の単位が、人と人の問題を取り扱う「対人間コミュニケーション論」（interpersonal communication）であり、やはり心理学の研究手法に近い。

　その次の単位が、ある組織や共同体内の問題を扱う「集団コミュニケーション論」（group communication）であり、社会学や経営学の手法が用いられる。家族という社会生活の最小共同体から学校、企業、政府、刑務所、サークル、

宗教団体などの組織までが、研究の対象となる。

さらに大きい単位が、異なった文化背景を持つ人々同士の問題を扱う「異文化間コミュニケーション論」であり、文化人類学や社会心理学などの手法が用いられる。注目したいのが、日本語の「異文化間コミュニケーション論」に対応する英語には intercultural communication（文化と文化の間のコミュニケーション）と crosscultural communication（文化同士が交差するコミュニケーション）の2つがあるが、どちらも「文化の異なる部分」だけを強調しているわけではない点である（鍋倉 1997）。宗教や哲学といった「人々をつなぐための社会的なきずな」（social bonds）や、衣食住のような「生き残りのための方策」（survival mechanism）を考えてみると分かるが、文化には相違を超えて同様の機能を果たしている普遍的な部分の方が、異なった部分よりも多い。日本における異文化間コミュニケーション研究は、最初に「異文化」と訳されてしまったために、文化的な普遍性と相違点を見る視点にバランスを欠く傾向がある。

図1-3　コミュニケーション学の領域

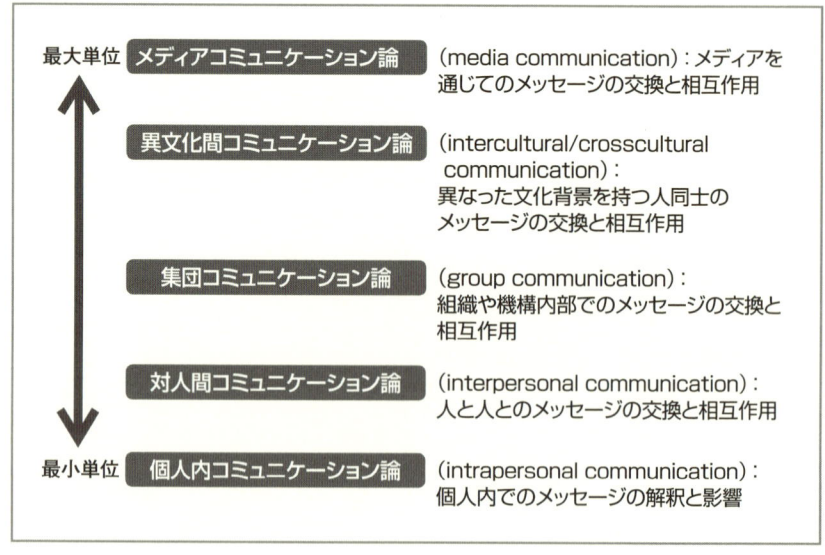

通常、最大単位と考えられるのが、不特定多数に対してメッセージを送る媒体を研究する「メディアコミュニケーション論」(media communication) である。かつては「マスコミュニケーション論」と呼ばれることも多かったが、インターネットの発達によって必ずしもテレビや新聞のようなマスメディアでなくても、例えばウェブサイトを立ち上げることで、個人でも数百万以上の人々に同時にアクセスすることが可能になったために、最近ではメディアコミュニケーション論と呼ばれることが多くなった（図1-3を参照）。

　上記の研究領域ごとの分類に加えて、研究対象によるコミュニケーション論の分類法も近年に入って用いられるようになっている。コミュニケーション技術が必要ないと考えられていた専門家と顧客の関係 (professional-client relationship) や、専門職の訓練を研究する必要性が認識されるようになったためである。例えば、ビジネスコミュニケーション論は、コンサルタント業には商売の知識だけでなく、顧客へのプレゼンテーションや成功例・失敗例の分析が欠かせないことを明らかにした。法律コミュニケーション論は、法律家には法律の知識だけではなく、陪審員や裁判員を説得するプロセスの理解が不可欠であることを示した。医療コミュニケーション論は、医療技術だけではなく、医療スタッフが患者の信頼を得るプロセスの重要性を強調してきた。政治コミュニケーション論も、政策立案や選挙活動におけるプロセスの分析の重要性を指摘してきた。

　次に、コミュニケーション学に関してしばしば見受けられる3つの誤解を指摘しておきたい。まず第1が、「コミュニケーション学とは、単なる情報伝達 (information transmission) を取り扱う学問である」。この誤解の問題点は、現代社会における複雑なコミュニケーションのプロセスを単純化しすぎていることである。情報社会学という学問分野が成立したことからも分かるように、コミュニケーションとは、送り手によってあるチャンネルを通じて発せられたメッセージが、社会的・文化的・歴史的文脈の中で受け手によって解釈され、さらに参加者同士の相互作用によって影響し合う複雑なプロセスである。解釈ひとつを取ってみても、ほめたつもりが悪意を持って受け取られたり、嫌みを言ったが相手に通じなかったというのは誰にも経験がある

ことであろう。実際、同一人物が同じメッセージを発しても、ある人には憤慨されて別の人には喜ばれるというように、状況が変われば相手から異なった反応を受けることもめずらしくない。例えば、日本が太平洋戦争を起こした動機に関し、保守派は「欧米列強支配からのアジアの解放」と肯定的に解釈しようとするのに対して、リベラル派は「帝国主義に基づく侵略行為」と解釈しようとする。あるいは、面と向かってであれば問題にならないような「率直な批判」がネット上では大事件になり、相手の発言を「引用する」形で議論が延々と続いて他人まで巻き込んだ非難合戦に発展するなど、人々が自分たちのメッセージにほんろうされる事態さえある。メッセージもその文脈も完全に中立であることは少ないために、メッセージにはさまざまな解釈の可能性が存在している。出口剛司（2009）は、「情報コミュニケーション学」の成立の必要性に関して、それは「人文・社会諸科学の共同実践として成立する学問である」とした上で、以下のように述べている。

> しかしこのような領域複合体は、しばしば断片化した知識の集積しかもたらさないことが多い。空中分解の危機を回避し、情報コミュニケーション学の企てが『学』として存在するためには、現実社会に対する研ぎ澄まされた問題意識と、複数ディシプリン間の論争を介したダイナミズムの維持が不可欠である。『社会』がますます自由なコミュニケーションの接合によって存在するポスト近代社会において、その『社会』と同様、『知』もまた複数の自由な〈知のダイナミズム〉によって成立しなければならない。その意味で情報コミュニケーション学は、基本コンセプトにおいて、ポスト近代社会における社会と知の在り方を先取りするものと確信している。(p. 64)

つまり、人間は客観的にデータを処理する機械ではなく、さまざまな価値観や経験を持った主体的な存在であるために、コミュニケーション学とは、与えられたメッセージを、つねに社会的・文化的・歴史的な文脈の中で考察することを必要とする学問なのである。

第2の誤解が、「コミュニケーション学の目的は、分かりやすいプレゼン

テーション技術の修得である」。この誤解の問題点は、ある状況における参加者をプレゼンテーションする側とされる側に厳密に分けられるという前提に立っている点である。コミュニケーションとは、前述したように、動的なプロセスであり、安定した静的な状態ではないと考えられる。特に、社会的なコミュニケーションは、参加者の意見が一致した状況よりも不一致の状況で起こる可能性の方が高い。コミュニケーション学は、意思形成（opinion formation）や政策決定（decision-making）の問題だけでなく、意思対立（opinion conflict）の状況における問題も取り扱っている。例えば、「仲がよすぎてケンカする」という言葉を思い起こしていただきたい。ある夫婦の意見の相違も、ケンカも、2人が仲よくなるためのプロセスである。また、かなり仲が悪くなってもメッセージの交換をしているうちは、2人にはまだ「コミュニケーションがある」と考えられる。実際、夫婦というのは、激しくケンカをしている間は離婚しないものであり、「顔を見るのもイヤだ」、「同じ空気を吸うのも耐えられない」という完全な没交渉になって初めて離婚に進むことが多い。その一方で、いったん「夫婦」という関係を消滅させると、相手を「1人の人間」として認めて、今度は新たに構築された関係の中でコミュニケーションできるようになることも多い。このことからもコミュニケーションとは、静的ではなく変化し続ける動的プロセスとして捉えられねばならない。

　政治におけるコミュニケーションに見受けられる意思形成、政策決定、意思対立という状況についても考えてみたい。まず、われわれが意思形成をするときは、現状に不満を持っていたり、変革の必要性を感じている場合が多い。あるいは、政策決定の状況では、解決すべき問題に対してどのような解決案を取り、どのような利点を達成しようとしているかが吟味される。しかしながら、意思対立の状況では、現状分析や解決案の選択基準に関して、そもそも参加者に意見の相違がある場合が多い。考えなければならないのは、それぞれの状況において対立を完全に排除できないまでも、中心人物たちの初期の目的と最終的な目的を把握して、破局（catastrophe）に至らないように状況を制御し、双方が納得できるコンセンサスの枠組みの構築を目指すことである（**図1-4**を参照）。

図1-4　政治コミュニケーションの3つの形態

> **A. 意思形成（opinion formation）**
> 　例：1960年代における女性の解放運動
> 　　中心人物：フェミニストたち
> 　　初期の目的：女性の意識覚醒
> 　　最終的な目的：女性の権利の拡張など
>
> **B. 政策決定（decision-making）**
> 　例：郵政の民営化
> 　　中心人物：小泉純一郎
> 　　初期の目的：郵政民営化による民間活力の利用
> 　　最終的な目的：構造改革の推進による経済回復など
>
> **C. 意思対立（opinion conflict）**
> 　例：京都議定書の批准をめぐる先進国間および先進国と発展途上国の論争
> 　　中心人物：日本、欧州の国々、アメリカ合衆国、発展途上国
> 　　初期の目的：二酸化炭素の発生量削減
> 　　最終的な目的：温暖化による経済損失回避と新規ビジネス喚起など

　不満を持つ人々の問題を解決することは、短期的には全体のコストを増大させるかもしれない。しかしながら、中・長期的には、そうした問題を解決することは必要なコストである場合も多く、「最大多数の最大幸福」を目指すことは政治の原則と考えられる。人口や経済規模が右肩上がりの時代には全体のパイが増えて予算規模も増大していくため、社会問題の解決は現状よりはるかに容易であった。しかしながら、現在の日本社会のように少子高齢化と経済規模の縮小の続く右肩下がりの時代には、すでに述べたように、「ある問題に対する解決案を提示することは、新たな問題を立てること」を意味する。アメリカには、過去を考える歴史学と同様に将来を考える未来学という学問分野があるが、未来学者たちが言うように、複雑化する現代社会でわれわれに可能なのは、最善の選択肢の組合せを考えることである。もしもある組合せを立ててうまくいかなければ、次の組合せを考えればよいという柔軟な思考方法が政治家にも求められている（例えば、鈴木、竹前、大井2004を参照）。

未来とは与えられるものでなく、積極的にデザインしてその実現を目指すものである。今までうまくいっていたので誰も言い出せなかったシステムの変更をすることができるという点で、「ピンチはチャンス」である。オバマ大統領は "Yes, We Can!" のスローガンで知られるが、アメリカへやってきた移民に対して、「機会の国」（the land of opportunity）で成功を収めるための機会均等の責任を〈政府〉が果たし、〈国民〉ひとりひとりが夢の達成のために頑張ることこそが偉大なアメリカ復権の道である、と強調してきた。日本でも、第二次世界大戦後の先進国に「追いつけ追い越せ」と頑張った時代には、商売であれ学問であれ政治の世界であれ「立身出世」を目指してひとりひとりが社会貢献を果たしたことが、近代化達成の原動力となった。歴史の転換点で、レトリックが価値観を形成して人々を励まし社会を変革する原動力になってきたことが、これまではあまり重要視されてこなかった。

　最後の誤解が、「コミュニケーション能力は、統一的な尺度で測定可能である」。語学の検定試験のように、個人のコミュニケーション能力を高めたり測定することをうたい文句にしたプログラムは多い。しかしながら、考えてみてほしい。はたして雄弁であったり、語彙が豊富な人だけがコミュニケーション能力が高いと言えるであろうか。朴訥でも心を打つ話し方をする人は、コミュニケーションが下手なのであろうか。あまり発言をしないが、最後に皆の意見をまとめることが得意な人はコミュニケーション能力が高くないのであろうか。人には向き不向きがあることを考えれば、単一の基準でコミュニケーション能力を測ろうとする非合理性が理解できる。例えば、ドイツの哲学者ユルゲン・ハーバーマス（Habermas 1976）は、言語的有能さ（linguistic competence）とコミュニケーション的有能さ（communicative competence）を発話行為理論に基づいて区別している。言語的有能さが文章構築に必要な言語学的なルールに精通していることを指すのに対して、コミュニケーション的有能さは文章を発話中で用いる能力を指し示している。ハーバーマスによれば、ある言語の生来の話者は、自身の意図を伝える文章を発話中で用いるためのコミュニケーション的有能さを、直感的な法則の意識（intuitive rule consciousness）の一部として持っている。ハーバーマスは、そのような発話

行為を適切に行う普遍的な能力を、「発話中の適切な文章使用のための条件」(the conditions for a happy employment of sentences in utterances) と呼んでいる（p. 26）。こうした考え方に従えば、あらかじめ用意されたテストやシミュレーションで高得点を取った人のコミュニケーション能力が高いのではなく、現実の状況において柔軟に対応できたり複数の参加者がいる状況で要求されている役割を演じることができることの方が、社会的には有能な人と考えられる。

知能の発達を扱う認知科学でも、近年は以前のような総合的な能力だけでなく、特定領域に限定された（domain-specific）能力に着目した判定を行うようになってきている。まともに学校教育を受けていないはずの途上国のストリートチルドレンが物売りに従事する際には、経済観念や暗算といった特定分野の能力を同年代の普通の児童より発達させているのが一例である。今後、コミュニケーション学も、状況への適応力や細分化された分野の能力を含めた研究を進めていくべきである。あるいは、同一人物がある状況ではうまくコミュニケーションができたのに、別のよく似た状況ではなぜ失敗したのかを分析することも重要である。なぜならば、独り言や夢などの個人内コミュニケーションを除けば、ほとんどのコミュニケーションには相手が存在しており、相互作用の中で行われる動的なプロセスだからである。

誤解を避けるために付け加えると、コミュニケーション能力の統一的尺度がむずかしいからといって、コミュニケーション教育が無意味だと言っているわけではない。それどころか、パブリックスピーキングは、アメリカではしばしば大学教養課程の必修科目であり、自己紹介、情報提供、冠婚葬祭、説得の演説などを通して、社会生活を営む上での最低限の技術（survival skills）を身につけさせる重要な目的を持っている。大学によっては、パブリックスピーキングを、文系学部ではなく、人づきあいが苦手な学生の多い理系学部の必修科目にしている。アメリカの名門コミュニケーション学部が、社交性の高い学生の多い東西海岸の大学よりも、農村地帯の多い中西部の大学に集中していることは興味深い。子弟のコミュニケーション能力に不安を持った父兄が、そうした学部の設置を1950年代に望んだためである。あるいは、対立をあおると思われがちなディベートも、リサーチ、データの提示、相手

の議論への反論、自らの議論の反駁、チームワークなど、単なる自己主張を超えて、実は幅広いコミュニケーション能力の養成を目的としている。

しかしながら、日本のコミュニケーション教育を見ていると、基礎となるコミュニケーション教育を抜きにして、いきなりディベートを導入しようとする動きが気にかかる。本来なら、小学校の低学年でショー・アンド・テル、高学年で情報提供や自己主張のためのパブリックスピーキング、中学校でディスカッション、高等学校でディベートというような段階別教育を行うことで、より効果的なカリキュラム構築が可能になると思われるからである。民主主義社会における構成員としての権利を行使して、さらに責任を果たすためには、こうしたボトムアップ式教育プログラムの構築を欠かすことができない（図1-5を参照）。

図1-5 段階的なコミュニケーション教育のモデルプログラム

```
高校レベル：ディベート：対立的に政策決定をする
    ↑
中学校レベル：ディスカッション：集団でコンセンサスを作る
    ↑
小学校高学年レベル：パブリックスピーキング：情報提供や自己主張をする
    ↑
小学校低学年レベル：ショー・アンド・テル：自分の意見を形成する
```

5. なぜ政治コミュニケーションを学ぶのか

日本に住むわれわれには、政治コミュニケーションを研究すべき3つの理由がある。第1に、「自由民主党と日本社会党による55年体制」の崩壊によってイデオロギー的対立が無意味になり、2009年の衆議院選挙で自民党長期政権が終焉を迎えて二大政党制へ舵を切ったことで、財政再建や公的年

金の立て直しなどの先送りされてきた問題に政治家が直面しなければならなくなったことがある。階層・居住地区・年齢・性差・個人の価値観などによって分断された現代社会では、時間をかければ機が熟して国民的合意が形成されることなど百年河清を待つに等しい。逆に、時間をかければかけるほど反対勢力の声が大きくなって、新たなプログラムの実行はむずかしくなる。ある問題の解決は、新たな問題を立てることにほかならず、必要なのは最善の選択肢の組合せを「公的な議論」によってできるだけ早く決定することである。根回しから始めて、既得権を享受する人たちに抵抗の少ない案を準備してから政策を提示するという、代議士と有権者の従来の関係を、逆転させる発想が求められている。20世紀末の冷戦構造の崩壊により、各国が自己の主張や利益を自由に追求できる環境が国際的にも整っただけでなく、21世紀に入って環境や人口、民族問題に代表されるように、国家エゴイズムを超えたグローバルな枠組みによってこうした問題に取り組む国際的な責任が、われわれに求められてきている。

　その意味で、われわれは国家内の問題だけでなく国家間エゴイズムの調整にも取り組まなければならない。ドイツの哲学者ハーバーマスは、21世紀初頭の国民国家（nation states）は、外からはグローバリゼーションと世界経済の圧力に、内からは多文化主義によって脅威にさらされていると警告する（例えば、フィンリースン 2007 を参照）。グローバリゼーションが進んだ結果、経済的移住・貧困・大量失業・生態系破壊の恐れなどが、一国の政治の責任の範囲を超えてしまう状況が生まれている。京都議定書以後の温暖化対策会議に見られるように、可能な解決策が一国の政治能力を超えて国境を越えたために、環境を悪化させた先進国の責任として援助を要求する発展途上国と、発展途上国に発展のスピードを遅らせても温暖化対策に協力を求めたい先進国の利害が対立している。21世紀においては、日本の政治家も、北米、欧州に次ぐ国際社会の第三極であるアジアのリーダーとして、国内だけでなく世界中の国家とメディアからも注視されており、時にはすでに述べた意見の修正や追加説明をしながら、国際的に積極的に意見を発信していかなくてはならない。

第2に、平成に入って小泉純一郎首相が「劇場型」と批判されながらも、国民にビジョンを語る政治スタイルを確立した結果として、政府は何を決めるかだけでなく、その正当性も説明しなければならなくなった。福沢諭吉が1873（明治6）年に、スピーチに「演説」、ディベートに「討論」という訳語をあてて西洋式議会討論の導入を図ってからすでに130年以上が経過している（波多野 1976）。残念ながら「言論の府」としての国会は、福沢が望んだ方向には行かなかった。日本の政治家は、政策プログラムを実行するにあたって「国民的合意が形成されていない」という理由で先送りする傾向がある。日本でも指導者層に、「言語によって人を説得して、社会を動かす」という公的な説得コミュニケーション能力の修得が急務になっている。例えば、フランクリン・D・ローズベルト大統領は、世界大恐慌後の就任演説において、「われわれが恐れるべきは、恐れそれ自体だけである」（The only thing we have to fear is fear itself.）という名句で国民を鼓舞し、「ニューディール政策」（New Deal）と呼ばれる多大な公共投資を伴う一連の政策を提示した。ジョン・F・ケネディ暗殺を受けて大統領職を継いだリンドン・ジョンソンは、「貧困との戦争」（War on Poverty）を宣言して「偉大な社会」（Great Society）の達成を目指した。日本でも、戦後に池田勇人首相が掲げた「所得倍増論」や、中曽根康弘首相が行政改革を推し進めた際の「増税なき財政再建」は、象徴的な言語の使用によるレトリック戦略が機能した例である。しかしながら、小泉純一郎首相の後、安倍晋三、福田康夫と自民党政権末期の総理大臣が相次いで低支持率に悩み、政局運営に行き詰まったあげく政権を投げ出してしまったことはまだ記憶に新しい。これは、ビジョンを語ることで国民の支持を得て、高い支持率をプログラム推進のテコとして活用し、最後に説明責任を果たしながら政策を実行するというコミュニケーション重視型の総理大臣を求めるメディア時代の要請に、政治家が応えていないためである。

　日本には「意自ずから通ず」、「あうんの呼吸」という言葉があるように、かつては、話者が雄弁に語る責任よりも、聞き手が相手の意図を察する能力を重要視する社会であった。1970年代の「奇跡の経済成長」や1980年代の「総中流化」の時代には、価値観やライフスタイルの点で国民の均質性が高かっ

たために、空気の読めない人はヤボでコミュニケーション能力が低いと見なされる傾向があった。しかしながら、核家族化や世代間ギャップが進んだ結果、日本社会でも明確な言い方をしないと相手にメッセージが伝わりにくくなった。例えば、「増税なき財政再建」のスローガンで行政改革にリーダーシップを発揮した中曽根康弘後に就任したあいまいな発話スタイルの竹下登がリクルート・スキャンダルにより短命に終わったり、「聖域なき構造改革」を主張して高い支持率を誇った小泉純一郎後に、「美しい日本」というイデオロギーを掲げた安倍晋三が政策ビジョンの不足から国民の支持を得られずに政権を投げ出してしまったことが思い出される。もはや、日本の政治家も「語る責任」から逃れることができないだけでなく、「語る政治家同士が競争する時代」に入ってきている。

　最後の理由は、マスメディアが「公的な政策決定を議論する場」として機能してこなかったことである。官僚や族議員による「専門領域の議論」(the technical sphere of argument) と国民の日常感覚での「私的領域の議論」(the private sphere of argument) を結ぶ「公的領域の議論」(the public sphere of argument) の活性化のために、マスメディアが賛成論と反対論を国民にバランスよく提示することが求められている（Goodnight 1982）。そうして初めて、専門領域の問題が一般の人々にも理解可能な言語で議論されるようになり、マスメディアも読者・視聴者を教育する本来の役割を果たすことができる。具体的には、私的領域の議論とは、一般人によって会話の形式で行われるコミュニケーションであり、テーマは日常の関心事である。それに対して、専門領域の議論とは、研究者や専門家によって時には彼らにしか理解できない複雑な語彙や理論を用いながら学会や公式会議の形式で行われるもので、テーマは科学や公共政策に関わる内容である。民主主義社会では、「素人には専門的な議論は分からないのだから、むずかしいことは専門家に任せておけ」という議論が望ましいとはいえない。民主主義社会では、意見の交換（give-and-take of opinions）は構成員の権利と同時に責任でもあるからである。そのためには、知識人、マスメディア、政治家、政策によって影響を受ける当事者による公的な議論が活発に行われなければならない。特に、マスメディアは

公共性の空間（public space）の参加者であると同時に提供者の一員として、一般人にも理解可能な言語を用い、問題の主要論点を整理しながら可能な選択肢の議論と評価を行っていかなければならない。

　近年、アメリカ社会は「わが家の裏庭は困る症候群」（NIMBY（Not In My Back Yard）syndrome）の蔓延に悩んできた。地方自治体の住民が、ゴミ処理場などの施設充実に総論としては賛成でも、そうした施設が作られる段になると環境面や衛生面の危惧から反対する、というエゴイズムである。ゴミ処理場の場合は、必ずしも町中に作ることができなくとも、人里離れた山中に作れば、ある程度、問題は解決する。しかしながら、核廃棄物再処理場のように、事故が起これば半径100キロ以上に影響が及ぶ可能性があるような施設の場合、より問題が複雑になる。例えば、私的領域において一般人が「近所に核廃棄物再処理場が作られては困る」と議論したとする。それに対して、事故・天災の可能性と予防措置、テロ対策や関係省庁との連携、対処方法などに関する研究者と建設省技官の会議において、正式な手続きに基づいて提示されるのが専門領域の議論にあたる。こうした場合、政府や自治体は公開討論会や公聴会を主催して、賛成論と反対論を代表する専門家が住民や関係者のために一般人に理解可能な議論をしなくてはならない。同時に、マスメディアによって議論への参加を希望する人々が自由に発言をするための場が保障されなければならない。

　公的な議論の欠如の問題点は、次の2つに集約される。1点目は、情報や議論のプロセスが国民の目にいつまで経っても明らかにならないことである。不良債権を抱えた都市銀行への公的資金投入や年金一元化問題に見られたように、公的な議論なしに「個を救うために全体で負担する」という構図が日本では繰り返されてきた。国と地方を合わせた累積財政赤字の総額が1,000兆円に迫る日本国という「全体」の危機的状況において、どの「個」が既得権益を失うべきかに関し、議論の場がマスメディアによってこれまで十分提供されてきたとも、政治家や専門家によって十分議論されてきたとも思えない。

　第2の問題は、高度の専門的判断が社会生活に重大な影響を及ぼす時代の

情報倫理が、日本では確立されていないことである。公的領域の議論の活性化こそが、責任ある意思決定システムの創造につながる。薬害エイズの問題でも、「非加熱製剤のリスクが判明した時点で、なぜ血友病患者へのインフォームド・コンセントが行われなかったのか」、「なぜ厚生省による記録隠しが行われたのか」など、政治コミュニケーション論的に分析されるべき問題は多い。情報そのものの公開と同じくらいに、専門委員会や省内における議論プロセスの公開が重要性を増している。これまでないがしろにされてきた政治コミュニケーションの観点からの日本の政策立論プロセスの分析が、今や急務となっていることは論を待たない。

第 2 章

政治と説得コミュニケーション

1. 政治レトリックの歴史：選挙キャンペーンの変遷

　効果的な議論について考えるとき、「何を言うべきか」(what to say) という内容と「どのように言うべきか」(how to say) という形式を分けて考えることはできない。文芸批評家ケネス・バーク (Burke 1950) は、「説得あるところレトリックあり。意味あるところ説得あり」(Wherever there is persuasion, there is rhetoric. And wherever there is "meaning," there is "persuasion.") と語った (p. 172)。同じことを言ってもどれだけ印象的に言うかによって、メッセージの受け取られ方は大きく変わってくる。例えば、大統領選キャンペーンは、政策論争だけでなく候補者同士のレトリックの戦いでもある。どのような政策を提唱するかだけではなく、どのように政策を伝えるかも有権者の大きな判断材料となるのである。候補者は、見識や人柄、政治的イデオロギー、経歴に加えて、問題解決への道筋について説得力を持って語れるかどうかも、さまざまなイベントを通じて審査される。アメリカの歴史を振り返ると、政治コミュニケーションの形式はさまざまな変遷を経てきていることに気づく。1789年にジョージ・ワシントンが初代大統領に選出された時には、建国13州の代表者たちによる秘密投票が行われた。当時、副大統領の選出に関して憲法上の規定がなかったために、2番目に得票数の多かったジョン・アダムスが選出された。国家の誕生と萌芽の時期には、ほとんど何も政党やキャンペーンを通じて与えられることがなかった。候補者たちは公職を目指すのではなく、公職に就くように選ばれた。当時、自分の支持を他人に求めることは威厳ある行動とは考えられておらず、本人にとっても望ましいことではなかった。しかしながら、国家が発展するにつれてさまざまな政党が生まれた結果（政党政治の発展に関しては、例えば、紀平1999を参照）、選挙キャンペーンが行われるようになった（図2-1を参照）。
　アメリカの政治文化を支える2つの伝統は、討論 (debate) と対話 (dialogue) である。そのどちらか一方を欠いてもアメリカの民主主義は成り立たない、と言っても過言ではない。対話に関して言えば、「語る大統領」こそが民主主

図 2-1 アメリカ政党史（1789〜2008年）

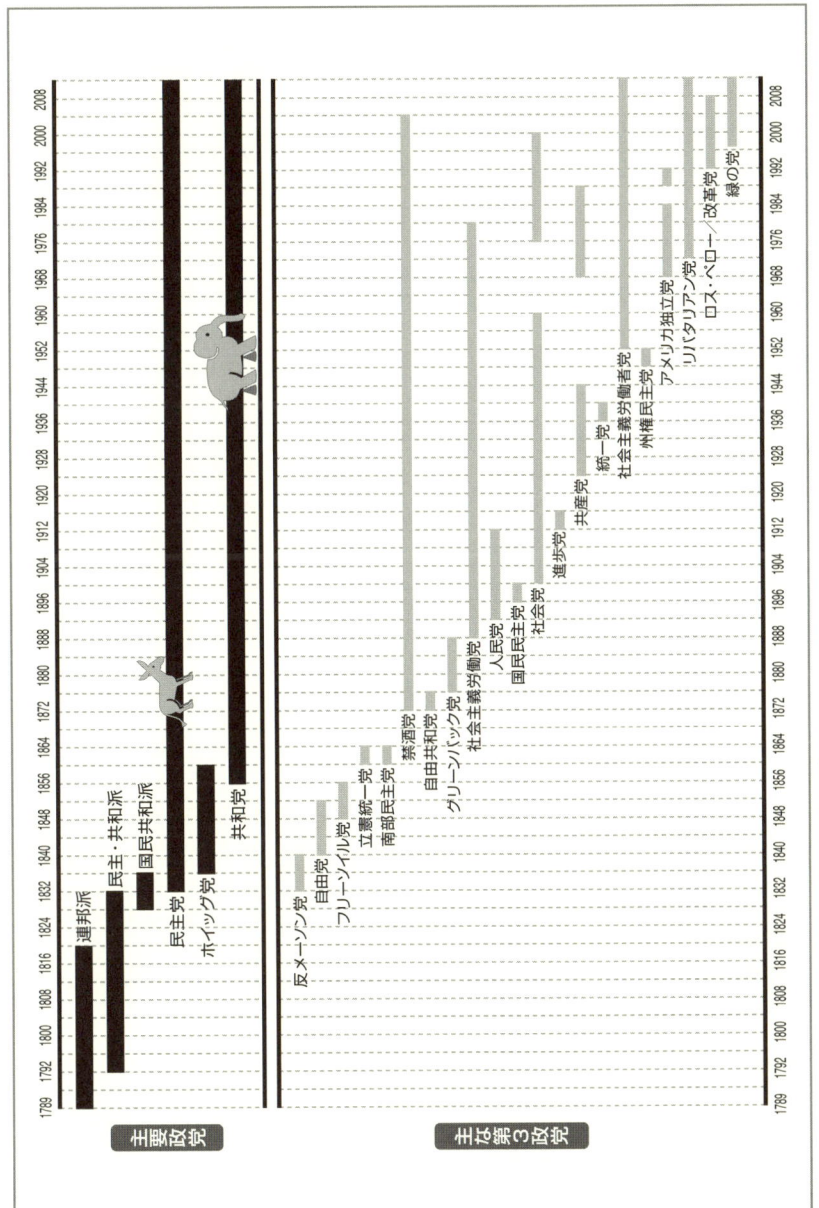

出典：The Logic of American Politics, 4th ed. より作成

主要政党：連邦派、民主・共和派、国民共和派、ホイッグ党、民主党、共和党

主な第3政党：反メーソン党、自由党、フリーソイル党、立憲統一党、南部民主党、禁酒党、自由共和党、グリーンバック党、社会主義労働党、人民党、国民民主党、社会党、進歩党、共産党、統一党、社会主義労働者党、州権民主党、アメリカ独立党、リバタリアン党、ロス・ペロー/改革党、緑の党

1. 政治レトリックの歴史：選挙キャンペーンの変遷　41

義の化身であり、権力の押しつけによってではなく国民との対話によって、時には建国以来の永続的な価値観に基づき、時には社会の不公正や欠陥を修正することを目指す。さらに、異なるイデオロギーや価値観を持つ候補者同士が行う政治ディベートは、問題を定義し、その原因を明らかにして可能な解決案の比較検討を行うことで、対立を恐れず自らの意見を主張するアメリカの政治文化を形づくってきた。初代ワシントンから第44代オバマまで43人の合衆国大統領のうち、半数を超える26人が弁護士出身であることからも、どれだけ討論能力が国家の指導者に不可欠であるかが分かるであろう。

アメリカの政治ディベートには長い歴史があり、説得コミュニケーションにおける最重要研究テーマのひとつである。以下の内容は、大統領ディベート委員会の作成した小冊子 *Let Us Debate*（Commission on Presidential Debates 1988）に主によっている。最初の政治ディベートは、1858年にイリノイ州上院議員選のキャンペーンの一部として、北部民主党スティーブン・ダグラスと共和党エイブラハム・リンカーンの間に行われた。奴隷制は倫理的に許されない行為であり、廃止なしに連邦の将来はありえないと主張したリンカーンに対して、ダグラスは、自由州と奴隷州は平和的共存が可能との立場を取った。この年の上院議員選挙はリンカーンの敗北に終わったが、このディベートは奴隷制と南部諸州の連邦離脱（secession）の問題に全国的な注目を喚起した。「この政府は、半分奴隷で半分自由の状態を恒久的に堪え忍ぶことはできない」（This government cannot endure permanently half slave and half free.）と訴えて国家的名士となったリンカーンが、1860年にはダグラスを含む他の候補者たちを破って第16代アメリカ合衆国大統領に当選した。

1924年には、ラジオが初めてキャンペーンに利用されるようになった。国全体で約500の放送局ができて、300万人以上がラジオに耳を傾けた。共和党のカルビン・クーリッジが12万ドルを、民主党のジョン・デイビスが4万ドルをラジオ演説に費やして、クーリッジが勝利を収めた。1948年大統領選では、「はたして共産党は非合法化されるべきか」（Shall the Communist Party be outlawed?）という論題で、共和党のトーマス・デューイとハロルド・

スタッセンによる予備選キャンペーンとしては史上初のラジオディベートが行われた。結果としてデューイが共和党候補に選出されたが、本選では民主党ハリー・トルーマン候補に敗退している。ちなみに、1952年の段階では国全体で1,800万台のテレビがあり、全人口の53％が選挙戦を視聴したとみられている。

　20世紀初頭以降、ラジオ、テレビ、衛星放送、インターネットなど現代的なコミュニケーション技術の発展によって、政治家が1つの放送を通じて接することのできる人々の数は、19世紀初頭の全人口を超えるようになった。彼らの発言は数時間のうちに数百の新聞に掲載されるようになり、ジェット機を使って同日にニューヨーク、シカゴ、サンフランシスコで演説をすることも可能となった。有権者家庭の1軒1軒に直接訴えかけることのできるラジオの潜在能力に着目した最初の大統領は、フランクリン・D・ローズベルトである。1930年代まで娯楽の道具にすぎないとみられていたラジオを、彼は政治宣伝に用いて「炉辺談話」(fireside chats) を活用した。炉辺談話とは、元々は暖炉の側で家族がするおしゃべりであった。ローズベルトは、33年からの任期中に、こうしたくつろいだ語りかけスタイルのラジオ放送で国民に政策談話を行い、親近感を持たせることに成功した。彼は大恐慌から抜け出すために、ニューディール政策（New Deal）と呼ばれた大規模な公共投資などによる経済復興策を推進し、第二次世界大戦にも参戦したが、炉辺談話を通して国民を勇気づけ、世論をまとめることに役立てた。ラジオの登場は、大統領選キャンペーンの様相も一変させた。当初のラジオは大講堂で行われるスピーチを会場外でも聴くことのできるメディアにすぎなかったが、やがて政治家によって宣伝枠が購入されるようになり、各放送局もリポーターに積極的にキャンペーンを報道させたり、争点を議論させたりするようになったからである。

　さらに大きな転換点は、1960年の民主党ジョン・F・ケネディ候補と共和党リチャード・ニクソン候補によるテレビディベートであった。ラジオや新聞を通じての音声と文字によるコミュニケーションに、視覚的な側面が加わった。この年は、候補者の容姿が初めてテレビ画面を通して有権者の重要

な判断要素になった年といえる。テレビディベートの役割に関しては、第6章でさらに詳しく見ていくことにする。

21世紀に入ってからは、ニューメディアの発達に伴い、公的な説得の技法はますます重要性を増している。以前ならば眼前の聴衆だけを標的としていた政治家のメッセージが、衛星放送やインターネットを通じて、瞬時に世界中に伝えられるためである。選挙キャンペーンの一環として行われるテレビディベートや、党大会の基調演説、指名受諾演説、大統領就任演説などが、時間差なしに遠く離れた人々に届けられるようになった。また、インターネットの動画投稿サイトの隆盛によって、マスメディアは報道と編集の特権を奪われ、「生」に近い政治家の弁舌や発言が一般大衆に繰り返し流されるようになった。政治家に都合のよい発言も都合の悪い発言も、発話されてしまえば、制御不可能な形で流布される。しかしながら、これが悲観的な事態とばかりは言い切れない。伝統的メディアによる独占的な文脈設定（framing）が不可能になったために、一般大衆は政治家の発言の一部分ではなく全体を把握することが容易になった。結果として、政治家の発言が公の言説（public discourse）として開かれた状況を意味している（図2-2を参照）。

図2-2　政治におけるメディア時代の変遷

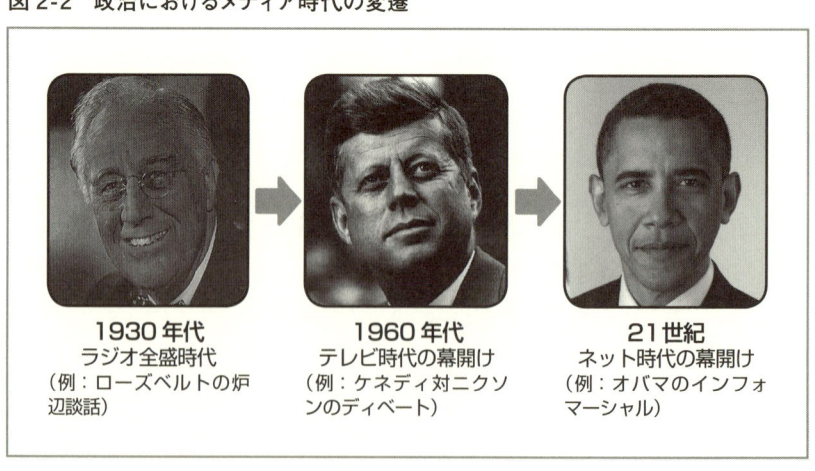

1930年代
ラジオ全盛時代
（例：ローズベルトの炉辺談話）

→

1960年代
テレビ時代の幕開け
（例：ケネディ対ニクソンのディベート）

→

21世紀
ネット時代の幕開け
（例：オバマのインフォマーシャル）

表 2-1　主要なキャンペーン・スローガン

1864年	エイブラハム・リンカーン	「川を渡る途中で馬を取り替えるな」 Don't swap horses in the middle of a stream
1900年	ウィリアム・マッキンレー	「手おけいっぱいの夕食」 A full dinner pail
1920年	ウォーレン・ハーディング	「平常への復帰」 Return to normalcy
1924年	カルビン・クーリッジ	「クーリッジでクールに行こう」 Keep cool with Coolidge
1928年	ハーバート・フーバー	「すべてのなべにチキンを、すべての車庫に乗用車を」 A chicken in every pot and a car in every garage
1952年	ドワイト・アイゼンハワー	「アイクが好きだ」 I like Ike
1964年	バリー・ゴールドウォーター	「あなたの心の中では彼が正しいと知っている」 In your heart you know he's right
1996年	ビル・クリントン	「21世紀への架け橋を」 Building a bridge to the 21st century

出典：Hollihan（2005）

　1960年まで、アメリカのマスメディアは、大統領選ではどちらかといえば企業優遇の政策を取る共和党びいきであった。しかしながら、民主党のケネディ候補は、ハンサムでテレビ映りもよく話も面白かった。メディアに働く人々も人間であるため、好感を持てば無意識に特定の候補者をひいきすることもあり、この年は「絵になる候補」ケネディにやや肩入れしたといわれている。また2008年大統領選においても、共和党マケイン陣営は、メディア報道が一貫して見栄えのよい民主党オバマ候補寄りであるという不満を持っていた。ある時期には、マケインの公式ウェブサイトのフロントページに「メディアはオバマがお好き！」（Media Love Obama）という揶揄広告が貼られていた。オバマは大統領として信任するに足る指導者ではなく、一過性の人気者（celebrity）であるという印象を作ることを狙ったものである。しかしながら、メディアもしたたかで、マケインが副大統領候補にアラスカ

州知事サラ・ペイリンを選ぶと、元美人コンテスト荒らしだった彼女に関して「ペイリンはオバマ以上のセレブか？」という特集を組んだりした。現代の選挙キャンペーンでは、政治家がメディアと良好な関係を築いて味方にすること（少なくとも、敵に回さないこと）が重要なのは言うまでもない。

2. オバマに見るアメリカの政治レトリック

　2008年大統領選は、オバマの登場によって「言葉の力」(the power of words)が注目された選挙であった。大統領が語ることで統治するレトリカル・プレジデンシー（rheorical presidency）の伝統を持つアメリカでは、説得的な言語を効果的に用いることのできる人物でなければ、厳しい選挙戦を勝ち抜くことができないだけでなく、効果的に政権を維持することができない。稀代のスピーチの名手との評価を受けており、「分断国家の融合」と「変革を求める時代」の要請とも思えたオバマであるが、彼のレトリックには3つの特徴があった（鈴木 2008, pp. 4-5）。第1番目が、「実演」(enactment)である。実演とは、話者自身が話している内容の証明として機能する技巧を指す。イリノイ州議会上院議員で無名の新人にすぎなかった彼が全国的に知られるきっかけとなったのが、2004年のマサチューセッツ州ボストンでの民主党全国大会における基調演説（keynote address）である。この時、オバマは「私は今夜、彼らにこう言います、リベラルなアメリカも保守的なアメリカもありはしない ——あるのはアメリカ合衆国なのだと。黒人のアメリカも白人のアメリカもラテン系のアメリカもアジア系のアメリカもありはしない—— あるのはアメリカ合衆国なのだと。（……）イラクにおける戦争に反対した愛国者もいれば、それに賛成した愛国者もいます。われわれはひとつの国民であり、われわれ皆が星条旗に忠誠を誓い、われわれ皆がアメリカ合衆国を守っているのです」と感動的なスピーチを行って、将来の大統領候補と目されるようになった。

　ケニアからの留学生であった黒人の父親とカンザス州出身の白人の母親の

間に誕生したオバマは、彼自身がモザイク社会と呼ばれる多民族国家アメリカの「人種間の分裂の架け橋となる」(bridge the divides between and among ethnic groups)ことの象徴なのである。2004年当時、ブッシュ（子）大統領のイラク戦争の是非をめぐって賛成派と反対派の間で世論が二分されており、もはや「合衆国」(United States)ではなく「分裂国」(Divided States)ではないか、と国民が危機感を持っていたことも見逃すことはできない。無名の新人が弁論によって全国的名士となった例としては、1858年にイリノイ州上院議員選挙キャンペーンとしてスティーブン・ダグラスと奴隷制をめぐる「偉大なディベート」(Great Debates)を行い、やはりアメリカ合衆国大統領に上り詰めたエイブラハム・リンカーンが思い起こされる。同じイリノイ州議会の上院議員であったリンカーンをオバマが敬愛していることは知られているが、2人にはこうした共通点があったのである。

　第2番目のオバマのレトリックの特徴とは、「再現」(repetition)の多用である。同じ構造の文を繰り返すことで、リズムを整え、聴衆に内容を理解しやすくする効果がある。例えば、2008年予備選のミニチューズデー（3月4日）の勝利宣言で、オバマは締めくくりに「世界は何を見るでしょう？　われわれは世界に何を伝えるのでしょう？　われわれは何を示すのでしょう？」と疑問文を3回繰り返した後で、「われわれは、党派や地域、人種や宗教を超えてひとつになり、（……）国際社会を先導して、（……）アメリカ合衆国こそが現在も、そしてこれから先もずっと、最後にして最良の地上の希望であるというメッセージを送ることができるのか」とさらに疑問文を繰り返し、「われわれはこう言います、こう願います、こう信じます」と回答を3回同じ構造で繰り返している。こうした繰り返しを多用する構造は、長身でバリトンの声を持つ彼の話しぶりとも相まって、彼のスピーチの魅力になっている。オバマは30歳から20代後半という、これまでなら考えられないような若いスピーチライター3名を採用しており、重厚さや格調の高さよりもメッセージの分かりやすさとよい意味での単純さを重視したスピーチを心がけている（スピーチライターの役割に関しては、第5章を参照）。

　第3番目の特徴は、「イデオグラフ」(ideograph)の使用である。イデオグ

ラフは、覚えやすくインパクトのある言葉やフレーズを政治的スローガンとして用いる技巧である（Borchres 2006）。オバマは、キャンペーン中に「希望」（hope）や「変化」（change）などシンプルなスローガンをウェブサイトやテレビのスポット広告で繰り返しておいて、スピーチやテレビディベートでは具体的な政策を提示するという戦略を取った。予備選で使った「われわれが信じることのできる変化」（Change We Can Believe In）と、本選で使われた「われわれが必要とする変化」（Change We Need）というスローガンについて、2008年民主党全国大会における指名受諾演説では具体的に、「税法では、その法案をまとめたロビイストが報われるのではなく、報われてしかるべきアメリカの労働者と中小企業が報われるのです。（……）私は減税を行います……全勤労世帯の95％に対して減税を実施します。なぜなら、現在のような景気では、中産階級に対する増税は決してすべきではないからです」と説明している。「黒いケネディ」とJFKになぞらえられることも多いオバマだが、「変化」というスローガンや「中産階級」へのアピールなど、クリントンとの類似点も多いことが分かる。

　近年、ますます多くの有権者がインターネットから情報を得るようになっている（**表2-2**を参照）。ここ10年間を見ても、主に新聞から情報を得ると

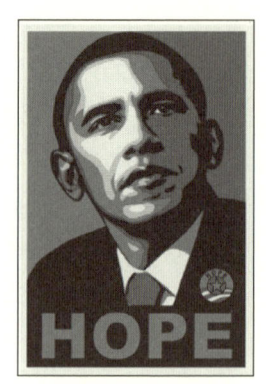

Shepard Fairey（2008）

表2-2　大統領選有権者のニュースソース　　　　　　　　　　　（単位：％）

メディア	1992	1996	2000	2004	2008
テレビ	55	54	59	50	60
新聞	32	31	24	26	12
ラジオ	9	10	10	11	8
雑誌	3	4	2	2	2
インターネット	−	1	5	11	15

出典：The Pew Research Center, "Internet's Broader Role in Campaign 2008," http://people-press.org/report/384/internets-broader-role-in-campaign-2008.

答えた人は過去の約3分の1になっており、インターネットから情報を得ると答えた人は15％と、新聞を情報源とする人を超えるようになっている。ソーシャル・ネットワーキング・サービス（SNS）などを利用し、分かりやすいスローガンで有権者の支持を得るオバマのやり方は、その点で正鵠を射たものと言える。例えば、オバマは2004年民主党全国大会の基調演説のクライマックスで、「われわれは冷笑主義の政治に参加するのか、それとも希望の政治に参加するのか」と質問した後、11回も「希望」をキーワードとして用いている。2008年のコロラド州デンバーにおける民主党全国大会の指名受諾演説でも、「アメリカの約束」（American promise）という言葉が多用されているが、これは彼が単なる「希望」を強調するだけの政治家であるという批判を意識したものである。

　オバマは以前から、よりよいものを追求するはずの〈国〉が、夢を追い求める自由を持つ〈人々〉に対する責任を十分果たしていないと考えており、さまざまな政策分野において「アメリカの約束」が果たされることこそが、偉大な国家が復活する道であると示している。レトリック批評家ロバート・C・ローランドとジョン・M・ジョーンズ（Rowland & Jones 2007）は、2004年民主党全国大会における基調演説を例に、オバマの語る物語は「アメリカンドリーム」（American Dream）という大きな物語の一部であると論じる。アメリカンドリームは、特別な人々ではなく普通の人々に関する「神話」（myth）である。それは英雄的能力によるのではなく、普通の人々が特別な事を成し遂げる冒険譚（romance）であり、3つの性格を持っていると論じている。第1に、アメリカは、普通の人々がよりよい生活を作り上げようとする気骨と決心に対して「機会」（opportunity）を与える場所である。第2のアメリカンドリームの性格とは、勤勉・責任・決断などの個人的責任と、自由・上昇指向・未決定性・共同体的団結・権限付与などの社会的責任との対立である。成功を目指すためには、こうした個人的価値観と社会的価値観のバランスを取ることが、アメリカンドリームの重要な部分なのである。最後の性格は、アメリカンドリームにはさまざまな形態があるがゆえに、アメリカンドリームを実現する英雄のモデルの列挙ではないということである。

アメリカンドリームにおける価値観への誓約（commitment）こそが、人々を成功へ導くことができるというレトリック的な証明である。持って生まれた英雄的な資質によってではなく、普通の人々がアメリカンドリームの中心的な価値観を体現することによって、彼らが特別な存在になるのである。この点で、裕福な家庭や政治一家の出身でもなく、人種的にも黒人というマイノリティで、ロサンゼルスの小さな私立大学からアイビーリーグのコロンビア大学へ編入し、シカゴの黒人街でコミュニティオーガナイザーを経験してからハーバード大学法科大学院へ進学したオバマは、完璧なアメリカンドリームの達成者である。オバマの特異性は、彼自身の言葉でそうした物語を語るだけでなく、人々が彼自身の持つオーラや経歴にそうした物語性を見ることができるという点である。オバマの語る言葉が構築した物語と聴衆自身が構築した社会的現実が相互作用をすることによって、そうした社会的現実が維持・強化されて、アメリカ自体の強さにもつながっていくのである。

　イデオグラフは、大統領自身がネーミングすることもあれば、繰り返し使われているうちにマスコミが注目して定着する場合もある。前者の例が、世界大恐慌克服のためにフランクリン・D・ローズベルトが1933年から41年にかけて行った、「ニューディール政策」（New Deal）と呼ばれた一連の経済政策である。テネシー渓谷開発公社（TVA）の設立など、大規模な公共投資による雇用の創出や産業統制による経済復興と、社会保障制度や労働者保護の制度改革などに代表される。マスコミが飛びついて定着した例としては、ケネディが60年の大統領選で掲げた「新たな未開拓領域」を意味する「ニューフロンティア」（New Frontier）がある。東から西へ辺境地帯を開拓して発展したアメリカが、新たな挑戦を続けることでさらに発展することを示している。宇宙を最後のフロンティアと位置づけて、「ソビエト連邦との宇宙開発競争に勝つために10年以内に月に人を送り込む」ことを目標にしたアポロ計画などに代表される。

　しかしながら、ケネディの後を継いだジョンソンの福祉政策「貧困との戦争」（War on Poverty）や「偉大な社会」（Great Society）以降、近年は象徴的な名称が用いられることは少なくなっている。地方分権、減税、規制緩和

などを骨子とするレーガンの経済政策に名付けられた「レーガノミックス」（Reaganomics）やブッシュ（子）の「思いやりのある保守主義」（compassionate conservatism）には、国民を奮い立たせるようなリベラルで挑戦的な響きがすでに失われている。その点、2009年にオバマ大統領が掲げた「グリーン・ニューディール」（Green New Deal）は注目に値するスローガンである。環境保護計画への巨額の投資を盛り込んだ緊急課題である景気刺激策として、グリーンカラージョブと呼ばれる雇用の創出と省エネルギーとの両方を目指している（ブルームバーグ 2009）。オバマ政権は、後退期に入った景気を活性化するためのインフラ整備計画に支出を行い、環境保護対策への長期的投資も行う予定である。

　しかしながら、最近の世論調査の結果では、より多くのアメリカ人が、自分自身をリベラルよりも保守的と見るようになってきている。例えば、2005年のピュー・リサーチ・センター（Pew Research Center 2005）の報告でも、調査された人々の39％が自分を保守的と解答しているのに対して、リベラルであると解答したのは19％にとどまっている。こうしたことの理由は何であろうか。まず考えられるのは、1980年代のレーガン革命以降、現実にアメリカ全体が保守化してきていることが挙げられる。リベラル派が指向する「大きな政府」による弱者救済より、保守派が信奉する「小さな政府」による安定成長を国民が求めるようになり、大幅な財政出動によるプログラムがむずかしくなってきている。近年の大統領選を見ても、リベラル派には、死刑廃止論者で犯罪に甘く、中絶容認論者で性モラルが低く、福祉充実の立場で増税容認という悪い印象がつきまとっている。本来の政治的な「寛容さ」（compassion）から離れ、優柔不断で弱腰という印象があるために、あえて自らを「リベラル」と言いにくいムードがある。最後に、世論調査のサンプルは、居住地域が安定していて電話アンケートなどにも答える余裕のある富裕層が中心なのに対し、低所得者層や移民は調査対象となりにくいために、データに偏りが出ることが多いことも考慮に入れる必要がある。図2-3を見ると、国民全体ではリベラルな政策を指向する民主党支持者の方が、保守的な政策を指向する共和党支持者よりもやや多くなっている。しかしながら、

ここ半世紀を見ると、全体に占める共和党支持者が盛り返してきているのに対して、民主党支持者の比率は減少傾向にあることも事実である。

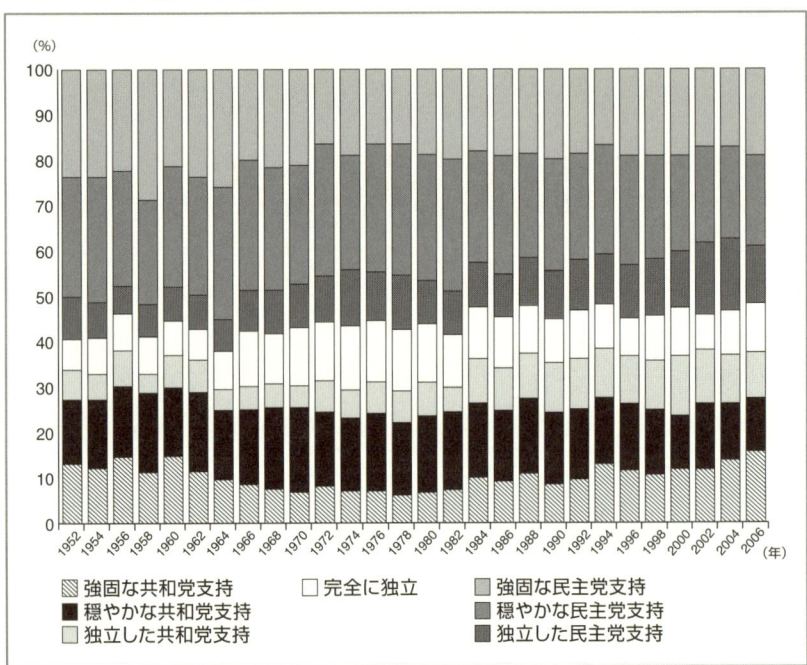

figure 2-3 主要政党の支持層の推移

凡例：
- 強固な共和党支持
- 穏やかな共和党支持
- 独立した共和党支持
- 完全に独立
- 強固な民主党支持
- 穏やかな民主党支持
- 独立した民主党支持

出典：*The Logic of American Politics*. 4th ed. より作成

3. 対立の架け橋の戦略

　政治家が「公的な説得の技法」としてのレトリックを身につけることは、重要な「政治的資産」(political capital) を持つことにほかならない。なぜなら、この世の中には、国家間や人種間や宗教間の分断を強調し、さらには固定化しようとさえする勢力が存在しているからである。そのため、政治家は、違いを埋めるための「架け橋を作る」(bridging differences) アピールを構築し

なければならない。また、政治家には、公共政策を評価するために、自らの通常の判断基準からあえて逸脱せざるをえないことも時にはある。そうした状況では、変化に対応する現実的な説明もしくは口実必要である。対立を解決する架け橋の戦略には、さまざまなものがある。以下に、筆者がノースウエスタン大学コミュニケーション学部教職助手として「パブリック・アーギュメンテーション」を担当したときに、アドバイザーのグッドナイト（Goodnight 1995）が作成したリストに加筆修正したものを紹介する。

　最初の架け橋の戦略が、「望ましくない２つの案のよりましな方（the lesser of two evils）の選択」である。あまり望ましくない２つの選択肢に直面したとき、賢明な人物ならば問題のより少ない方を選択するであろうという議論である。例えば、未曾有の経済危機に直面したオバマ大統領には２つの選択肢があった。ひとつが、これまでの規律を無視しても大規模な財政出動を行うことであり、もうひとつが、共和党が主張したように抑えた財政出動を行うことである。彼は、前者の案を採用して、総額7,870億ドルの景気対策を行う決断をした。なぜならば、中途半端な景気対策を行った場合、景気回復が遅れた時に言い訳が立たないだけでなく、景気対策そのものが無駄になる可能性があったからである。2009年９月現在、失業率が９％台後半という25年振りの高水準で10％の大台に迫っていることを考えると、できる限り大規模な財政出動を行うという決断は、望ましくない２つの選択肢から少なくともよりましな方を選んだと見ることができる。

　次の戦略が、「無駄に基づく議論」（argument from waste）であり、２つの異なった主張に関わっている。第１の主張が、あるプログラムの採択は、別の観点から見た場合、時間や資源の無駄であるとすることである。これが架け橋として機能する理由は、発言者が共通の問題の重要性を見つけられるからである。プログラムに反対があるときに、まず問うべき質問は、なぜあえて無駄なことをするのかである。もうひとつの主張は、プログラム完遂前に中止するなら、これまでにつぎ込んだ資源を無駄にするということである。最後までプログラムを行わなければ、すべては無駄になるという議論である。例えば、オバマが、批判を受けながらもビッグスリーと呼ばれる三大国内自

動車メーカーの一角ジェネラル・モーターズ（GM）を一時国有化して再建支援を決めたことが、「無駄に基づく議論」である。どれだけGMの将来性に疑問があっても、現段階でGMを見放せば、これまでの支援策が無駄になって一気に倒産してしまうだけでなく、さらに関連部品メーカーなどに多大な社会的影響を及ぼすと議論することで、関係者に共通の義務を負う約束をさせたのである。

第3の戦略が、「前例に基づく議論」（argument from precedent）である。前例とは、ある原則に基づいて、過去にすでに採択された事象である。それ自体がはらむ利点に議論の余地があるならば、ある行動を支持することは望ましくないかもしれない。しかしながら、提案された行動がすでに過去に行われたものであるならば、そうした行動は否決されるべきではない。結果として、その決定の責任を、現状で関わる集団を超えて、過去の歴史に帰すことができる。例えば、1860年に共和党予備選で大統領候補の指名を争った敵たちの地域バランスと性格を考えて、ウィリアム・スワードを国務長官、ソロモン・チェイスを財務長官、エドワード・ベイツを司法長官に入閣させたリンカーン政権は「チーム・オブ・ライバルズ」（Team of Rivals）と呼ばれた。そうした故事にならって、オバマ大統領も民主党予備選を争ったライバルのヒラリー・クリントンを国務長官に、ビル・リチャードソンを財務長官（リチャードソンは後に辞退）に指名した。こうしたやり方は、彼らの能力を生かせるだけでなく、閣外から批判を展開することを封じ、さらに、自らの党内基盤を強化できるという一石三鳥の戦略でもある。

第4の戦略が、「新たな始まりを論じること」（arguing a new beginning）である。融合を達成するひとつの方法は、過去の反目に対するある種の大赦を宣言することである。政治家は、新時代、新プログラム、新たな出発の入り口に、継続的に人々を置かねばならない。この戦略の趣旨は、使い古された先例や過去の失敗ではなく、現状の問題に注意を集中させることである。政治家は、新たな誓約を示すために、一里塚となるイベントを使用するのがつねである。1974年のニクソン以来、アメリカ合衆国大統領として35年ぶりにエジプトの首都を訪れたオバマは、「私がここカイロへやってきたのは、

米国と世界中のイスラム教徒の間に、新たな始まりを求めたからです。(……) アメリカとイスラムは重なり合うものであり、同じ原則を共有しています。すなわち、正義と前進、寛容と全人類の尊厳という原則です」と呼びかけた。背景には、ハーバード大学教授サミュエル・ハンチントンの指摘した、異なった文明は不可避的に対立するという「文明の衝突」(clash of civilizations) のテーゼが 1990 年代に脚光を浴びたことや、2001 年 9 月 11 日の同時多発テロ、その後のイラク戦争によるキリスト教圏とイスラム教圏の緊張関係などがあった。

第 5 の戦略が、「誓約の再生」(renewal of commitment) である。なぜ問題は発生してくるのであろうか。しばしば、その原因は、注意の欠如や怠慢、見落としなどである。政治家は、古の価値観を呼び起こして、社会的な誓約を再生させ、誇るべき遺産の価値ある側面を実行する時が来たと論じることができる。ただし、こうした戦略は、第 29 代大統領ウォーレン・ハーディングの「平常への復帰」(return to normalcy) や、第 43 代大統領ブッシュ (子) の「思いやりのある保守主義」(compassionate conservatism) などのスローガンに見られるように、リベラルな民主党よりも保守的な共和党政治家によって用いられる傾向がある。

第 6 の戦略が、「人民の意思」(the will of the people) を利用することである。時には、政治家が、メリットが明確でない自らの提案を正当化したいと望む場合もある。そうしたとき、世論調査の結果や、広く受け入れられている出典、あるいは一般人の発言を、その提案が望まれていることの証左として用いることができる。民主主義社会においては、つまるところ、人民の意思には従うべきだからである。例えば、アメリカでは、個人や企業が加入する民間保険料が高騰した結果、企業が保険の適応範囲を狭めたり、解雇された従業員が無保険者に転落する事態が急増している。ヒラリー・クリントンが中心となった第 1 期クリントン政権の健康保険制度改革は、議会や国民への説明不足や生保業界と企業のロビイング活動によって改革案が頓挫しただけでなく、1994 年の中間選挙における民主党の敗退につながった。政権が目指す国民皆保険導入への保守勢力の反対によって国論が二分している事態を受けて、オバマは 2009 年

9月9日午後8時に上下院本会議で演説を行ったが、プライムタイム（高視聴率時間帯）にもかかわらず全米に生中継された。CNNがオバマの演説直後に行った調査によれば、改革案への支持率は直前まで50%前後に低迷していたが、67%が改革を支持すると回答したという点で、演説はある程度の成功を収めた。その後、2010年3月23日、今後10年間で3,000万人以上の無保険者を解消するという改革法案に署名し、同法が成立した。オバマは署名式典で、「1世紀にわたる努力の末に、改革はかなわぬ約束ではなく国家の法律となった。これは私の勝利ではなく、アメリカ国民の勝利だ」と語った。

　第7の戦略が、「常識（common sense）への訴求」である。時には、常識がアピールの源になることもある。専門家の証言が複雑であったり、暫定的であったり、高度に概念的であったり、仮定にあまりにもとらわれていたりした場合、政治家は論争を2、3の分かりやすい論点に集約したり、それらがなぜ鍵を握るのかを説明したり、判断を仰ぐという手がある。しかしながら、常識へのアピールは、誤った単純化であったり、最悪の場合、単なる口実であることもある。こうしたアピールが効果的であった例としては、2008年大統領選でオバマが、テロリスト集団の創設者であるイリノイ大学のエアーズ教授と親交があったと噂を立てられたとき、彼は自分が8歳時点のことだったと一蹴した。詳しい言い訳をするよりも、有権者の常識に訴える戦略を取って成功した例である。

　第8の戦略が、「共通の利益の強調」（emphasizing common benefits）である。理論的には、少なくとも、ある提案が関係者全員に対して利益がある場合、あるいは特定の関係者にしか利益がないが他者によけいな負担がない場合、それは受け入れ可能な提案のはずである。ただし、利益とは、どのような政治的な立場を取るかによって、その評価が変わってくることは覚えておかなくてはならない。例えば、オバマは、2009年6月4日のカイロ演説で、「何十年にもわたり行き詰まりの状態が続いています。（……）パレスチナ人はイスラエル建国によって難民が発生したことを指摘し、イスラエル人は歴史を通じてその国境の内外から常に敵意と攻撃を受けてきたことを指摘しています。しかし、この対立をどちらか一方からだけ見たら、私たちは真実に目を

つぶることになります。唯一の解決法は、イスラエル人とパレスチナ人がそれぞれ平和で安全に暮らすことができる2つの国家によって、双方の願望を達成することです」と述べている。

　第9の戦略が、「共通の敵を作り出すこと」（creating a common enemy）である。2つの集団を分離する違いに橋を架けるひとつの方法は、その相違よりも大きな共通の問題を創出することである。両集団は共通の理由を与えられる範囲で、その敵とより効果的に相対することができるために、この戦略が架け橋の道具として機能するのである。共通の敵は、冷戦時代のソビエト連邦などの社会的集団でも、公的な健康保険危機などの国民共通の問題でもありえる。例えば、オバマ大統領は2009年4月5日にチェコの首都プラハで行った「核なき世界」演説で、「私たちは絶対にテロリストの手に核兵器が渡らないようにしなくてはなりません。これこそ世界の安全保障に対する最火急かつ最大の脅威です。ひとりのテロリストが核兵器を持てば、大規模な破壊が引き起こされかねません。アルカイダは核爆弾を求めているし、それを使用するには何の障害もないと述べています。（……）そこで今日、私は宣言します、世界中のぜい弱な管理下にある核物質をすべて安全に管理するための新たな国際的活動を4年以内に開始すると。私たちは機微な核物質を厳重に管理するために、新たな基準を定め、ロシアとの協力関係を拡大し、新たな国とのパートナーシップを推進します」と、テロリストを共通の敵として明確にすることで核保有国間の協力を呼びかけている。

　10番目の戦略が、「超越的な原則への訴求」（appeal to transcendent principle）であり、共通して人々が保持できるものを強調する方法のひとつである。ここで政治家は、示された代替案が、対立する陣営の双方が共有する基本的な価値観の延長線上にあることを示すのである。例えば、オバマは前出のカイロ演説で「戦争は終わらせることより始めることの方が簡単です。内省するよりは他者を非難することの方が容易です。（……）あらゆる宗教の中核にはひとつの教えがあります。それは、己の欲するところを人に施しなさい、という教えです。この真実は、国家や国民を超越するものです。この信条は、新しいものではなく、肌が黒くても白くても茶色でも関係なく、キ

リスト教もイスラム教もユダヤ教も関係なく存在するものです。それは、文明の始まりに鼓動を始め、現在も世界中の何十億という人々の心に脈打つ信条です。それは他者に対する信頼であり、そしてそれが私を今日のこの場に導いたのです」と語る。しかしながら、こうしたアピールの問題は、あまりにも一般的すぎる場合には、言及された原則と提示されたプログラムの間に数多くの解釈があてはまってしまう点である。もうひとつの問題点は、原則に関する議論が、プログラムを実行する真の理由を隠すための方便になってしまう危険性である。

最後の架け橋の戦略が、「妥協」（compromise）である。日本語で「妥協」というと、不本意ながらという否定的なニュアンスが強いが、欧米人の感覚では、実行可能な範囲の中で皆がなんとか納得できるという違いがある。この戦略は、対立する双方が「最も重要な要素」に向けて協調していくべきであると主張する。真理とは両極端の間に存在しており、双方が知恵を出し合った方が、一方だけが考えるよりもよいはずであるという信念から来ている。もしも妥協したいと考えるならば、われわれの願望の中では何が本質的ではないかを理解して、何が本質的願望に対立しているかを知らねばならない。例えば、オバマは前出のカイロ演説の終盤で、「私たちには、私たちの求める世界のために力を合わせる責任があります。それは、もはや過激主義者がアメリカの国民を脅かすことがなくなり、アメリカの兵士たちが母国に帰還できる世界、イスラエル人とパレスチナ人がそれぞれ自分の国で安全に暮らし、原子力が平和目的で利用される世界、政府が国民に奉仕し、神の子すべての権利が尊重される世界です。それが私たちの相互の利益です。それが私たちの求める世界ですが、これを実現するには、協力し合うほかありません」と論じている。

4. 対立を生み出す戦略

言うまでもなく、政治家は架け橋を作り出すだけでなく、「架け橋を破壊す

る」(destroying bridges)アピールも用いる。彼らは、異議を唱える（generating dissent）ことによって政治的な対立を創出しようとする。そうした戦略のいくつかは、第1章の最終節ですでに触れた、専門領域の議論（the technical sphere of argument）と私的領域の議論（the private sphere of argument）、それらを結ぶ公的領域の議論（the public sphere of argument）の関係を再定義することである。第1の戦略が、「うわべと現実の対比」（appearance vs. reality）を論じることである。すべての理想を取り込もうとする主張に対するひとつの方法は、その人物の発言と行為、あるいは提唱しているように見える内容と実際の内容の間に差異があると論じることである。または、採択予定の施策の目指す価値観が、実際に施策の招く結果と違っていると断じることである。2009年に保守派や共和党が、オバマの医療保険制度改革案が実行されれば、不法移民にも保険が適用されると主張したのが一例である。制度改革によって、不法移民のための支出が増えれば、税率アップにつながるという危惧を持つ国民が多かったことに乗じた戦略であった。

　第2の戦略が、「責任の所在」（the question of responsibility）を論じることである。どの集団や人物が問題を引き起こしたのか、あるいは、問題を防ぐために行動しなかった責任があるか否かが、主要な争点となる。問題が生じたり、計画が頓挫したり、社会指標が生活水準の低下を示したり、センセーショナルな出来事が起きたときに、こうしたことの発生を防ぐ洞察力（foresight）を誰それが持つべきであったと主張することで、ある人々は問題を自らに有利な材料に転化しようとする。こうした主張に対抗する手段は、相手のしているのは単に後知恵（hind-sight）に基づく主張であるとの指摘である。例えば、2001年9月11日の同時多発テロ後、戦時大統領としてブッシュ（子）が高い支持率を誇っているとき、民主党はクリントン政権が引き継ぎの時にすでに本土でテロが起こる可能性を指摘していたと攻撃した。

　同時に、政治家は自らの責任の所在を否認できる。もしも政治家がある争点に関して態度を示すことを避けたい場合、あるいは相手の感情を逆なですることなしに、争点との結びつきを否定したいとき、自分はそうした決断を下す権威、専門知識、正統な権利を単純に持たないと主張できる。その結果、

責任の所在の問題は、別の誰かのものとなり、しかも自分自身の真の意見を隠しておくことも可能になる。

第3が、「性質を時勢に結びつける」(relating character to times)戦略である。対立する利害を調整して人々の要望を実現するために、日常的な決断を行う権利を誰が有するか、つまり誰が「国民」を代表するのかというのは、重要な問題のひとつである。議論の提唱者は、自らの強みを相手の強みから差別

表2-3　政治家の選択を形容する言葉

肯定的な表現	否定的な表現
「聞く耳がある」(open-minded)	「優柔不断」(wishy-washy)
「信念がある」(committed)	「狭量である」(closed-minded)
「経験豊富である」(experienced)	「利権にまみれた」(corrupt)
「進取の気概に富む」(innovative)	「経験不足」(no experience)
「現実的」(realistic)	「金で動く」(hack)
「理想主義的」(idealistic)	「夢想家」(dreamer)
「粘り強い」(tough)	「権威主義的」(authoritarian)
「思いやりのある」(compassionate)	「弱腰」(fails to make tough decisions)
「勇敢な」(bold)	「冒険主義的」(adventurous)
「用心深い」(cautious)	「臆病」(timid, or "running scared")
「率直な」(frank)	「融通がきかない」(a troublemaker)
「機転が利く」(diplomatic)	「二枚舌」(a liar)
「趣旨が立派」(well-intended)	「不完全」(incompetent)
「公平な」(fair)	「裏切り」(sells out)
「予防措置」(safe guard)	「偏執狂的幻想」(paranoid delusions)
「革新的」(progressive)	「上昇志向」(interested in advancing career)
「魅力に満ちた」(glamorous)	「低モラル」(loose morals)
「家庭を大切にする人」(family man)	「退屈」(stodgy)
「国家的名士」(national candidate)	「拠点がない」(no home base)
「強固な地盤」(solid regional)	「ローカル」(provincial)
「専門家」(expert)	「頭でっかち」(overly intellectual problems)
「普通の人」(common man)	「扇動家」(demagogue)

化しようとする。思い出してほしいのは、政治家は、選択がどのように見られるかを考慮に入れて政策決定をしなくてはいけない点である。皆によい顔をすることもできないし、皆に不満な政策を取ることもできない。その上で、自らの選択が政敵との重要な違いを示していることを強調しなければならない。選択は、時代の要請に合っていなければならず、政治家は、自らの選択を形容する言葉を注意深く選ぶことが必要になる。まったく同じことを形容しても、**表2-3**の左側はプラスで、右側はマイナスな響きを持つ言葉である。政治家は、現状の方法を肯定する目的と別の選択肢を正当化する目的とで、それらの形容を使い分けることができる。

　最後が、「道を分かつ」(parting of the ways) という戦略である。政治家同士の利害の対立や哲学の違いが耐えがたいほどになり、もはや1つの集団として存在することを望まなくなる場合がある。議論の提唱者は、対立する人々と異なった信念、意見、あるいは政策を持っていることを明らかにしなくてはならない。こうした行動は、所属政党の移籍など、公式的な協力関係の変更で達成可能である。第2に、分離しての新政党の立上げなど、新たな看板を掲げることでも達成可能である。第3の方法は、組織の歴史や原則に立ち返って、現在の組織は、そうした理念に忠実ではないと主張することである。この場合、自分が伝統の真の継承者であると宣言することができる。しかしながら、そうした行動にはいくつかの危険が伴う。まず、自らの私利私欲のために「川を渡っている途中で馬を取り替える」という批判を受ける可能性があり、そうした行動は、組織の弱体化を招く危険を冒すことになる。さらに、はみ出し者のレッテルを貼られる危険もある。それでも自らに大義があると信じられ、元々の所属との絆を切るだけの重要性を持つなら、そうした行動も時には必要である。

第3章

レトリカル・プレジデンシー

11. James K. Polk　12. Zachary Taylor　13. Millard Fillmore　14. Franklin Pierce　15. James Buchanan

1. レトリカル・プレジデンシーの変遷

　アメリカには、「語ることは統治なり」というレトリック的大統領制（rhetorical presidency）の伝統が存在する（Tulis 1987; 岡部 1992）。ジェフリー・チュリス（Tulis 1987）は、言葉によって国民を説得する大統領の力を以下のように説明している。

> レトリック的な力は、非常に特殊な行政権力の例である。武力をはじめとした行政権力の行使を正当化する手段となりうると同時に、それ自体が権力であるからだ。レトリック的な力は、単なる「コミュニケーション」の一形態ではなく、語りかけられている人々に、彼らが評価を下すべき政治的言説の隠喩、範疇、概念などを身につけさせる方法でもある。(p. 203)

　アメリカの歴代大統領は、自らの言葉で国民に政策を語り、現状分析を示し、将来のビジョンを提示することで国家を導き、超大国の指導者として世界に貢献することを目指してきた。しかしながら、こうした制度が確立したのは20世紀に入ってからにすぎず、大統領によってコミュニケーションのスタイルが異なり、それぞれに時代の影響を受けていることは言うまでもない。過去半世紀を振り返って見ると、「ニューフロンティア」（New Frontier）を掲げたジョン・F・ケネディから、「偉大な社会」（Great Society）を目指したリンドン・ジョンソンを経て、リチャード・ニクソンは「法と秩序」を語り、ジェラルド・フォードは「忍耐と寛容」を呼びかけ、ジミー・カーターは「自制と人権」を語り、「偉大なコミュニケーター」（Great Communicator）と呼ばれたロナルド・レーガンは「価値の再生」を語り、ジョージ・ブッシュ（父）は「新しい風が吹くアメリカ」を宣言し、ビル・クリントンは「21世紀への架け橋」を呼びかけ、「テロとの戦争」を目指したジョージ・ブッシュ（子）まで、説得的なコミュニケーションに従事してきた。

　代表制民主主義社会を機能させるには、何がどのような基準で正しいのか

を評価するために、レトリック批評を市民が学ぶ必要性がますます高まってきている（鈴木、岡部 2009）。国民は、政治家のレトリックを受け身的にではなく積極的に評価することで、より責任ある行動を取れるようになるはずである。同時に、ニューメディア時代に生きる政治家も、国民に分かりやすくアピールするイメージ形成が「入口」（inlet）で、専門家と関係者による公的な議論と討論が「中間」（interspace）で、効果的な政策決定が「出口」（outlet）であるという認識を持たなくてはならない。21世紀の政治家は、大衆受けするイメージ形成に専心するのでも、政策さえしっかりしていれば公的な議論をしなくてもよいと考えるのでもなく、幅広い支持を受けて、国内外の問題に効果的に取り組んで行くべきなのである（図3-1を参照）。

図 3-1　ニューメディア時代の政治コミュニケーション戦略

入口　→　イメージ形成（image construction）
中間　→　公的な議論と討論（public debate and discussion）
出口　→　効果的な政策決定（effective policymaking）

2. オバマの東京演説に見る4つのビジョン

新大統領となったオバマの目指すレトリック的大統領制とは、どのようなものであろうか。彼は2008年大統領選キャンペーン中に *Foreign Affairs* に寄稿した論文で、「ビジョン中心の指導力」（visionary leadership）を目指すと述べている。過去にとらわれることなく新たな展望（vision）を示し、国内外の問題解決のために、アメリカ合衆国とリベラルな民主主義の国際的基盤を揺るがすものに恐れずに立ち向かうことで、よりよい将来を達成しようとするスタ

イルである。具体的に、2009年11月14日の東京演説で提示された4つのビジョンを見てみたい（鈴木 2009b）。最初が、「米国と日本の永続的で活性化された同盟関係」（enduring and revitalized alliance between the United States and Japan）というアイディアである。彼は、「2カ月後には日米同盟が50周年を迎えますが、（50年前の）その日、ドワイト・アイゼンハワー大統領は日本の首相の隣に立ち、日米両国は『平等と相互理解』に基づく『不滅のパートナーシップ』を構築していくと述べました。以降半世紀にわたり、この同盟はわれわれの安全保障と繁栄の基盤であり続けてきました。（……）とりわけ、われわれの同盟が長続きしてきた理由は、それが両国共通の価値観を反映しているからです。その価値観とは、自由な民として自らの指導者を選び、自らの夢を実現するという民主的権利への信頼であり、鳩山首相と私自身が変革の公約を掲げて当選することを可能にした信念です。そしてわれわれは共に、両国の国民と同盟関係のために新時代のリーダーシップをもたらすことを約束します」と述べている。これは、アメリカによる日本の戦後統治の成功と非キリスト教圏で初の近代化が、「アメリカ型民主主義の陳列棚」（a showcase of the American democracy）と呼ばれていることを踏まえている。

　次のビジョンが、アジア太平洋地域（Asia-Pacific region）へとつながるアメリカである。オバマは、「アメリカ合衆国は大西洋沿岸の港や都市の連なりとして始まったかもしれませんが、何世代にもわたって太平洋国家でもあり続けています。アジアと米国はこの大海に隔てられているのではありません。この大海によって結ばれているのです」と語っている。これは、人種や国境による分断に対する「架け橋の戦略」（bridging strategy）である。彼自身のアジアとのつながりという「個人的物語」（personal narrative）の後、国家的・地域的な物語を続けている。「われわれは台頭する国々に目を向けるとき、21世紀においては、ある国の安全保障と経済成長を成り立たせるのに他国が犠牲になる必要はない、という見方をしています。米国は中国の台頭をどのようにして受け止めているだろうか、という疑問を呈する人が大勢いることは知っています。しかし、すでに申し上げたように、相互に結びついた世界では、国力はゼロサム・ゲームである必要はなく、国々は他国の成功を恐れる必要

はないのです。影響圏を競うことではなく協力圏を形成することが、アジア太平洋地域の進歩につながるでしょう」と述べて、大国が覇権を争うのではなく、北米、欧州、アジアといった多極化した国際秩序の構築を予測している。

　第3のビジョンは、「集団的な未来」(collective future) である。このスピーチで最も重要な部分で、その実現に必要な施策について時間を割いて述べている。第1の施策が、経済回復と均整が取れた持続的な成長である。持続的な成長には、言うまでもなく、気候変動対策が含まれている。オバマは、「われわれ個々人が、自分にできることをして、地球を危険にさらすことなく経済を成長させる必要があります。しかも、一緒にそうする必要があるのです。しかし、明るい知らせは、ルールと動機づけを適切に導入すれば、最高の科学者、技術者、起業家の創造力を解き放つことになるだろうということです。それは新しい雇用、新しい事業、そしてまったく新しい産業につながるでしょう。そして、日本はこの問題の先頭に立ってきました。われわれは、この重大な地球規模の目標を達成する上で、皆さんの重要なパートナーになれることを待望しています」と述べて、彼の提唱するグリーン・ニューディール政策を示唆している。第2の施策が、「20世紀の遺産である安全保障上の脅威、すなわち核兵器によってもたらされる危険に対処する努力」であり、第3が、国境を越えた21世紀の脅威である「罪のない人たちを虐殺する過激派を根絶し、海上交通路を脅かす海賊行為を阻止」することである。

　最後のビジョンが、すべての人の「基本的人権と尊厳」(the fundamental rights and dignity) を守ることである。オバマは、「自由と尊厳への憧れはあらゆる民族の物語に含まれていますが、それは、人間が共通して抱く、ある特定の願望があるからです。すなわち、自己の内面を表現する自由や指導者を選ぶ自由、情報にアクセスしたり自分の好きなように礼拝したりする自由、法の支配と公平な司法行政に対する信頼、といったものへの願望です。これらは安定の障害ではなく、安定の礎石なのです。そして、われわれは常に、こうした権利を求める人たちの側に立ちます」と語った後、アメリカがアジア太平洋地域に繁栄、安全、人間の尊厳をもたらすという仕事を、「日本との密接な友好関係を通じて行います」と述べる。この点、対等なパートナーシッ

プの構築を目指す日本の鳩山由紀夫政権の責任は重いといえるのであろう。

話者はメッセージをより説得的にするために、しばしば「ペルソナ」(persona) と呼ばれる社会的仮面をかぶるが、オバマはアメリカ合衆国初の「太平洋大統領」(Pacific President) を目指すと締めくくっている（鈴木、岡部 2009）。このペルソナこそが、オバマが語る 21 世紀の物語の中で、「自らがどのような役割を演じるか」という社会的現実（social reality）を構築するのである。

3. アメリカ大統領の「定義する力」

議論学者のデビッド・ザレフスキー（Zarefsky 1986）は、「定義する力」(the power to define) こそ大統領の最大の資産であると主張する。なぜならばレトリックを用いることで、大統領は「非常事態」、「戦闘状態」、「混乱の終結」といった抽象的事態や、まだコンセンサスの取れていない状態に判断を下し、政治的に取るべき手段を示すことができるからである。さらにザレフスキーは、言語は決して中立的な道具ではないと論じる。何かの対象物や意見に対して名付けるという行為は、名付けられたものに対する態度に不可避的に何かしらの影響を与えるからである。例えば、日本で 2003 年 6 月に国会やメディアでの実質的討論なしに制定された有事関連三法は、日本語ではその意味があいまいである。しかしながら、実は「有事法案」の英訳は emergency bills であり（英語を日本語に訳し直すと「非常事態法案」となる）、具体的には三法の内容は、武力攻撃事態対処法、改正安全保障会議設置法、改正自衛隊法である。もしも当時の政権担当政党が有事法案という名称ではなく個別の名称を用いていたならば、国民の法案に対する印象がかなり異なっていたであろうことは想像に難くない。さらに、こうしたあいまいさの問題点は、「有事」を定義する立場の総理大臣権限によって「今が有事である」(Now is emergency.) という発動が可能である点である。このように、無形である「定義する力」がさまざまな政策を策定し、いったん制定された政策を運用する上で指導者に強大な権力を与えるのである。

以下に、「定義する力」に関する3つの主要な理論を説明する。まず第1の理論は、ベルギーの法哲学者カイム・ペレルマンら（Perelman & Olbrechts-Tyteca 1969）が提唱してきた「分離」（dissociation）である。これは、単一と見なされている概念やアイディアを再定義して、2つの相反する性格を持ったものに分離する戦略である。その構造は、（1）再定義されるまでは、BはA一般的にAと同義に見られている、（2）Bを分離する再定義によって、BはAの望ましくない一面、または一部分にすぎないと示される、（3）さらに、CがAの望ましい一面、または新たな一部分として位置づけられる、（4）結果として、AはBよりもCの代表として見ることが可能になる。これは内部に矛盾を抱えていたり、望ましくない状態にあったりするときに、すべてが同一視されていたアイディアや対象を救うための方法である。例えば、オランダのベアトリックス女王は2000年に、宮中晩餐会での明仁天皇への歓迎スピーチの中で分離の戦略を用いている（Suzuki & Eemeren 2004）。女王が分離の戦略を用いた理由は、当時のオランダに2つの重要な社会的状況があったためである。第1に、その年が1600年に現在の大分県臼杵市に漂流したオランダ船の救出に端を発する日蘭友好400周年というけじめの年にあたっていた。同時に、相反する状況として、第二次世界大戦中のインドシナで1万4,000人のオランダ人兵士と民間人が日本軍の捕虜になったことに対して、金銭的な補償を求める団体の抗議行動が行われていた。ベアトリックス女王は、晩餐会のスピーチで、こうした戦時中の悲劇を「この苦悩の1章」（this painful chapter）という隠喩を用いて表現した。女王は、不幸な過去は長い蘭日の歴史の中の1章にすぎず、他の時期はそうではなかった、という分離の戦略を用いたのである。それを受けて、明仁天皇も不幸な過去に対する返答をした。興味深いのは、ベアトリックス女王と明仁天皇のやり取りに対するコメントを求められた抗議行動のオランダ人リーダーが、「これで倫理的な問題は解決した。次は、金銭的な補償の問題である」と、問題の感情的側面と物質的側面をやはり分離させて考えていたことである。
　第2の理論は、言語学者チャールズ・スティーブンソン（Stevenson 1944）が提唱する「説得的定義」（persuasive definition）である。ある言葉が持って

いる望ましくない表面的意味（denotation）を、好ましい別の意味や逆の暗示的意味（connotation）に変えてしまう戦略である。これが説得的と呼ばれる理由は、単に意味だけではなく、その言葉に対する態度も聴衆に伝えるからである。例えば、1960年代に黒人運動の指導者であったマーティン・ルーサー・キング牧師とマルコムXは、「平等」（equality）という概念をまるで異なった意味に定義している（Lucaites & Condit 1990）。キング牧師が信じる「平等」とは、複数の存在の間の公的かつ完全な同一性であり、それぞれは究極的には差別不可能で、相互に交換可能でさえある。それに対して、マルコムXにとっての「平等」とは、複数の存在間の関係に対する誓約にほかならず、それぞれの存在が独自のアイデンティティを保持した上で同等の力を持っている。つまり、「平等」というコンセプトが、キング牧師にとっては人種を超越した統一を通してのみ達成されるキリスト教的な倫理としての公正さだったのに対して、マルコムXにとっては自己を強化するためのもので、対立の中にだけ見つけられるものである。しかしながら、キング牧師の信じる「究極的に差別不可能」で「相互に交換可能」な平等が達成されるには、1963年のワシントン大行進の際に行われた「私には夢がある」（I Have a Dream）演説から2009年の黒人初の大統領誕生まで45年余りの歳月を待たなければならなかったのである。

　第3の理論は、言語学者エドワード・サピアー（Sapir 1934）の述べる「言及的シンボル」（referential symbol）と「凝縮的シンボル」（condensation symbol）の区別である。言及的シンボルの場合には、何がシンボルによって示されているかは明瞭であり、物質的な対象物や社会的なルールが指示されている。例えば、信号機の赤（止まれ）、黄（注意）、青（進め）の3色が言及的シンボルである。それに対して、凝縮的シンボル自体には具体的な言及物が存在しないが、いったん特別な言及が試みられると、1つのシンボルに数多くの異なった明示的あるいは暗示的な意味が生じる。例えば、日本国総理大臣の靖国神社公式参拝は、多くのアジア諸国から第二次大戦中の軍国主義を是認する象徴的な儀式と見なされている。東京裁判でA級戦犯となった人々が合祀されている神社に、「政教分離の原則」（the separation of church and state）を破ってまで一国の総理が公人として参拝することは、過去の日本の帝国主義政策の記憶と相まって強いアレルギー反応を引き起こすからである。本来、一宗教法人にすぎないはずの靖国神社が日本の「過去の負の歴史」の象徴として見られているのである。しかしながら、靖国神社には「軍神」として多くの軍人が祀られており、必ずしも愛国主義的な思想を持たない場合でも、外国の批判を内政干渉として反発する日本人がいることも事実である。生前の行動にかかわらず、一度亡くなれば死者を敬うという日本的な風習が十分に海外に理解されていないことも問題を複雑にしている要因である。

　レトリック戦略としての定義には、公のイベントや提案をどのように見るかという「文脈」（context）を形成する機能がある。文脈は、必ずしも特定の反応を決定づけるわけではないが、ある「前提条件」（presumption）をしばしば内部に含んでいる。前提条件は、別の方向を考える特別な理由がない限りは、人々がある特定の方向に行動するという傾向（predisposition）を示す。一度形成された文脈は、現状に問題がないならばあえて新しい方向に踏み出すリスクを冒す必要はないため、強い影響を人々に及ぼす。例えば、2008年にオバマは、予備選では「われわれが信じることのできる変化」（Change We Can Believe In）というスローガンを使い、本選では「われわれが必要とする変化」（Change We Need）を使った。どのような「変化」を目指すかが有権者に争点として受け入れられた時点で、史上最低の支持率にあえぐ現職のブッシュ（子）大統領と同じ共和党に所属するマケイン候補に対して、オバマの優位は決定的なものになった。さらに、民主党を支持するリベラルな人々は、「変化」は不可避で望ましいものと考えており、政府による国民生活への積極的な関与と指導を期待している。それに対して、共和党支持の保守的な人々は、伝統的家族観や宗教心に基づく社会的な「安定」（stability）を希望し、政府の関与には懐疑的で、規制緩和を望む傾向がある。しかしながら、共和党がこうした価値観に基づいて規制緩和政策を取ってきた結果、選挙直前にリーマン・ブラザーズ・ショックによって国際的金融危機が引き起こされたことも、「変化」を求める雰囲気を一般の人々の間に醸成したのである。

4. 政治レトリックの戦略

　すでに述べたように、レトリックにおいては、「何を言うべきか」(what to say)という内容と同じくらいに、「どのように言うべきか」(how to say)というスタイルの問題が重要である。そのために、政治家は両者を切り離して考えることはできない。以下に、政治演説でよく用いられるレトリック的技巧の中で、これまでまだ触れられていないものを説明する。第1番目が、「対句法」(parallelism)であり、同様な表現を繰り返し用いることで聞き手に分かりやすく議論を印象づける技巧である。例えば、1863年11月19日、南北戦争の激戦地ゲティスバーグの国立墓地でリンカーン大統領が将校たちの追悼演説に用いた「人民の人民のための人民による政治」(government of the people, for the people, by the people)が有名である。

　第2番目の技巧が、「頭韻」と「脚韻」(alliteration and rhyme)である。頭韻が違った単語の語頭に同じ子音を繰り返すのに対し、脚韻は違った単語の語尾に同じ子音を繰り返す。例えば、"the gap between rhetoric and reality, words and deeds."「レトリックと現実のギャップ、言語と行動の乖離」という表現には、頭韻と脚韻の両方が用いられている。

　第3番目に、欧米人はしばしば演説の出だしや締めくくりに「引喩」(allusion)を用いるが、これはよく知られた過去の発言や人物、歴史、小説などに言及する技巧である。2009年の大統領就任演説でオバマは、独立革命直前に英国からアメリカに渡り、『コモン・センス』を書いて独立の正統性を主張したトーマス・ペインに言及している。愛国者たちが困難な状況でも励まし合ったエピソードをペインの「アメリカの危機」から引用した後、「アメリカよ、共通の脅威に直面し、困難を抱えているこの冬に、時代を超えたこの言葉を思い起こしましょう。(……)われわれが試練にさらされたとき、われわれはこの旅を終わらせることを拒み、後戻りすることも、たじろぐこともしなかったと。そして地平線を見据えながら、神の恩寵を身に受け、われわれはその自由という偉大な贈り物を先へと伝え運び、将来の世代へそれ

を無事に届けたのだと、語られるようにしましょう」と、やはり未曾有の経済危機にある国民に対するオバマ自身の呼びかけを続けている。

　第4番目の技巧が、「同一視」(identification)であり、あるイメージを発言者自身に醸し出して、発言者と聴衆の間に共通のきずな（common bond）を形成する方法である。例えば、1988年の民主党大統領候補マイケル・デュカキスは、ハーバード大学法科大学院を最優等で卒業してマサチューセッツ州知事やハーバード大学経営大学院講師を務める、一般人には感情移入できにくいエリート政治家と思われていた。しかしながら、民主党全国大会での指名受諾演説で「私は英語が話せなかったギリシャ移民の子どもです」と、裕福な家庭の出身ではない自分が大統領候補に上り詰めたことこそまさにアメリカンドリームであると訴えたことで、党大会終了後には共和党候補ブッシュ（父）との支持率を逆転することに成功したのである。

　第5番目の技巧が、人や物に「レッテル貼り」(labeling)をすることによって特定の連想を抱かせるやり方である。例えば、1988年大統領選でブッシュ（父）は、「デュカキスは多くの極端な考えを持っている」と言う代わりに、彼に「リベラル」(liberal)のレッテルを貼る作戦を取った。そうすることで、「デュカキスは死刑廃止論者で凶悪犯罪に甘く、中絶を是認するなど低モラルで、福祉垂れ流しの増税好き」というイメージを有権者に抱かせることに成功し、最終的に支持率を再逆転させて大統領選に勝利を収めた。

　第6番目の技巧が、「修辞的疑問文」(rhetorical question)であり、答えを求めるのではなく、聴衆に考えさせる目的で投げかけるような質問文を指す。また、まず演説者が聴衆に質問しておいて、次に自分で都合のよい解答を提示するのにも用いられる。例えば、2004年に共和党ブッシュ（子）大統領に挑んだ民主党ジョン・ケリー候補は、ブッシュ（子）が始めたイラク戦争は終結後も統治失敗による混乱を生んでいることを強調するために、「われわれは何をすべきでしょうか？　同盟国の信頼を取り戻すべきです。(……)ブッシュ政権が十分な兵士の訓練をしたでしょうか？　答えはノーです。同盟国の支持を得ようと、努力したでしょうか？　答えはノーです」と、テレビディベートで効果的に修辞的疑問文を用いた。

第7番目が、ケネディ大統領が得意とした「正反対の考えを同様の構造の文章を用いることで対照させる技巧」(antithesis) である。同様の構造の文章を使うために、聴衆に内容が分かりやすいだけでなく、印象に残る効果を生むことができる。ケネディが就任演説の締めくくりで述べた、「アメリカ国民の皆さん、祖国があなたに何をしてくれるかを問うのはやめましょう――あなたが祖国のために何をできるかを問うてください（My fellow Americans, ask not what your country can do for you; ask what you can do for your country.）。世界各国の皆さん、アメリカが皆さんのために何をしてくれるかを問うのではなく、人間の自由のためにわれわれが共に何をなしうるのかを問うてください（My fellow citizens of the world, ask not what America will do for you but what together we can do for the freedom of man.）」は、後世に残る名フレーズと評されている。

　最後の技巧が、「先行議論」(*a fortiori* argument) である。すでに提示された議論に基づき、ある事が事実なら、それより小さな別の事も正しいとする論法である。オバマは、2008年11月4日のシカゴでの大統領選勝利演説で、「今夜の私の胸に去来するのは、アトランタで自らの一票を投じたひとりの女性の物語です。彼女はほかの何百万人の人たちとほとんど変わるところがなく、列に並び、この選挙に自分の声を反映させようとしたのですが、特別な点がひとつだけありました。アン・ニクソン・クーパーさんは106歳なのです。彼女が生まれたのは奴隷制が終わってからわずか一世代後で、道路を走る車もなければ空を飛ぶ飛行機もない時代でしたが、その当時、彼女のような人はふたつの理由から投票を許されませんでした。ひとつは彼女が女性だからであり、もうひとつには皮膚の色が理由でした。そして今夜、私が思いをめぐらせるのは、彼女がアメリカでまる100年以上を生きる中で目にしたいろいろな出来事のことです――悲嘆と希望、苦闘と進歩。そして、われわれにはできないと言われた時代と、あのアメリカ的な信条を推し進めた人たち。その信条とは、すなわち、『大丈夫、われわれにはできる』(Yes, we can.) ということです」と述べ、これまでにアメリカが達成したことに比べれば、今後の苦闘も必ず報われるに違いないというメッセージを発している。

5. 政治レトリックと誤謬

　誤謬とは、誤った理由付けに基づく発言や議論（a statement or argument based on faulty reasoning）である。論理学の研究分野として長い歴史を持ち、語源がラテン語、特に神学論争から来ているものが多い。誤謬を学ぶことは他人に欺かれないだけでなく、自分が知らないうちに誤謬を用いてしまわないためにも重要である。すべてを取り上げることはむずかしいが、主要な誤謬とその修正方法を以下に解説する（Kahane 1995を参照）。まず第1番目が、「人格攻撃」（ad hominem attack）であり、相手の議論の代わりに相手の人格を攻撃することである。1988年、副大統領候補同士のテレビディベートで、同じ若く有望な政治家としてケネディに自らをなぞらえた共和党候補のダン・クエール上院議員に対し、ロイド・ベンツェン民主党候補が、「私はジョン・F・ケネディを知っているし友人でもあったが、上院議員、あなたは彼にはほど遠い」と攻撃したことが一例である。もしも相手の議論を攻撃したいのならば、人格ではなく、その議論がなぜ間違っているかを示さなければならない。あるいは、双方が同意するような権威を持った第三者に、提示された発言や議論の判断を仰ぐべきである。

　第2の誤謬が、「人気に基づく議論」（ad populum: argument from popularity）であり、提示された政策の利点ではなく発言者の個人的な人気にあやかって、聴衆に政策の採択を訴えることである。例えば、レーガンが戦略的防衛構想（Strategic Defense Initiative, SDI）を打ち出したとき、その実行可能性が不明のまま見切り発車できたのは、彼の個人的な人気によるところが大きかった。また、同種類の誤謬に、権威に対する訴求（appeal to authority）がある。提唱されている政策の有効性を証明する代わりに、発言者の権威を前面に押し出すことで正当化を図ろうとすることである。われわれが十分な情報を持っていない場合や、正当化を図ろうとする陣営を信頼している場合、政策を自分で十分に吟味する時間や余力がない場合などに、しばしばこうした理由付けが用いられる。どちらの誤謬に対しても、対立する情報を示したり、決断

するための合理的な審議の時間を取ったりすることで、対抗が可能である。

　第3の誤謬が、「仮装の敵」（straw man argument）であり、相手の言っていることを自分に都合よく解釈したり、自分にとって都合のよい例を取り上げたりすることである。例えば、1988年大統領選で共和党ブッシュ（父）候補は、民主党デュカキス候補が知事を務めるマサチューセッツ州のボストン湾の汚染を彼の責任にして、彼が大統領になれば全米の河川が汚染すると有権者に訴えた。だが、ボストン湾の汚染は前任者の共和党系の知事時代からのものであり、因果関係を考えれば説得力に欠ける議論であった。しかしながら、「沈黙は同意」と見なされることが多いため、攻撃された側は、そうした政策は自分の意思に全く反しており、真の政策とは異なっていると反論しなければならず、反証材料を具体的に示す必要がある。

　第4の誤謬が、「偽りの二律背反」（false dilemma）であり、両極端な2つの選択肢だけを示して他の選択肢の可能性を排除してしまうことである。例えば、ブッシュ（子）大統領は2001年9月11日の同時多発テロに関して、世界に向かって「すべての国家は、すべての地域において、今や決断すべき時です。われわれの側に付くのか、さもなければテロリストの側に付くのか。本日よりこの先、テロリストをかくまったり援助したりするいかなる国も、アメリカの敵国と見なされるでしょう」と二分法のレトリックを使って批判を浴びた。なぜならば彼のレトリックには、誰が実際にテロ行為を行ったかをじっくり検証するという選択肢が排除されていたからである。偽りの二律背反が提示されたときには、他の選択肢があることを指摘したり、無批判な単一選択肢の採択が問題を含んでいることを示したりする必要がある。

　第5の誤謬が、「証明すべき点はすでに証明されたと仮定して議論を展開する」（begging the question）ことである。言い換えると、論点を避けてお茶を濁すことである。例えば、自民党が、野党時代の民主党から「なぜ消えた年金問題が起こったのか」と原因の分析を要求されて、「十分な指導ができなかったから」などと答えることである。同様の誤謬に、因果関係の誤り（*post hoc* reasoning）がある。これは"a mistaken causal relationship"とも呼ばれており、ある出来事に続いて別の出来事が起こったので、2つの出来事の間に

は因果関係が想定できる、とする論法である。例えば、なぜアメリカはベトナム戦争に敗れたのかと問われて、北ベトナム軍が強かったからと答えることである。それでは歴史的な事実がまず先にあって、その後付けの説明を提示しているにすぎない。実際には、戦略上の失敗、長期化による反戦運動の高まり、当初の見込みの甘さなど、さまざまな理由が重なってベトナム戦争の結果になったと考えられる。こうした種類の誤謬に対抗するには、単に返答を述べさせるのではなく、その根拠も含めて述べさせる必要がある。

　第6番目が、「二枚舌」(double speak)であり、受け入れ難い考えを聞こえのよい言葉に置き換えてしまう誤謬である。しばしば、官僚の作文に見受けられる。例えば、「国民の血税を使って私企業を救済する」と言うと国民の支持を得られないので、「公的資金注入」と言い換えることである。しかしながら、医師が全力を尽くした結果として患者が亡くなったときに「不幸な結果になった」と言うような婉曲話法とは、一線を画す必要がある。なぜならば、二枚舌がつねに自らの利益を追求するためであるのに対し、婉曲話法は相手を傷つけまいとする気持ちから生じていることも多いからである。

　第7番目が、「滑りやすい斜面」(slippery slope)と呼ばれる誤謬であり、ある行動が一度認可されれば、その活動が加速度的に上昇していくと議論することである。黒人に投票権が与えられていなかった時代に、もしも判断能力の低い彼らに参政権を与えれば、不適切な投票動向により将来的に社会が混乱すると論じた人々がいた。しかしながら、黒人に投票権が与えられてもそうした混乱は起こらなかっただけでなく、2008年の選挙では黒人初の大統領さえ誕生したのである。こうした誤謬に対してはいくつかのチェックポイントを設けて、実際には問題が発生しないことを確認する必要がある。

　第8の誤謬が、「他人の悪事を引き合いに出して自分の悪事を正当化する」(two wrongs make a right)ことである。例えば、皆が金融商品に手を出したために金融危機が発生したのだと考えて、金融商品そのものを禁止してしまうことである。システム上の問題があっても、共同体や社会にとってそれが必要であるのならば、その存在は認められるべきである。例えば、金融商品をなくしてしまえば企業は市場からの資金調達がむずかしくなり、そうする

ことの不利益が利益を上回るかもしれない。われわれは、皆がしていることなら正しいことだと考えて、乗り遅れまいとする。あるいは、慣習的に行われていることは、それが慣習であるがゆえに正しいと考えがちである。完璧でないにしても、その行為が一般的な慣習や伝統であるなら便法として受け入れられるべきであり、リスクをなくして完璧を期そうとすることは、時には代償があまりにも高くつくことがある。

第9の誤謬が、「証拠不十分の虚偽」(non sequitur) であり、議論がその前提や準拠する資料と噛み合わないことである。ラテン語の non sequitur は、英語では "It does not follow." の意味である。例えば、台湾の航空会社が墜落事故を起こしたので、日本の航空会社も飛行機を飛ばすべきではないという議論は、問題の解決にはならない。事故原因を追及して、同様の事故が日本で起こる危険がないかどうかを調べることの方が必要である。

最後の誤謬が、「性急な一般化」(hasty generalization) であり、(しばしば自分に都合のよい) 数少ない例を抽出して結論を導き出すことである。例えば、たまたま自分の知っているある学校の卒業生の態度が悪かったからといって、その学校のすべての卒業生の人格に問題があると論じることはできない。この場合、十分なサンプルが提示されているのか、逆の例はないのか、本当にそうした一般的な事実があるのか、判断にさらに時間をかけることは不可能か、拙速な行動による害は取り戻すことが可能なのか、といった点を検証すべきである。

6. 政策決定：リベラリズムと保守主義

レトリック批評家のG・トーマス・グッドナイト (Goodnight 1980; Goodnight 1995; 鈴木, 岡部 2009) は、アメリカ政治は「リベラルな前提条件と保守的な前提条件」(the liberal and conservative presumptions) の対立の歴史であると断じている。公的な政策決定において、こうした前提条件は重要な役割を演じる。政治的な自由主義を意味するリベラリズムの前提条件下では、変化 (change) は不可避で望ましいが、永続性も時に考慮が必要

であると信じられている。人間性とは、本来、悪や利己的であったりしないが、知識が増えたり状況が変化したり、より効果的な新しい環境への順応性を持つという理由で変化が好まれる。同時に、危機的な状況において、政府には国民生活への積極的関与と指導の役割が期待される。何事も試してみるまで結果は分からないものであり、変化しないことは政府の正当性を疑われることになる。リベラルな人々は、大きな政府という基準で政策の評価をする傾向がある。変化の原則に対しては、言論や思想の自由をはじめとした市民的自由の保障を期待する。個人的な好みやライフスタイルや自由の追求については、憲法の精神を拡大解釈して、社会が広く受け入れることが必要と考えられる。例えば、リベラルな人々は、同性婚（the same-sex marriage）の権利を尊重する傾向があるが、彼らが税制上の優遇を異性婚者と同様に受けたり、同性愛のパートナーに対する遺産相続に関して不利にならないような配慮を時代の要請と考えたためである。

　逆に、小さな政府を信奉する保守的な前提条件の下では、信念として永続性（permanence）が最善の方向性として熱望されるが、変化も時に考慮が必要であると考えられている。永続性が好まれる理由は、本来、人間性は不変だが、利他的や善であったりしないため、知識と呼ばれるべきものは時代の研鑽と個人的達成の試練を経なければならず、政府は権力の乱用や民間活動への害を防ぐ消極的な役割を担っている。社会システムの制御や問題の解決を工学的方法によって行う試みはうまく行かず、かえって法律に対する軽視を引き起こすと信じられている。永続性の原則に対して、市民の不服従が発現する状況においては、体制内部と外部からの脅威に対する力には力での応対を期待する。政府の過剰な関与を削減する「変化」は、基本的自由を復興するためには例外的に容認される。例えば、同性婚への対応において、保守は結婚を「異性間においてのみ認められた神聖なる儀式」と考えており、モラルを破滅させるような同性婚は「権利ではなく特権」であり、社会的脅威として捉えられて否定される。

　結果として、リベラルな前提条件と保守的な前提条件のどちらに与するかによって、「世論を分断する論点」（wedge issues）に関する考え方も変わっ

てくる。ノースウエスタン大学の教職助手として、アドバイザーのグッドナイトの指導の下、筆者が「パブリック・アーギュメンテーション」クラスに用意した議論を紹介する。第1が、中絶（abortion）をめぐる論争である。リベラリズムの立場は以下のようなものである。

> すべての人は選択の自由を保持している。意見を異にする人に政府が倫理を押しつけることは、決してあってはならない。さらに、富裕層には中絶を海外で行うという抜け道があり、中絶禁止の法律は貧困層に対する差別である。われわれは、問題に対して目をふさぐのではなく、貧しい人々を助けるために政府の資産を用いるべきである。政府が中絶を非合法化し、クリニックへの助成を差し止めれば、個人の健康が危険にさらされることになる。（受精後の）どの時点を人の生命の始まりとするかは、主観的な判断である。

それに対して、保守主義の立場は以下のようなものである。

> 政府は、これから生まれてくる命を保護する義務を有している。政府が若い命への「殺人行為」を奨励するならば、それは別の集団を根絶の対象とすることにもお墨付きを与えることになる。絶対的な選択の自由などというものはそもそも存在しないのであり、もしも存在するならば殺人行為は罰せられるべきでないことになるからだ。法を破る人々がいたとしても、それは彼ら自身の責任で行われている。選択肢は、人の生命を守るのか守らないのか、である。

別の例は、貧困（poverty）をめぐる論争である。リベラルな人々は以下のような立場を取る。

> 貧困は、経済や産業に関する極めて古い考え方から生み出されている。われわれは、どういう社会心理が人々を社会的に貧困状態に置いておくのかをよく知っている。そうした理解があるとき、もしもわれわれの政府が公正だというのなら、貧しい人々を救わねばならない。これまでさまざまなアプローチが取

られてきた。そのうちのいくつかは失敗したが、誤りから学ばなければならないし、成功するような選択肢を追求し、全力を尽くさなければならない。この国が「公平さ」という価値観を掲げる限り、われわれは貧困を過去の記憶にしなければならない。

それに対して、保守的な人々は以下のような立場を取る。

公平さとは、機会均等の公平さを意味する。もしもすべての人が同一に作られているのならば、専制政治となる。わが国の経済は世界最高のものである。これ以上の富と繁栄と機会はどこにも存在しない。根本的な変化を求めるのならば、つまりは他者に頼ることを価値あるものとするのならば、自助努力という根本的な思想を取り除くことになる。福祉プログラムによる際限のない支出増大という失敗は、この事実を明確に表している。もしも政府のプログラムの数を減らして自由主義経済に任せるならば、雇用を生み出し、可能な限りの貧困を減らすことができる。もちろんわれわれは冷酷ではなく、真に必要な人々に安全策（safety net）を供給することにやぶさかではない。

最後の例が、外交政策（foreign policy）をめぐる論争であり、創造的不同意を提供できる分野である。リベラリズムの考えは以下のようなものである。

政府は、貧困や飢餓や人権侵害などの撲滅を国際的に目指すために、よりよい状況を作り出すべきである。しかしながら、反動主義的政治体制への武力行使は、徴兵制度にも等しく正当性を欠く介入と見なすべきである。

それに対して、保守主義の考えは以下のようなものである。

政府は、憂いを取り除き、貿易を行い、国家を保護するために、強力な軍備を持つべきである。しかしながら、軍事的な特権階級に支出をすることは、不適当な経済的苦境を生み出し、体制を不安定化する危険を冒すことになる。

このように、リベラルな前提条件を持つ人々と保守的な前提条件を持つ人々は、異なった政策プログラムの採択を望むだけでなく、異なった国家システムを目指すことになる。アメリカ合衆国の長期政権は中道化の運命から逃れられず、どちらかに偏ることはあまりない。しかしながら、どちらの前提条件も支配的になった時代がある。社会的な矛盾の変革を指向した革新主義、世界恐慌後のローズベルトのニューディール政策、ジョンソンの「貧困との戦い」などが、リベラルな前提条件が支配的になった例であり、レーガンの保守革命や、アメリカには自由と民主主義を広める使命があると考えた「ネオコン」が実権を握った時代が保守的な前提条件が支配的だった例である。

　ここまでリベラリズムと保守主義の対立と、その結果として生じてくる政策の違いを見てきた。しかしながら、現状では、強固な支持者とゆるやかな支持者を合わせても「（リベラルな政策を指向する）民主党支持者」と自らを見なす国民は全体の約4割にすぎず、強固な支持者とゆるやかな支持者を合わせても「（保守的な政策を指向する）共和党支持者」と自らを見なす国民も全体の約4割にすぎない。こうした状況においては、「中間層」(independents)の動向の考察を欠かすことはできない（第2章の図2-3を参照）。なぜならば、時には民主党や共和党を支持すると答えた層まで含めると、中間層の有権者全体に占める比率は2割を超えるようになってきているからである。

　忘れてはならないのが、極端な右寄りを通常の保守主義の立場から区別する必要性と、極端な左寄りを通常のリベラリズムの立場から区別する必要性である。グッドナイト（Goodnight 1980）は、公的な政策決定においてはリベラルな前提条件も保守的な前提条件も許容範囲であるが、リベラリズムが革命的な段階にまで、あるいは保守主義が反動主義的な段階にまでエスカレートした場合には、もはや公的な政策決定に存在すべき場所はないとしている。革命的な人々（the Revolutionary）は、すべての政治的行動はユートピア的な目標を達成する意図の下に変革されるべきだと信じている。彼らは、世界は不完全な社会的正義によって腐敗していると考えており、抽象的な価値観を好む。永続性を保つための議論は、それ自体が不合理的であり、自己の利益のために生み出されていると見る。他人の意見に耳を傾けることは腐敗を

招くだけであり、党メンバーでない者には粛正が必要である。歴史的には、無政府主義者がこうした革命的な人々の例である。

それに対して反動主義者 (the Reactionary) は、すべての政治的行動が、具体的文書や慣習における価値観の具現化を目指す意図の下に行われる永続的なものであるべきだと信じている。彼らは、有史以前に完璧だった世界が、利己的利益、あるいは法律に対する畏敬の念の欠如やおろかさによって腐敗してしまったという「エデンの園」的考えから信念を得ている。変化のための議論は、それ自体が不合理的であり、世間知らずで無垢な人々や冷笑的な人々によって生み出されていると見る。他人の言葉に耳を貸すことは曲解を生むことにすぎず、特権を悪用する人々には投獄が必要だと考えている。中絶反対の立場から堕胎クリニックに対するテロ行為さえ辞さない宗教極右の人々が、こうした例にあたる。

7. リベラルと保守の間：「過激な中道」とは？

無党派 (unaffiliated voters) や中道派 (middle of the road) に関する研究は、リベラル層や保守層などに関する研究にくらべると遅れている。理由は、そうした中間層が広範な要素から成っているために、リベラル層や保守層のように容易に一般化できる特徴を持たないためである。同時に、彼らは必ずしも特定の政党に強固な誓約 (commitment) を持っておらず、社会情勢や候補者によって支持政党をしばしば変化させることも多い。

数少ない研究書として、マーク・サティーン (Satin 2004) の *Radical Middle: The Politics We Need Now* がある。「過激な中道」は、リベラリズムと保守主義というイデオロギーに分断されて政策的な機能不全に陥ることも多い既存政治への処方箋として興味深い。サティーンによれば、「過激な中道」とは極端な右寄りと左寄りの双方に挑戦する新勢力であり、4つの政治的な運動が形成に貢献してきた。4つの運動には、リベラルなものも保守的なものも含まれており、時に中道である。しかしながら、「過激な中道」は、既存

の政治イデオロギーにとらわれずにすべてを柔軟に取り込んでいる。第1の政治的な運動が、社会的・経済的論点においてはリベラルな立場が可能とする一方で、時代遅れの大きな政府や非効率な官僚制を批判し、犯罪に厳しく起業家を奨励する「ネオリベラル」(neo-liberals) である。過去に大統領選に臨んだ連邦議会議員として、ポール・ソンガズやゲーリー・ハートなどがおり、最も影響力のある人物は『ワシントン・マンスリー』の元編集長チャーリー・ピーターズである。第2の政治的な運動が、社会階級や経済階級の問題は現在でも人々に大きく関わると考える「ネオポピュリスト」(neo-populists) である。1930年代に資本主義批判者として登場して以降、彼らは革新的な将来指向の方策を示してきた。社会学者リチャード・フリーマン、ロバート・アンガー、コーネル・ウエストらは、成人に達した時点での若者への多額な一時金支給制度を提唱してきたし、The Jobs for All Coalition は、全健常労働者が十分な報酬の仕事を見つけることを保障する数多くの方法を提唱してきた。第3の政治的な運動が、資本主義は社会主義よりも効率的な制度であり、際限のない給付金配布よりも自己責任が有効な態度であるという理由で、すべての正義に対する誓約を放棄する必要はないと考える「ネオコンサバティブ」(neo-conservatives) である。また彼らは、安全保障の観点から強力で柔軟な軍備を要求する。思想的なバックボーンを提供した人物として、政治学者ローレンス・ミードや国際経済専門家ローレンス・ハリソンがいる。質素さ、投資、将来の重視、勤労は、よりよい人生に中心的役割を演じると信じられており、教育が進歩への鍵となる。最後の「過激な中道」に影響を与えた政治的な立場が、「トランスフォーメイショナリスト」(transformationalists) である。彼らは、女性の権利拡張、少数民族の癒し、同性愛者の権利、環境運動、自然の治癒力を生かした治療法、動物愛護などの精神的・霊的なアメリカ人の幸福に関するカウンターカルチャーの情熱が、よりよい人生の達成に不可欠であると考えている。自己啓発書 (self-help books) の著者として知られるジャック・キャンフィールド、マリアン・ウィリアムソンらは教祖的存在であり、市場調査家ポール・レイや心理学者シェリー・アンダーソンも多くの読者を獲得している。以上のように、「過激な中道」という運動はさ

まざまな影響を受けて、これまでの右と左という古典的対立を超えた幅広い領域における政治的な統合体なのである。

　サティーンによれば、「過激な中道」には次のような鍵となる価値観がある。「すべてのアメリカ人（と国全体）に対する選択をできる限り最大化する」、「すべてのアメリカ人に公平な人生のスタートを保障する」、「すべてのアメリカ人の人間的な潜在能力をできる限り最大化する」、「すべての発展途上国の人々に対して真の手助けとなる」の4つである。これらは18世紀における自由（liberty）、平等（equality）、幸福（happiness）、友愛（fraternity）という伝統的価値観の更新版とも考えられる。なぜならば上記の価値観は、単なる意欲的な抽象概念でなく、現代社会に生きるわれわれがますます欲するものと結びつけられるからである。第1に、「人々の選択の最大化」には、以下のような重要性がある。ポスト産業化社会では、われわれはより高度に教育されており、より表現的であり、より自己依存的であり、より個人主義的である。今やわれわれはより自由に何かを欲しており、不幸にも以前より仕事や配偶者への依存が減り、個人のアイデンティティの形成や再形成により多くの時間を意識的に費やしていると自由に発言できるようになった。結果として、われわれは全員に当てはまる単一の政府プログラムではなく、多様な選択を提供するような公的政策を求めるようになってきている。教育分野であれば、公立学校で教育を受けるか、私立学校で教育を受けるためのバウチャー制度を選択するかが一例にあたる。

　過激な中道を信じる人々には、第2の「全員の公平なスタート」という価値観は、決して譲れないものであり、民主党や共和党が唱える単なる言葉上の誓約ではない。人を気遣う人なら誰でも、他人が押さえ込まれることで自分が先を行けるとは思いたくない。不公平な状況におかれたアメリカ人に公平な競争を与えるには、まず、すべての働く意欲のある健常労働者に十分な賃金の仕事を与えるべきであり、次に、政府はすべての貧しい子どもたちの「個別成長口座」に資金を提供すべきであり、こうした方策ができるだけ早く達成されるべきであると考えられている。

　第3に、自らを現実的（tough-minded）と見る専門家は潜在能力という概

念を冷笑する傾向があるが、エリック・エリクソンやハワード・ガードナーといった心理学の巨人たちは、「人間の潜在能力の最大化」こそ、われわれの人生において政治が演じられる最重要概念と考えている。政治(あるいはすべての人の試み)とは、単なる物品の授受以上のものであり、人の精神が元気でいることを手助けし、個々人が継続的に学習し成長できる状況を創出すべきであると考える。こうした考え方に従えば、企業は単なる働き場所を超えて、よりよい企業市民(corporate citizens)を育てる場でなくてはならない。直接的には経験豊富で先見性のあるコンサルタントを企業に持ち込むことであり、間接的には先見性を持った法律と規制を推し進めて行くことなどが必要である。

　最後の価値観「発展途上国の支援」を支持する人々は、アメリカ以外の地域に住む人々が生存するだけでなく、繁栄を手助けすることにも全面的な誓約を持っている。しかしながら、無制限な政府開発援助(Official Development Assistance, ODA)の増加を支持しているわけではない。ひとつの方策は、サティーンによれば、「良心的な自由貿易」と呼ばれるべきもので、発展途上国の労働者が報われる自由貿易システムの構築である。近年、中間搾取をなくして途上国の利益が吸い上げられないことを目指すフェアトレード運動があるが、同様の狙いである。もうひとつの方法は、介入(intervention)を支援することで、海外における人道的な大惨事(humanitarian catastrophes)を防ぐことである。必要があれば、和平を達成するために「人道的に」軍事介入さえ行っていくのである。

　「過激な中道」が目指しているのは、リベラリズムと保守主義に分断された両極が罵り合い(blaming games)に血道を上げる政治の代わりに、正真正銘の右派および左派勢力の関心事を議題として取り上げられるようにすることである。同時に、彼ら自身の中から政界を目指す人々が出てくることも視野に入れている。しかしながら、この運動の最大の利点は、どのように政治を理解すべきか、どのように過激なレトリックから抜け出すか、どこにでもいる理性的で創造的な人々の真の意見表明(the true expression of rational and creative people everywhere)をどのように現代政治に反映させるかを考える機会をわれわれに提供していることなのである。

第4章

大統領選キャンペーン

16. Abraham Lincoln
17. Andrew Johnson
18. Ulysses S. Grant
19. Rutherford B. Hayes
20. James A. Garfield

1. なぜ大統領選について学ぶのか

　大統領選キャンペーンについて知ることは、アメリカ合衆国が直面するさまざまな問題について学ぶことでもある。3つの理由で、大統領選は今や世界一の超大国になったアメリカについて再考する機会である。第1に、大統領選では、現職政権の過去4年間の業績評価が行われる。将来への漠然とした期待感から候補者を選択しがちな日本とは違って、すでに二大政党制が確立したアメリカでは、業績評価型投票（retrospective voting）が定着している。最も重要な基準である経済政策に加えて、安全保障・犯罪対策・教育・移民・差別撤廃制度・同性愛への寛容さなどから公的助成金の使われ方に至るまで、有権者が特に重視する分野の業績評価に基づき、満足していれば現職（incumbent）政権に、不満足ならば挑戦者（challenger）政党に投票する傾向がある。

　次に、大統領選では、今後4年間の国家の舵取りを誰にゆだねるかが吟味される。選挙キャンペーンの期間、有権者は、メディアを通して候補者の人柄、政治的立場、過去の投票動向と公約を詳細に吟味する。新大統領が誕生すると、政権交替に伴い入れ代わる政府高官（political appointees）など、任命された2,000～3,000人がワシントンDC入りする。前政権の閣僚はもちろん、大使や官僚まで大幅に入れ替わり、ワシントンDC全体では数千人ともいわれる人々の引っ越しが行われる。例えば、1992年のビル・クリントン政権では、FOB政権（Friend of Bill administration）と呼ばれたように、ジョージタウン大学時代の学友、オックスフォード大学で学んだローズ奨学金仲間、エール大学法科大学院時代の友人、民主党中道勢力などの人脈から多くの人材が登用された。このように、大統領選はアメリカと世界の両方にとっての大きな政策転換のきっかけになりうる。

　最後に、大統領選は「分断されたアメリカ」について考える機会でもある。アメリカは、ますます裕福になる富裕層と将来の展望が持てない貧困層、保守的な白人層と移民に代表されるマイノリティ層、鉄鋼や自動車産業などの構造不況産業を抱えた北東部とエネルギー・軍事・宇宙産業・農業地帯を抱

える南西部というように、さまざまな対立を抱えている。こうした国内の対立が、選挙の動向を大きく左右する。なぜならば、宗教・人種・社会階層・職業など、立場が変われば国に求める政策も変わってくるからである。しばしばマラソンレースにも例えられる長丁場の大統領選は、アメリカ人にとっては4年ごとに回ってくる「政治的祭り」である。この間、候補者は数千回にも達するスピーチを全国で行う。最大のメディアイベントであるテレビディベートは、国内だけで約1億人以上が視聴するといわれている。こうした状況で、巨大政党の候補者たちは、大手広告代理店や選挙参謀と共にさまざまなコミュニケーション戦略を展開する。

　第44代のオバマまで43人の大統領（歴代中、スティーブン・クリーブランドが22代と24代を兼ねるため）のうち、半数以上の26人が弁護士資格者であり、25人が連邦議員経験者である。全国で435人いる連邦下院議員と比較して、100人しかいない連邦上院議員の知名度はやはり高い。1960年以降に限っても、上院議員経験者は、ケネディ、ジョンソン、ニクソン、オバマとかなりの高確率になっている。ただし、「反ワシントン」をスローガンに掲げる州知事や第三政党の候補者が多くなった結果、選挙戦に出ても、上院議員の威光は昔ほどではなくなっている。60年以降、これまで40人以上の現職上院議員が大統領選に出馬しては敗れ去ってきた。「ワシントン政界は、共和党と民主党が中身の薄い綱引きを演じるだけ」という有権者のいらだちが強まっており、その間、大統領は州知事出身者か副大統領経験者が務めてきた。オバマは、連邦上院議員から大統領へ選挙を経て転身した例としては、ケネディ以来48年ぶりの3人目であり、2008年の本選挙が現職上院議員同士の争いになったのは、実に史上初の出来事であった。

　歴代大統領の経歴を見ると、正大統領の死去や暗殺による昇格と選挙戦への出馬を合わせて、今まで14人の副大統領出身の大統領が誕生している。知名度を考えれば、副大統領になることは有利に働くし、人気のある大統領の下で働けばその恩恵に浴することもできる。しかしながら、不人気な政権下で副大統領職を務めたり大統領のスキャンダルに巻き込まれたりすると、将来そのことが減点材料になりかねない。例えば、民主党カーター政権の副

大統領ウォルター・モンデールが1984年に出馬したときには、「弱体政権の元副大統領」と共和党レーガン候補から攻撃された。近年、大統領の最も有力な供給源となっているのは州知事である。歴代43人のうち、4割にあたる17人が知事経験者である。さらに20世紀以降に限れば、19人中、ほぼ半数の9人を占めている。

　4年ごとの大統領選挙年には、連邦議会選挙と知事選挙も同時に行われる。上院（任期6年）は2年ごとに3分の1ずつ、下院（任期2年）は全議席が2年ごとに改選される。連邦議会選挙のうち、大統領選挙年と重ならないものは、大統領任期の中間にあたるため中間選挙（midterm election）と呼ばれる。「中間選挙では政権政党は敗北する」というジンクスがあるが、その背景には、有権者が議会に大統領の監視役を望むバランス感覚があるといわれてきた。実際、中間選挙で政権政党が下院の議席を伸ばしたのは、戦後では1998年のクリントン民主党政権の2期目が初だった。しかしながら、それでも過半数には達せず、下院では共和党がそれまで5期連続10年にわたって主導権を握ってきた。

　2002年11月5日の中間選挙で、ブッシュ（子）共和党はついに行政府と上下両院を押さえ、アイゼンハワー政権の1955年以来、半世紀ぶりに「ねじれ解消」を達成した。共和党は、上院での過半数を奪回し、下院でも民主党との差を広げるという歴史的勝利を収めたのである。テロ対策・イラク攻撃が選挙の争点になった、民主党が経済・教育・福祉問題で共和党を攻めきれなかった、共和党が潤沢な選挙資金を集めた、「戦時大統領」（wartime president）として人気の高かったブッシュ（子）が遊説・応援演説に回り、共和党が組織選挙を行ったことなどが理由とされる。上下両院を共和党が押さえた結果、ブッシュ（子）大統領は議会運営が容易になり、その後の1年で中絶法案、大型減税法案、高齢者向け医療保険制度（メディケア）改革法案などを次々と成立させる実績を上げた。

　しかしながら、2008年大統領選と同時に行われた連邦議会選挙では、イラク戦争後の現地の治安悪化とサブプライムローンに端を発した未曾有の経済危機によって史上最低の支持率にあえいでいたブッシュ（子）大統領と共和党は、上下両院で過半数を失う歴史的大敗を喫した。このように、大統領選

では景気が上向きで失業が減少している場合には政権担当政党に有利になり、失業率が悪化しているときには、逆の傾向になることが多い。第二次世界大戦後の大統領選では、再選キャンペーンに臨んだ10人の大統領のうち、失業率が6％を超えながら再選を果たしたのは84年のレーガン1人しかいない。日本人から見ると高い失業率の6％が目安になるのは、終身雇用制度や年功序列制度を持たないアメリカでは、人々の流動性が高いためである。短期的に失業したとしても、景気が上向いており次の就職先が見つかるような状態ならば、有権者は大統領を信任するのである。しかしながら、じりじり失業率が悪化する状態では、失業期間が長期にわたるために政権担当政党に厳しい審判が下ることが多い。

　本章では、以下に拙著『大統領選を読む！』（鈴木 2004）の内容に加筆修正を行い、大統領選のシステム、歴史、主要論点に関して説明する。修正にあたっては、*National Party Conventions 1831-2008*（2010）と *Presidential Elections 1789-2008*（2010）を参考にさせていただいた。

2. 大統領選キャンペーンの4段階：予備選から本選へ

　大統領選キャンペーン（**図4-1**を参照）は、4つのステージに分けることができる。第1段階が前哨戦であり、「出馬表明以前の時期」(preannouncement time) である。候補者たちが、ここで資金と支持者の獲得を目指して全国を行き来し、選挙対策委員会を組織して、現職・保守・革新・中道の候補者がそろう。この段階は選挙前年の約1年をかけて行われるのがつねであったが、2008年大統領選では民主党オバマやヒラリー、共和党ジュリアーニなど有力候補が前々年から実質的なキャンペーンを行い、近年、長期化する傾向にある。同時に、それは巨額資金が長期間必要になることを意味しており、知名度や実力があっても資金力がない候補は早期に撤収することになる。女性がこれまで有力候補になれなかった最大の理由がこれで、共和党エリザベス・ドール元労働長官、民主党パット・シュローダー元下院議員などが、一時は

支持率ランク2〜3位になりながらも予備選開始前に出馬断念に追い込まれている。言うまでもなく、ヒラリーが有力候補になれたのは、元ファーストレディという抜群の知名度と「全国で最も優秀な弁護士100人」に複数回選ばれた実力に加えて、クリントン政権時代からの政財界とのつきあいにより潤沢な資金を持っていたためである。

図4-1　大統領選挙の流れ

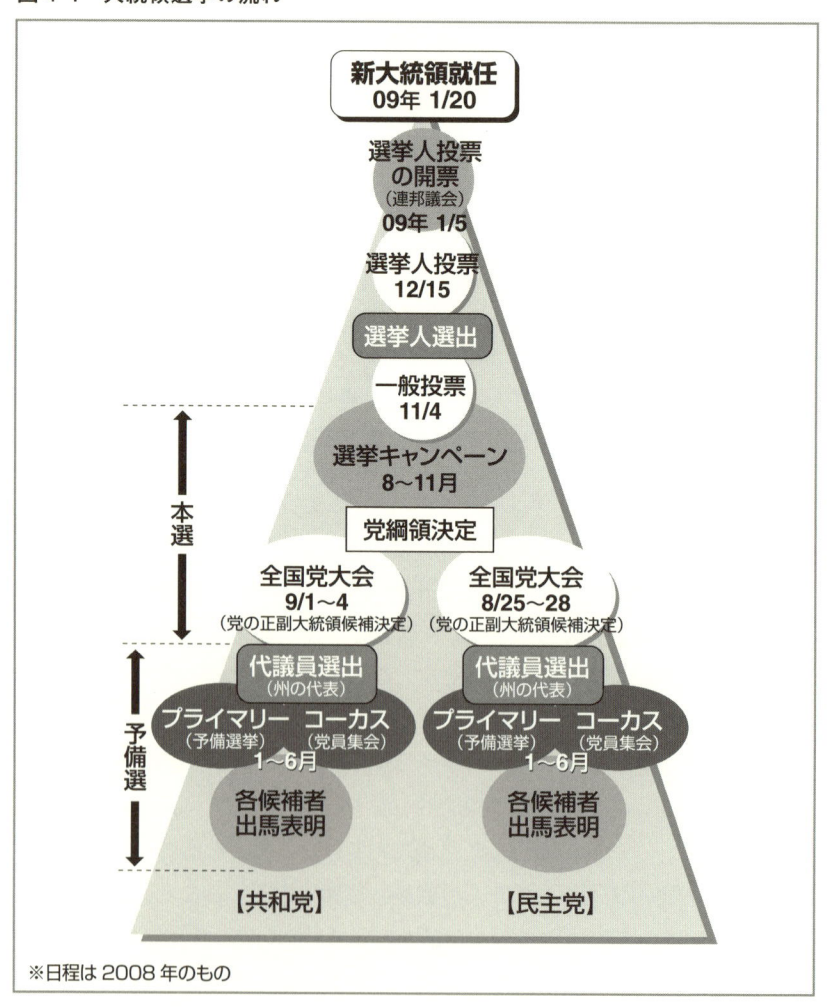

```
                    新大統領就任
                    09年 1/20

                    選挙人投票
                    の開票
                    (連邦議会)
                    09年 1/5

                    選挙人投票
                    12/15

                    選挙人選出

                    一般投票
                    11/4

              選挙キャンペーン
                  8〜11月

                    党綱領決定

          全国党大会          全国党大会
          9/1〜4             8/25〜28
     (党の正副大統領候補決定) (党の正副大統領候補決定)

        代議員選出           代議員選出
        (州の代表)           (州の代表)

     プライマリー コーカス   プライマリー コーカス
     (予備選挙) (党員集会)   (予備選挙) (党員集会)
        1〜6月              1〜6月

      各候補者              各候補者
      出馬表明              出馬表明

      【共和党】            【民主党】
```

本選 / 予備選

※日程は2008年のもの

大統領選キャンペーンの第2段階は、二大政党の民主党と共和党内の党員集会（caucus）と予備選挙（primary）による代議員（delegates）の獲得競争である。近年、より民主的な予備選挙が民主党で6割強、共和党で8割強を占めており、全体では約7割の州の代議員が予備選挙によって選ばれている。党員集会では、党幹部が町単位から郡・州へと協議を重ねていって代議員を選出するため、党指導者が影響力を行使しやすい（図4-2を参照）。

図4-2　コーカス（党員集会）の仕組み

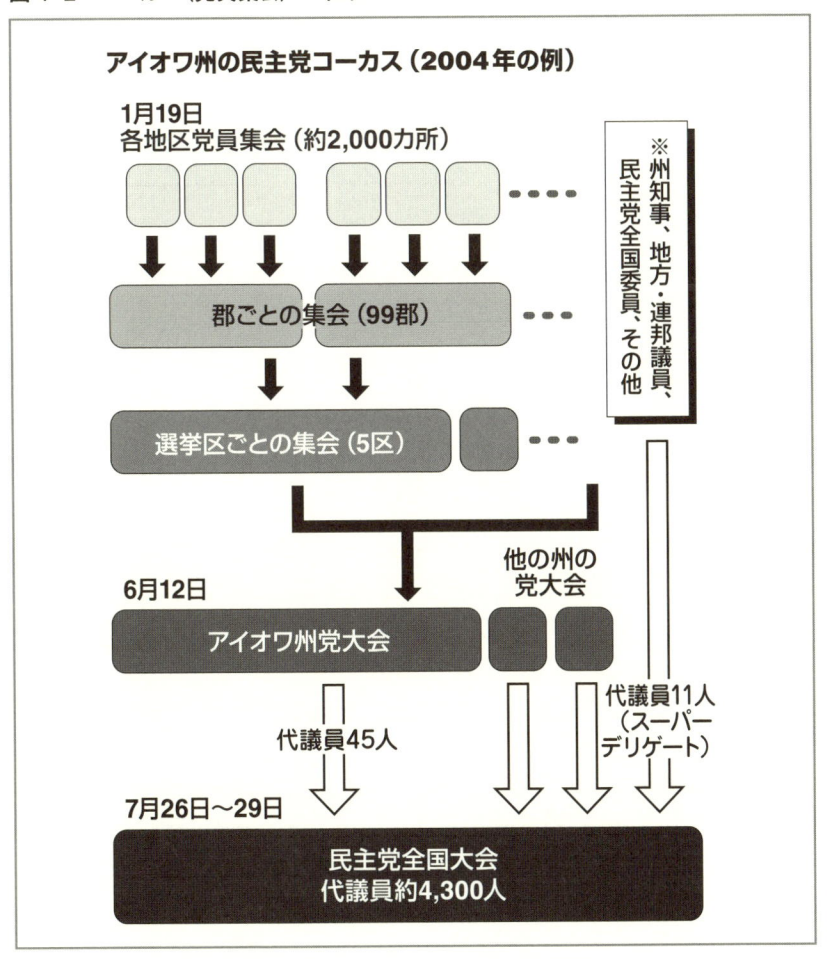

アイオワ州の民主党コーカス（2004年の例）

1月19日
各地区党員集会（約2,000カ所）
　↓
郡ごとの集会（99郡）
　↓
選挙区ごとの集会（5区）
　↓
6月12日
アイオワ州党大会
　↓代議員45人

他の州の党大会

※州知事、地方・連邦議員、民主党全国委員、その他
　代議員11人（スーパーデリゲート）

7月26日～29日
民主党全国大会
代議員約4,300人

一方、予備選挙では、1回の投票で代議員の振り分けを決めてしまうため候補者の人気投票的な色彩が濃い。一般選挙同様、予備選挙では、有権者は学校などの投票所で各党の投票用紙に候補者の名前を書き込む。ここで党員の多くの支持を得た候補者に代議員枠が割り当てられる。共和党は多くの州で1位になった候補者がすべての代議員枠を獲得する「勝者総取り制度」（winner-take-all system）を取っているのに対し、民主党では、15％を超える得票数の候補者に割合に応じて代議員枠が振り分けられる、より民主的なシステムになっている。しかしながら、民主党のシステムでは、代議員が分散し、大勢が決まるまでに時間がかかるという弱点がある。そこで、党主流派候補を有利にするために、党役員や地方・連邦議員から予備選挙を経ずに選ばれる「特別代議員」（super delegates）という枠を設定している。こうした有力代議員は全体の約17％を占めているが、非民主的との批判がある。

予備選挙の方式は州により異なっている。共和党が採用しているのが、最も間口が広い「オープン」方式であり、希望党員のすべてが投票権を持つ。この場合、無党派層や他政党員が投票を行う「クロスオーバー」も可能になる。民主党は、登録者のみが投票できる「クローズド」方式がまだ多いが、州によっては無党派として登録した人も投票できる「セミオープン」や「オープン」方式も取っている。

予備選に対しては、「大半の国民には政治参加は幻想だ」との批判もある。2000年でも、約3,200万人と、二大政党を合わせても有権者全体の2割しか予備選に投票していないのが実情である。共和党内で圧倒的な強さを見せたブッシュ（子）大統領と、序盤戦では有力候補と見られていなかった民主党ケリー上院議員の争いとなった2004年では、予備選の人数は伸び悩んだ。しかしながら、2008年の予備選挙では話題の候補者オバマに対する期待感から、各州で次々に予備選参加者に新記録が生まれている（**表4-1**を参照）。

表4-1 予備選参加人数の推移

予備選	1960年	1980年	2000年	2004年	2008年
民主党	5,687,742	18,747,825	14,045,745	16,182,439	36,995,069
共和党	5,537,967	12,690,451	17,156,117	7,940,331	20,840,681

出典：*National Party Conventions 1831-2008*

多くの州が、予備選を行う公認政党の条件を「登録党員数が直近知事選の投票総数の1％以上」、あるいは「直近知事選投票総数の10％以上の署名提出」などと厳しく設定している。ほとんどの州で、予備選や本選の投票用紙には、公認政党の候補者と党名だけが記載されている。そのため、有権者が非公認政党の候補者に投票したい場合は、わざわざ書き込まなければいけない。例えば、1984年民主党全国大会の基調演説で雄弁さを披露して以来、保守派でもリベラルでもない「アメリカの良識派」を自認するクオモ・ニューヨーク州知事は、民主党の「希望の星」であった。彼は、92年のニューハンプシャー州予備選で、候補者リストに記名されていなかったにもかかわらず、「ライト・イン」（write in）方式により4％の票を獲得した。しかしながら、ニューヨーク州の財政立て直し案で共和党優勢の州議会との折り合いがつかず、最終的に大統領選の正式出馬を断念している。

　代議員の獲得競争は、スタートダッシュが重要である。代議員獲得競争の序盤で勝った候補者が注目を独占して、その後も圧倒的優位に立つことが慣例化しているためである。1976年以降にニューハンプシャー州予備選とアイオワ州党員集会の両方で負けて大統領になった候補者は、92年のビル・クリントン1人しかいない。候補者たちは2州での勝利を重要視して、「アイオワ・ニューハンプシャー資金」という言葉があるほど多額の選挙資金をつぎ込む。割り振られた代議員の数はそれほどでなくても、4年に1度、この2州が大統領選挙のたびに全国的な注目を浴びるのである（図4-3を参照）。しかしながら予備選は前倒しされる傾向にあり、第2段階は、以前のような夏までの長期戦ではなく短期戦の様相を呈している。カリフォルニア州やフロリダ州などの大票田が、アイオワやニューハンプシャーといった小規模州がその後の指名候補選びに大きく影響することに不満を持ち、大幅な実施の前倒しに踏み切ったためである。

　例えば、1968年には3月末までに予備選が行われるのはニューハンプシャー州だけだったが、80年までには10州が行うようになり、88年までには20州を超えるようになった。その結果、予備選と党員集会が集中する2008年の「スーパーチューズデー」（Super Tuesday）は、2000年（3月7日）

や 2004 年（3 月 2 日）よりも約 1 カ月早い 2 月 5 日に設定された。実施州も 20 州以上に跳ね上がり、「メガチューズデー」（Mega Tuesday）などの呼称も定着しつつある。2008 年は、民主党が 4,049 人、共和党が 2,380 人の代議員を割り振っており、勝敗ラインは民主党 2,025 人、共和党 1,091 人になるはずであった。しかしながら、ミシガン州とフロリダ州が、予備選日程を民主党全国委員会の許可なしに前倒ししたため、制裁として、代議員数をゼロにされてしまった。歴史に「もしも」はないが、制裁を受けていなければ大票田州に強いヒラリーに有利に働いた可能性が高く、ここでもオバマの強運を感じさせた。

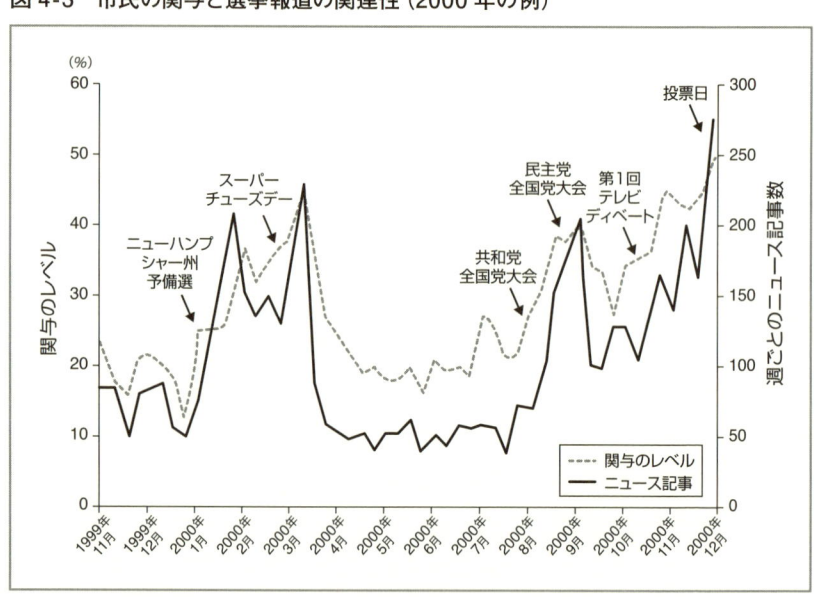

図 4-3　市民の関与と選挙報道の関連性（2000 年の例）

出典：Patterson（2002）

　選挙キャンペーンの第 3 段階は、夏の全国党大会（National Party Convention）である。4 年に 1 度の党大会では、大統領経験者、全米代議員、世界のメディア関係者、党の著名な支持者や重鎮が集まる。党大会は、激し

い代議員獲得争いを演じた後、党内が一丸となって本選の勝利を目指す上で重要な役割を持つ。ここで党の基本方針である「政策綱領」(platform) が採択されて、中絶、予算、犯罪、差別、教育、外交、銃規制、移民、言語、税制、福祉などさまざまな政策分野の方向性が打ち出される。初日の有力政治家による「基調演説」(keynote address) は、党大会の方向性とトーンを定めて、対立政党との違いを際立たせる上で重要なスピーチである。だが、なんといってもハイライトは、正・副大統領候補による「指名受諾演説」(acceptance address) である。

　副大統領候補選びも、大統領候補者にとっては重要な決断である。第1に、副大統領候補選びは、大統領候補との地盤、思想、経歴や年齢の釣り合いを考慮するために「党公認候補者のバランスを取る」(balance the ticket) と呼ばれている。大統領候補が東部出身であれば、副大統領候補には南部や西部出身者を選ぶ、または、その逆が通例である。あるいは、リベラルなイメージが強い候補者が、重厚な人物を副大統領候補に指名して人々を安心させようとすることも多い。副大統領候補が、「選挙レースを伴走する人」(running mate) と呼ばれる所以である。例えば、1988年大統領選では、東部出身でリベラルと思われていたマイケル・デュカキス民主党候補には、予備選2位のジェシー・ジャクソン師を副大統領候補に指名する選択肢もありえた。指名されれば、初の黒人副大統領候補の誕生であったが、44歳のデュカキスは地域と思想的なバランスを考えて、67歳のテキサス州のロイド・ベンツェン上院議員を副大統領候補に指名した。例外的でしかも成功したのが、92年にアル・ゴア上院議員（テネシー州選出）を副大統領に指名したクリントンである。当初、若く南部出身のクリントンは東部か中西部のベテランを指名すると見られていたが、あえて同じ南部出身で「ベビーブーマー」のゴアを指名した。核軍縮、外交、環境問題の実績があり、前回民主党予備選挙で南部5州を制したゴアとのコンビで、テキサス州、フロリダ州などの南部の大票田を制して、クリントンは見事に大統領に当選した。

　副大統領選びが重要である第2の理由として、大統領が職務を遂行できなくなった場合の継承権が副大統領、下院議長、上院臨時議長、国務長官、財

務長官、国防長官の順であり、副大統領が継承権1位になっていることがある。1981年のレーガン暗殺未遂事件を見ても、「超大国」アメリカ合衆国のリーダーはテロや精神異常者の標的になる危険にさらされている。1963年のケネディ暗殺事件後のジョンソンや、1975年のニクソン辞任後のフォードなど、不測の事態によって副大統領が大統領に昇格する可能性を否定できないのである。2008年までに、正大統領の死去や暗殺による昇格と選挙戦への出馬を合わせると14人、20世紀だけに限っても7人の副大統領出身の大統領が誕生している。

　副大統領選びが重要な最後の理由が、政権内で副大統領が主要な役割を果たす例が増えているためである。フォード政権でロックフェラーが国内政策の調整にあたったり、クリントン政権でゴアが環境とハイテク政策に権限を与えられていたことが挙げられる。かつては「死なないことが唯一の仕事」と揶揄された副大統領も、さまざまな政策決定に関わるようになってきており、軽率な選択は大統領候補者の見識を疑われることになるのである。

　キャンペーンの最終段階が、党大会から11月の「一般投票」(general election) の時期である。本選では一般有権者は、州ごとに正副大統領候補者自身に投票する。これを一般投票と呼ぶ。第三政党を含む各政党は、州定員分の選挙人名簿をあらかじめ提出しておく。比例配分を行うメーン州とネブラスカ州を除くと、各州で最高得票を獲得した候補者がその州に割り当てられた「大統領選挙人」(electoral college) をすべて獲得するという「勝者総取り制度」になっている。選挙人が誰かはほとんど問題にならずに、有権者も彼らの名前を知らずに投票を終える。これは、19世紀の州の権限の強かった時代の名残で、1820年までは一般投票の全国集計さえされていなかった。

　大統領選挙人の総数は、各州の上院議員の合計100名、下院議員の合計435名にワシントンDC 3名を加えた538名であり、過半数270名を獲得した候補者が当選する。10年ごとの国勢調査によって、最低でも各州に3人、人口の多い州にはより多くの大統領選挙人が比例配分される(図4-4を参照)。そのために、各候補者は、「激戦州」(swing states) に集中的なキャンペーンを行うことが慣例化している。大統領選挙人は、12月第2水曜日の次の月

図4-4 各州に割り当てられた選挙人の数（2012年）

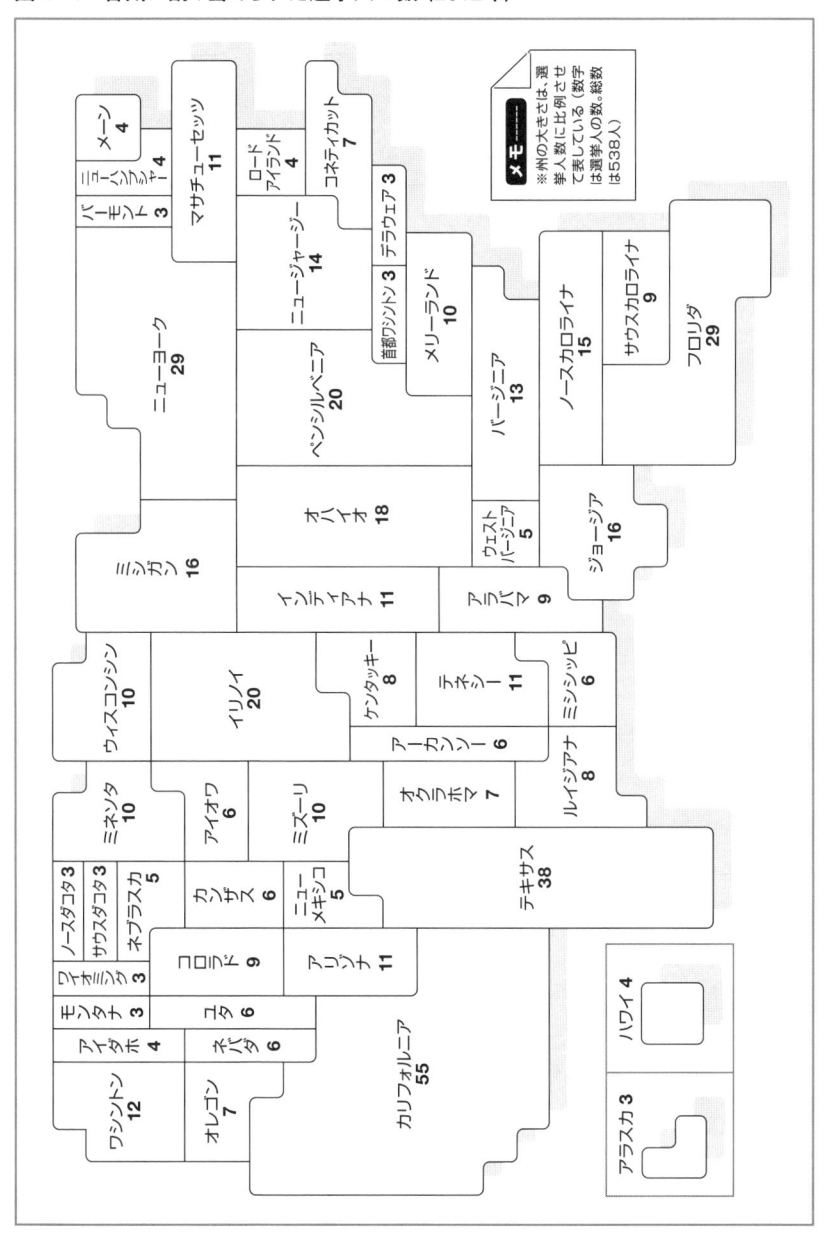

メモ
※州の大きさでは、選挙人数に比例させて表している（数字は選挙人の数。総数は538人）

メーン 4
ニューハンプシャー 4
バーモント 3
マサチューセッツ 11
ロードアイランド 4
コネティカット 7
ニューヨーク 29
ニュージャージー 14
首都ワシントン 3
デラウエア 3
ペンシルベニア 20
メリーランド 10
バージニア 13
ノースカロライナ 15
サウスカロライナ 9
フロリダ 29
ミシガン 16
オハイオ 18
ウェストバージニア 5
ジョージア 16
インディアナ 11
アラバマ 9
ウィスコンシン 10
イリノイ 20
ケンタッキー 8
テネシー 11
ミシシッピ 6
アーカンソー 6
ミネソタ 10
アイオワ 6
ミズーリ 10
オクラホマ 7
ルイジアナ 8
ノースダコタ 3
サウスダコタ 3
ネブラスカ 5
カンザス 6
ニューメキシコ 5
テキサス 38
ワイオミング 3
モンタナ 3
ユタ 6
アイダホ 4
ネバダ 6
コロラド 9
アリゾナ 11
ハワイ 4
ワシントン 12
オレゴン 7
カリフォルニア 55
アラスカ 3

2. 大統領選キャンペーンの4段階：予備選から本選へ　99

曜日に各州都で投票を行って、翌年1月6日に上下両院合同会議で開票が行われる。選挙人投票では必ず所属政党の候補者に入れることが分かっているため、11月の一般投票時点で当選者が確定する。大統領就任式は、1934年までは3月4日だったが、現在では1月20日に行われるようになっている。このように、アメリカの大統領選挙は非常に複雑な間接投票になっている。

　現行制度には、さまざまな問題点が指摘されている。第1に、東部と西部では3時間もの時差があるために、東部のニューヨーク州などの投票所の出口調査に基づく選挙動向のテレビ放送に、西部のカリフォルニア州などの浮動票が影響されてしまうのである。もう1つの問題は、間接投票制度を取っている限り「少数の支持を受けた大統領」が誕生する可能性を排除できないという点である。つまり、有権者の過半数の支持を受けない大統領が誕生してしまう可能性である。図4-5から分かるように、一般投票得票率が50％を切る大統領が当選することもめずらしくなく、92年のクリントンが獲得した43％は史上最低得票率であった。これは有力な対抗馬がいても、各州の一般投票で1位を取ってしまえば「勝者総取り制度」に救われるためである。

　さらに深刻な問題は、一般投票の得票数が多い候補者が、必ずしも多くの選挙人を獲得するとはかぎらないことである。こうした「一般投票の総数と獲得した選挙人のねじれ」は、大統領の正当性とも絡んで重大な問題である。マスメディアが未発達で予備選の本選に及ぼす影響が今より小さかった時代には、当選候補の方が一般投票で総得票数が少なかったという例が、1824年のジョン・アダムズ、1876年のラザフォード・ヘイズ、1888年のベンジャミン・ハリソンと19世紀に3回も発生している。特に、アダムズは獲得した大統領選挙人数でもジャクソン99人、アダムズ84人、クロフォード41人、クレイ37人と2位にすぎなかった。しかしながら、誰も過半数を獲得できなかったため、憲法の規定に基づき、連邦議会下院の決選投票に持ち込まれた。ここでクレイがアダムズ支持に回ったために、薄氷の勝利によって大統領に選出された。現在では、優勢な候補がほとんどの州で僅少差であっても勝利を収めてしまうため、こうした事態はもう起こらないと思われていた。例えば、2008年の場合、オバマの一般得票率52.6％に対してマケインも一般得票率

図 4-5　二大政党候補の一般投票における得票率と当選の関係

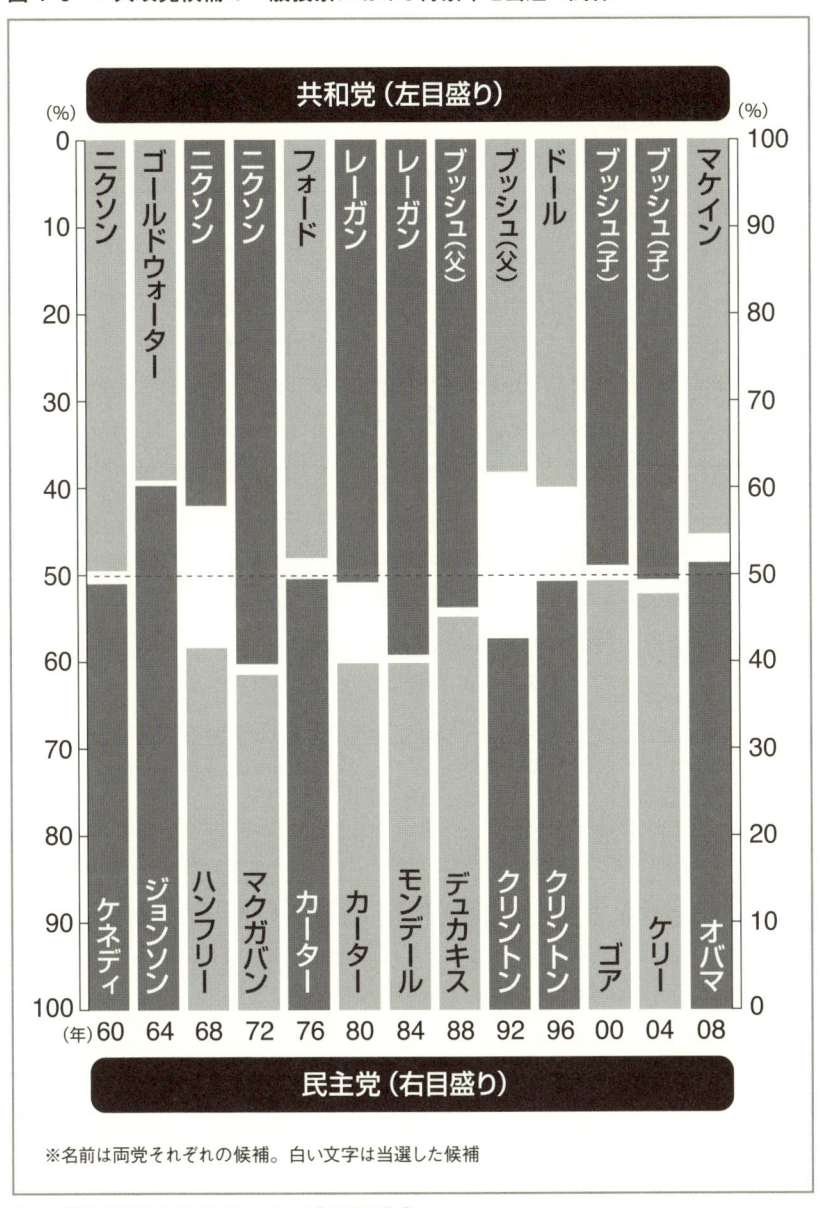

共和党（左目盛り）

年	共和党候補	民主党候補
60	ニクソン	ケネディ
64	ゴールドウォーター	ジョンソン
68	ニクソン	ハンフリー
72	ニクソン	マクガバン
76	フォード	カーター
80	レーガン	カーター
84	レーガン	モンデール
88	ブッシュ（父）	デュカキス
92	ブッシュ（父）	クリントン
96	ドール	クリントン
00	ブッシュ（子）	ゴア
04	ブッシュ（子）	ケリー
08	マケイン	オバマ

民主党（右目盛り）

※名前は両党それぞれの候補。白い文字は当選した候補

出典：『朝日新聞』（2003年11月1日）を元に作成

2．大統領選キャンペーンの4段階：予備選から本選へ

46.1％と健闘したが、獲得した大統領選挙人の数ではオバマ365人に対してマケイン173人と大差がついている。

　しかしながら、2000年大統領選では、一般投票得票数が多かったゴアがブッシュ（子）に選挙人獲得数で負けるという事態が112年ぶりに発生している。そのときも現行制度の是非に関する議論は起こったが、多くの専門家が大統領選挙人制度は存続していくと見ている。なぜならば、州ごとの選挙人数が選挙の趨勢に大きな影響を与える今のシステムの方が、単純に一般得票数の集計で大統領が決まるシステムよりも、各州が存在感を誇示しやすいからである。ただし、「一般投票の得票数が一番多いにもかかわらず落選する候補」が頻出するようだと、改革への動きが高まる可能性もある。将来的に、憲法改正による直接選挙には移行しないまでも、「勝者総取り制度」の代わりに一般得票に応じた選挙人の比例配分方式への修正はありえるかもしれない。

　かつて「第三政党候補者」（third party candidates）には、特殊団体の利益を代表するために所属政党を飛び出した政治家のイメージが強かった。しかしながら、既存政党のばらまき政治に辟易している有権者には、彼らが新鮮で未知の可能性に満ちて見えることもある。例えば、1992年には、第三政党候補として大富豪ロス・ペローが旋風を巻き起こした。一代で10億ドル企業のコンピュータソフト会社を築き、イラン革命で捕虜になった社員2人のためにコマンド部隊を組織して救出した彼は、アメリカンドリームの具現者であった。選挙登録には、全米合計67万人の署名が必要だったが、改革党（Reform Party）から出馬したペローは、カリフォルニア州で規定の4倍の60万人を集めるなど、多くの州で選挙名簿に載るのに十分な署名を集めた。推定25億ドルを超える個人財産から「1億ドルを使う用意がある」と話して、この年は国からの政党補助金も辞退している。

　第三政党候補者が選挙の行方に影響を及ぼしうることは、すでに立証されている。例えば、92年にペローが一般投票でテキサス、フロリダ、カリフォルニアなどの大票田州で勝利を収めた場合、誰も選挙人の過半数を取れない可能性があった。その場合、170年振りに上位3人の下院での決戦投票に持ち込まれるはずだった。また、2000年に緑の党（Green Party）から立

候補したラルフ・ネーダーの一般投票の得票率は 2.7％にすぎなかった。これは、1980 年のジョン・アンダーソンの 6.6％、92 年のペローの 18.9％、96 年のペローの 8.4％よりはるかに少ない。それでも、ネーダーが出馬していなければ、フロリダ州で彼が獲得した 9 万 7,000 票のほとんどは環境政策を重視する民主党ゴア候補に流れていたと予想されており、537 票差で負けたブッシュを逆転していたはずだった。2000 年選挙の出口調査の結果でも、ネーダーの得票は 8 割が民主党支持者からのものだったことが分かっている。2004 年の選挙でも、「ネーダー効果」（Nader effect）を恐れる民主党は出馬断念を促したが、2 月のテレビ番組でネーダーは、「民主主義と自由を侮辱し、国民の発言権、選択権を軽視するものだ」と批判している。第三政党には、小さいがゆえに自分にも大きな違いを作り出せると感じた強固なボランティアたちが結集する。そのために第三政党の候補者の動きにも、今後は目が離せないのである。

3. 大統領選の主要論点

　アメリカでは、選挙キャンペーンの大きな争点となる論点を「世論を分断する論点」（wedge issues）と呼ぶ。そうした争点は、まさに世論に「くさび」（wedge）を打ち込み社会を分断するもので、各候補者の支持する政策においてマスコミと有権者による吟味の対象となることが多い。第 1 が、財政や税制、雇用に代表される「経済」（economy）である。第二次世界大戦後に「これまで失業率が上昇する中で再選された大統領はいない」ことからも明らかなように、経済は常に最大の論点である。その中でも、雇用は選挙結果に密接な関係がある。初当選時点よりも再選キャンペーン時に失業率の高かった大統領には 1980 年のカーターと 92 年のブッシュ（父）がいるが、共に再選に失敗している。92 年は「ジョブレス・リカバリー」（jobless recovery）と呼ばれ、景気は回復基調なのに雇用が回復しなかった。その結果、ブッシュは 91 年の湾岸戦争直後には 90％近い支持率がありながら、「国内事情より国際問題

に関心の高い大統領」とのイメージができてしまい再選に失敗した。息子のブッシュ大統領が2004年に直面したのは、「ジョブロス・リカバリー」(jobloss recovery)という、経済が回復基調なのに雇用が減る状況であった。特に製造業では、2003年だけで約52万人も就業者数が減少した。背景に、繊維業界など旧来型の製造業が、中国などの人件費が安い国に生産拠点を移していることがあった。最先端業界では雇用不足も起こっていたが、多くの学生や失業者が医療関係やハイテク産業で働くのに必要な知識や技能を持たないという需要と供給の「ミスマッチ」が起きていたのである。全盛期60年代の3分の1まで落ち込んだとはいえ、2002年でも全労働者の13.2%を占める（約1,610万人）労働組合票は大票田である。ブッシュ（子）も手をこまねいていたわけではなく、2004年1月20日の一般教書演説で、「21世紀の雇用」と呼ぶ一連の再教育プログラムを提案している。さらに、経済回復を確実なものにするため、2013年までに総額1兆7,000億ドルにも上る大型減税を「恒久化すべし」と議会に求めた。

　興味深いのは、ブッシュ（子）政権の「財政赤字」が2004年度に過去最大の5,210億ドル（約55兆円）、2005年度も3,640億ドル（約39兆6,000億円）の見通しとなっても、論点として浮上しなかった点である。また、レーガン政権1期目の財政と貿易収支の「双子の赤字」(twin deficits)の国内総生産(GDP)に対する比率はこの時以上に高かったにもかかわらず、彼は再選されている。アメリカ人は、短期的にあまり影響を及ぼさない財政赤字には関心を示さない。しかしながら、レーガン政権の後を継いだブッシュ（父）大統領は、1992年に2,800億ドルを越える財政赤字と5年半ぶりに7%を超えた失業率に苦しむ結果となった。赤字削減に向けて「増税」(tax increase)に踏み切ったブッシュ（父）の経済政策への不支持率は60%にも上り、再選キャンペーンにも失敗した。88年大統領選のブッシュ（父）のスローガンが「よく聞けよ、増税しないぞ」(Read my lips, No New Taxes!)だったために、増税が公約破りと見なされたこともあった。「父親の悪夢の再現」を避けたかったブッシュ（子）が、財政赤字削減に任期中に熱心でなかったことも、父親の経験が影響していると思われる。

第2の重要な大統領選の争点が、軍事や外交、テロ対策を含む「安全保障」（national security）である。欧州から遠く離れた「巨大な島国」のようなアメリカは、共和党と民主党の政策の違いはあっても、自国の利益を第一に考えようとする。一般的に、共和党は、アメリカの覇権や国際的な役割を重視し、減税による景気刺激策を指向する。対して、民主党は、雇用を守るために保護主義的な政策を取ったり、富裕層に増税して福祉や教育の充実を図ろうとする。例えば、ブッシュ（子）政権は環境問題でも地域紛争への介入でもアメリカの利益や考えを優先させる方針を打ち出していた。こうした独善的に専行する「単独行動主義」（unilateralism）は、世界から、特に欧州からひんしゅくを買った。オバマは2009年12月に1年未満という異例の短い就任期間でノーベル平和賞を受賞したが、直接的には「核なき世界」を目指したプラハ演説、間接的には対話重視の国際主義（internationalism）の姿勢が受賞理由であった。

　第3番目の重要な大統領選の争点が、教育や犯罪対策、同性婚などの「社会問題」（social problems）である。アメリカは、「進歩的」を意味するリベラルな政策を信奉する人々と、保守的な政策を信奉する人々に分断されてきた。リベラル派は、一般に福祉重視と増税による「大きな政府」、死刑制度の廃止など犯罪への寛容さ、中絶の是認などの政策を支持している。それに対し、保守派は、一般に減税による「小さな政府」、死刑制度の保持、中絶や同性婚の禁止などの政策を支持している。また、近年「人格問題」（character issues）も注目されている。大統領候補者が、単に正直であるだけでなく役職にふさわしい人格の持ち主であるかが、過去にまでさかのぼって吟味されるようになった。例えば、60年代に多感な青春時代を過ごしたベビーブーム世代の候補者の多くが、人格問題に苦しんだ。92年にビル・クリントンが、歌手ジェニファー・フラワーズとの不倫疑惑、ジョージタウン大学在学中の予備役将校訓練部応募と徴兵逃れの関係、英国留学中のマリファナ問題などに苦しんだことが一例である。

4. 社会論争理論：賛成論と反対論の相互作用

社会論争（social controversy）の分析は、南カリフォルニア大学のG・トーマス・グッドナイト（Goodnight 1991）が提唱した理論である。彼は、キャスリン・オルソン（Olson & Goodnight 1994）との共著論文で以下のように述べる。

> 社会論争は、公的領域と私的領域の議論の橋渡しをするコミュニケーション的活動を批評し、とらえ直し、発展させる継続的な説得への取り組みである。論争の典型的な事例は、統治への参加、経済的な資産と機会の分配と使用、私的および集団的アイデンティティと危機の仮定条件、共通の不満の是正、権利と責任の割り振り、そして社会的正義の行使過程などである。(p. 249)

このように社会論争とは、民主主義の副次的な領域を占有しており、議論の参加者が、社会的な同意やコミュニケーションの規範を確立するためのさまざまな選択肢を批評し創造するための戦いの場（a site of struggle）なのである。

公共性の空間（the public sphere）では、提言者、政党、組織がありとあらゆる説得の手段を用いて人々の共通の関心事を提起して議論するための領域が提供される。一般人にとって、公共性の空間は、少なくとも原則的には、社会的に封印されて、組織的に区分されて、文化的に抑制されたコミュニケーション的活動が意思表明の出口を見つける場所である。「公共性」の原則は、自由な立場に身を置く理想でもないし、マスコミによって編集された商品であってもならない。公共性は、共通の行動に影響を受ける利害関係を持った人々のために、あるいは彼らに語りかける暗示的あるいは明示的な主張に対して開かれており、議論的な取り組みの性格そのものの表出である。しかしながら、通例のディベートの特徴は、継続的な公的コミュニケーションの実現性に対するリスクをつねに含んでいる。なぜなら公共性の空間は、あらゆ

る歴史的な瞬間において、重要な論点と些細な論点の違い、中心的な提言者と周辺的な提言者の違い、適切な主張と不適切な主張の違いを慣習的に定義すること、すなわち包含と排除の実践によって占有されているからである。

　例えば、地球温暖化対策における二酸化炭素排出量削減（reduction of carbon dioxide emissions）をめぐる論争を見てみよう。すでに近代化を達成している先進国は、自らもこれから発展が予想される途上国に分相応の分担を期待している。それに対して発展途上国は、これまで温暖化ガスを排出して地球環境を悪化させてきた先進国が途上国に規制をかけることに不公平さを感じている。さらに、先進国側も、これまで企業の論理を優先させて京都議定書の調印に及び腰だったアメリカがどこまで削減目標に踏み込むかという問題を抱えている。この論争解決の鍵は、3つあると思われる。まず1つ目は、途上国の自らの経済発展を犠牲にすることさえ辞さない協力体制であり、2つ目は先進国側が途上国に対する技術と資金提供を惜しまない協力体制であり、3つ目が、先進国による排出量削減のための新技術開発と排出量取引を活用した国際協力体制の有効活用である。特に、オバマ大統領が提唱するグリーン・ニューディール構想は、4,000〜7,000億ドル（約37〜65兆円）の費用をかけてもそれ以上の経済効果を生むと期待されている。同時に、今もし温暖化対策を取らなければ、われわれは将来的に莫大な環境対策費を余儀なくされると予想される。こうした論争分析をすることで、資料やデータの用いられ方、賛成論と反対論の提示の方法、政策決定の手続きなどのダイナミックなコミュニケーションが、どれだけ社会的なコンセンサスや意見の対立に影響を及ぼしているかということとその結果について知ることができる。

　近年の大統領選で、大きく取り上げられることが多い3つの社会問題がある。第1が、「死刑制度」（death penalty）の是非である。死刑制度は、「凶悪犯罪に対して甘いか、厳しいか」を有権者が判断する基準になることが多いが、全国的に見ると死刑は1999年までは増加傾向にあり、現在ではゆるやかな減少傾向にある（**図4-6**を参照）。例えば、2004年大統領選では、保守派のブッシュ（子）共和党候補は死刑制度擁護であった。彼が州知事を務めていた南部のテ

キサス州は、全国で行われる死刑執行の半分以上を占める土地柄である。それに対して東部マサチューセッツ州出身の民主党ケリー候補は、過去に再審で無罪になった死刑囚が 111 人（当時）いたことを理由に、「冤罪を防げない以上、死刑は（テロリストなどを除けば）適用するべきでない」との立場であった。また元弁護士で南部ノースカロライナ州選出上院議員のジョン・エドワーズ候補は、「死刑にふさわしい凶悪犯罪者もいる」という意見であった。

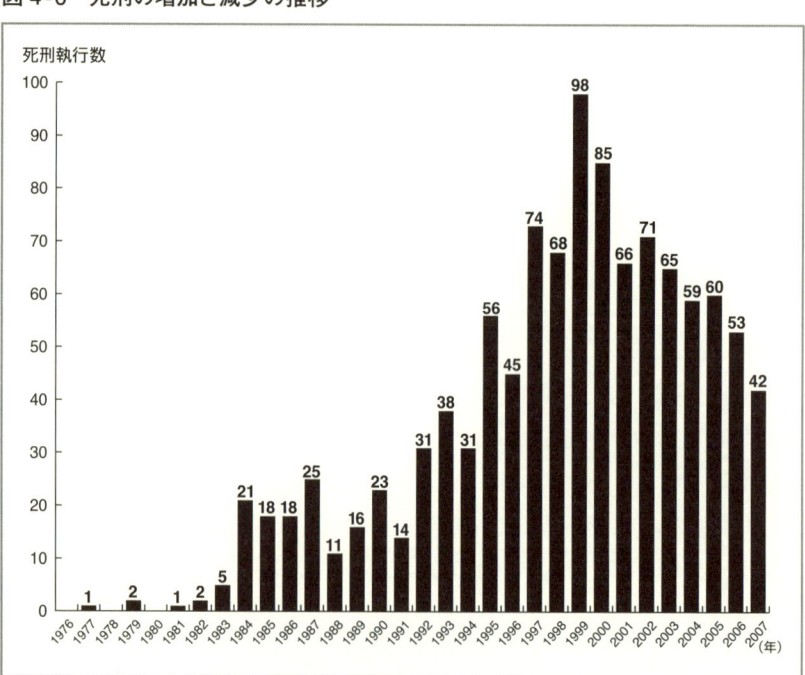

図 4-6　死刑の増加と減少の推移

出典：The Death Penalty Information Center, 2008.

　州権限が強いアメリカでは、州ごとにさまざまな形で異なった法律が取られている。それでも誰が大統領になるかは、国全体の法律に短長期的に大きな影響を及ぼす。短期的には、大統領は憲法改正の提案をしたり、議会で可決した法案に拒否権（veto）を行使できるからであり、長期的には、大統領

が連邦最高裁判所（Supreme Court of the United States）の判事（justices）の任命権を持っているからである。連邦最高裁は9名の判事からなり、病気や老齢などの理由で辞任する場合を除き終身制である。彼らは、大統領の指名と議会の承認を得て就任する。9名はリベラル派、保守派、中道に分かれており、リベラリズム指向の民主党や保守主義指向の共和党支配が長期間続くと、どちらかに連邦最高裁の陣容が傾くこともありえる。判例法中心のアメリカでは、連邦最高裁の憲法判断の変化は、各州の最高裁の決定に大きな影響を与える。例えば、連邦最高裁が1972年に「死刑は違憲」という判断を下したために、80年代の中頃までに37州が死刑を復活させるまで、死刑がいったん廃止されている。

　2つ目が、「中絶」（abortion）をめぐる社会論争である。1973年に連邦最高裁がロー対ウェード判決（Roe v. Wade）で女性に妊娠中絶する権利を認めた結果、妊娠最後の3分の1の時期を除いて州政府が中絶を禁止するのは違憲との判断となった。その後、カトリック団体など保守派の運動が効を奏し、1988年には妊娠初期3分の1の時期を除いて州政府が中絶を禁止するのは合憲との判断が下されている。現在、アメリカでは「中絶をするかどうかを決めるのは女性の権利である」とする支持派（pro-choice）と、「胎児もすでに人間であり、中絶は殺人行為である」とする反対派（pro-life）の対立が高まりつつある。2004年大統領選で、ブッシュ（子）候補は、宗教右派（religious right wing）を取り込むために妊娠中絶反対に傾倒した。2003年11月、妊娠中絶の一部を禁じる連邦法が成立した。妊娠第2期と第3期に、頭部を体内に残した状態で胎児を死なせる部分的出産中絶を禁止する法律である。1997年に、同様の法案を議会が可決したときには、クリントン大統領が拒否権（veto）を行使したために廃案になった経緯があった。2003年はブッシュ（子）大統領が署名したために成立したが、中絶容認派は1973年の連邦最高裁判決を踏みにじるものとして、ニューヨークなど3州の連邦地裁に差し止め請求を行った。3連邦地裁は、いずれも「違憲の疑いあり」として効力を一時停止する命令を出している。しかしながら、被告の司法省は「同法を堅持する」との立場を守るなど、緊迫した状態が続いている。

3つ目の社会問題が、「同性婚」（the same-sex marriage）を認めるかどうかである。2004年2月4日にマサチューセッツ州最高裁が同性婚を認知する法的枠組みを州議会に再命令し、2月14日にサンフランシスコ市が独自の判断で同性カップルへの結婚証明書の発行を開始した。これに対して、2月24日にブッシュ（子）大統領が同性婚を禁じる合衆国憲法修正を提案して、一気に全国注目の論争になった。民主党ケリー候補は、各州の独自性を尊重して国が同性婚を禁じることには反対であり、「必要なら結婚と同じ権限を保証する」シビル・ユニオン（civil union）を州政府が認めるべきであるという立場を取った。ブッシュ（子）大統領は、憲法修正案スピーチの冒頭で、1996年の結婚を男女間に定めて同性婚を排除した結婚保護法の「下院は342対67、上院は85対14」という投票結果に言及して、ケリーが上院の反対者14名中の1人であったことを印象づける作戦に出た。

　憲法修正には、両院の3分の2の支持と4分の3の州議会（38州）での採択が必要だが、これまで27条しか成立していない。同性婚に対する世論は、2004年2月の『ワシントン・ポスト』の調査でも、憲法修正を支持する解答は46％にとどまり、45％が各州の立法にゆだねると分裂している。

　前回大統領選中には、マケインが「結婚は男女間に限るべきだ」、オバマは「同性カップルの権利を尊重する」という立場であったが、両者ともに「連邦政府が関与すべきではない」との立場で一致していた。2008年11月の大統領選当日には、同性婚の是非を問う住民投票がカリフォルニア州で行われた。同州最高裁が同年5月に同性婚を認める判決を出していたために、キリスト教会を中心とした同性婚反対派団体が約110万人の署名を集めて、州憲法に結婚を男女間に限定する条項を盛り込む「提案8号」（Proposition 8）を住民投票にかけさせたのである。6月中旬に同州で結婚証明書の発行が始まって以来、わずか3カ月で推計1万4,440組の同性カップルが結婚していた。民間調査機関による10月中旬の調査では、同性婚反対が44％に対して賛成派52％であったが、反対派が猛烈に追い上げて「提案8号」は僅差で成立した。全国50州のうち、選挙前には43州が結婚を男女に限定していたが、同性カップルがアメリカ最多の約10万組いるといわれるカリフォルニア州の動向は、

他州に影響を与えることは必至と見られる。大統領当選後、オバマは 2009 年 10 月 28 日に「（特定の人種・宗教などに対する偏見に基づく）憎悪による犯罪を防止する法案」(the Hate Crime Prevention Act) に調印した。これは憎悪犯罪法の適用を同性愛者および性転換者に対する犯罪にまで広げるものだけに、今後も同性婚をめぐる論争は続いていくと思われる。

5. 大統領選とジェンダー、人種、宗教

　宗教は、現代アメリカを語る上で重要なキーワードである。キリスト教保守派は、小さな政府、強い国防、中絶反対、増税反対、家族尊重など保守派と多くの価値観を共有しており、1980 年のレーガン大統領誕生を機にさまざまな団体が結成された。キリスト教保守派のうち、政治的に活発な団体が、「宗教右派」と呼ばれている。2000 年に選挙で投票した人で、自らを「宗教右派」と答えた有権者は 14％であった。そのうち共和党ブッシュ（子）候補に投票したのは 79％で、民主党ゴア候補に投票したのは 19％と 4 分の 1 にすぎなかった。ブッシュの参謀カール・ローブ大統領顧問は、2000 年大統領選で「宗教右派は 1,900 万人がブッシュに投票する」と読んでいたが、1,500 万人で 400 万人足りなかった。残りの有権者 83％の投票動向がゴア 55％でブッシュ 41％だっただけに、接戦になった場合を考えると宗教右派は共和党にとっては重要なターゲットであった。

　近年の「選挙戦の行方を左右する有権者」(swing voters) は、中産階級 (middle-income people) である。1977 年からの 10 年間に人口の 63％を占める年収 1 万 8,500 ～ 7 万 4,300 ドルの中所得層の所得の伸びは 1 割にも満たないが、平均年収 60 万ドルの最富裕層の所得は 8 割増であった。さらに、レーガン大統領の大幅所得税減税は率が一定であったため、年収 2 万ドル以下の家庭には福祉切捨ての影響の方が大きく、金持ち優遇の批判があった。

　また、1946 ～ 64 年に生まれた 7,600 万人の「ベビーブーマー」(baby-boom generation) は、現在のアメリカ社会の中心的な地位を占める。彼ら

は、年老いた両親や上がらない賃金という不安を抱えている。さらに、若くて大都市郊外に住み専門職に就いている人々は「ヤッピー」(young urban professionals, Yuppie) と呼ばれ、ベビーブーマーのうちでも高学歴で、年収30万ドル以上を稼ぐ約1割のエリートたちである。彼らは、古い保守本流やリベラルな考えに満足できずに「ニューデモクラシー」(New Democracy) を掲げた1984年のコロラド州選出のゲーリー・ハート上院議員を序盤戦で有力候補に押し上げるハート現象の火付け役となった。特に、ベビーブーマーの中で「ニューカラー」(new collar) と呼ばれて約3割を占める中流階級が、近年の選挙では鍵を握ると見られている。サービス業界に従事する彼らは、今後は政治・経済の両面で「近代アメリカの主流」となっていくからである。

　社会的弱者や少数民族を意味する「マイノリティ」(minority) も、重要なキーワードである。2000年の国勢調査によれば、中南米出身者とその子孫を示すヒスパニック (Hispanic) が40.5％で最も多く、アフリカ系39.2％、アジア系11.7％となっている。全人口約3億人のうち、約4,300万人（そのうち不法移民は、約1,200万人と見られる）を占める彼らは、移民の多さと出生率の高さで傑出した増加率になっている。例えば、2000年4月から2002年7月までの人口増加は約690万人だったが、半数強の約350万人がヒスパニックであった。ヒスパニックとカリフォルニア州などで用いられるラティーノは同様の意味であるが、「ヒスパニック」にはスペインの血筋や伝統を誇る語感があり政財界で好まれ、「ラティーノ」には中南米の出自を意識する語感がある（図4-7を参照）。彼らは、ニューメキシコ、カリフォルニア、テキサス、アリゾナなど南西部州に多いために、特に民主党にとって重要なターゲットである。低所得者が多いヒスパニックが重視するのは雇用、教育、医療保険などのテーマである。『ニューヨーク・タイムズ』とCBSテレビが2003年7月に実施した世論調査でも、要望に応えてくれる政党として、彼らの49％が民主党を挙げており、共和党は21％にとどまっている。民主党はヒスパニックを対象に絞った政策綱領を作り、市民権の擁護、経済、移民政策など、大統領選と同年に行われる上下両院選に向けても積極的な活動を展開している。

これまで人口規模の割に政治的関心が低いといわれてきたヒスパニックであるが、彼らを行動に駆り立てるきっかけになったのが、2005年12月に下院を通過した不法移民規制強化法案である。法案は不法滞在を強盗同様の重犯罪と見なして、助けた人までも罪に問う内容であった。合衆国全体の不法移民

図4-7　アメリカ国内のラティーノの人口変化と投票行動

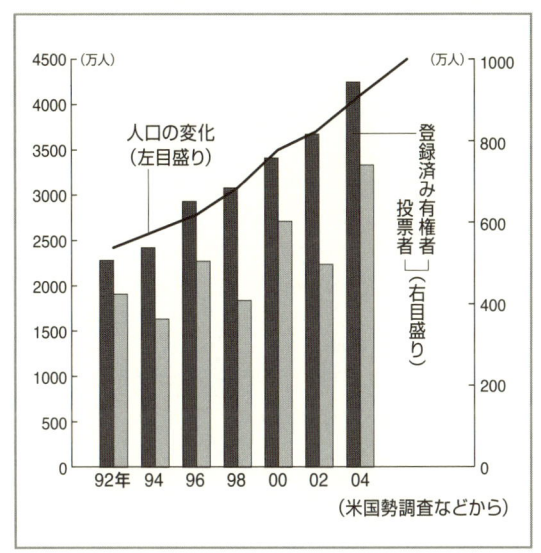

（米国勢調査などから）

の8割を占める彼らは、不法も合法もなく支え合って生きてきた。これまでアメリカ社会に「安価な労働力」として受け入れられてきた彼らの発言権が、今後高まっていくことは間違いない。2004年大統領選では、選挙権のあるヒスパニックのうち、投票に必要な有権者登録をした人が930万人にとどまっており、実際に投票した人も全体の半数以下の758万人にすぎなかった。「眠れる巨人」ともいわれる彼らが政治に目覚めたときには、反移民的な政策を取ることが多い共和党には脅威になると考えられる。

6. 選挙と世論調査

アメリカ史上初の世論調査は、1824年大統領選期間中に『ハリスバーグ・ペンシルベニアン』が非公式な世論調査（straw polls）を行ったものといわれている（Denton & Woodward 1990）。有権者は、アンドリュー・ジャクソン、ヘンリー・クレイ、ジョン・クインシー・アダムズ、ウィリアム・クロウフォー

ドの誰に投票するつもりであるかを尋ねられた (Smith 1990)。しかしながら、この時に行われた世論調査は、われわれが知る科学的な調査方法を用いたものではなく、しばしば自らの意見を表明したいだけでなく、おそらく選挙結果にも影響を与えたいと望む熱心な政党支持者によって行われたものであった。

最も知られた初期の全国世論調査は、1924年に『リテラリー・ダイジェスト』が行ったものである (Hollihan 2009)。さらに同誌は、有権者登録、納税者名簿、電話帳、車両登録記録などから収集された人々を対象に、36年までには無記名投票用紙を100万人に郵送するようになった。当時の非公式な調査は非科学的な方法論に基づいており、平均的標本誤差は約10%といわれている (Rosenstone 1983)。それにもかかわらず『リーダーズ・ダイジェスト』は、返送された調査用紙のデータに基づき24、28、32年に大統領選の結果を正確に予測した。しかしながら、同誌は36年にアルフレッド・ランドン共和党候補がフランクリン・D・ローズベルト民主党候補に「地滑り的勝利 (landslide victory) を収めるであろう」と報道する過ちを犯して、はからずも大規模な全国世論調査に終末を告げることとなった。『リーダーズ・ダイジェスト』の編集者は笑い物になり、それ以降、選挙予測を行うことはなくなった。現在までに明らかになっている誤報の理由は、第1に、世界恐慌の時代には自動車や電話機を所有していたのは富裕層と共和党員に限られていたために、不利なデータが出ていたローズベルトが大差で再選されたことである。第2に、世論調査自体は大規模に行われたにもかかわらず、当時のアメリカ人には取るに足らないと思われた返送用の切手代が実は負担であり、返送率が低かったためである。

科学的な世論調査は、1930年代にジョージ・ギャラップによって、義理の母親で女性初のアイオワ州務長官を務めたアレックス・ミラー夫人のために行われた。ギャラップは、『リーダーズ・ダイジェスト』の22%という途方もない標本誤差よりましとはいえ、それでもまだ6.8%という標本誤差がありながらも、少なくとも36年の選挙結果は正確に予測した (Rosenstone 1983)。ギャラップは、科学的方法論に基づく世論調査の透明性を高めて、選挙候補者からの関心を集めた。

ドワイト・アイゼンハワーは、1952年に候補者が登場する史上初のテレビ広告で扱うテーマを選択するにあたり、ギャラップに相談をした。在任中に「アイク」の愛称で親しまれた彼は、元陸軍元帥で、第二次世界大戦中は北アフリカおよびヨーロッパ連合軍の最高司令官、戦後は北大西洋軍事最高司令官を務めた「戦争の英雄」(war hero) であった。さらに60年にケネディ民主党候補は、富豪であった父親の資産を広告に使い、特に予備選で大々的なキャンペーンを展開した。彼は、選挙アドバイザーやコンサルタントを雇う際、取り上げるべき争点や支持してくれる有権者層を見つけ出したり、大統領選挙人制度（Electoral College）に対する方策としてどの州に時間と宣伝を費やすかを決定するのに、世論調査の結果を利用した（Denton & Woodward 1990）。それに対し、個人的資産を持たないニクソン共和党候補は、寄付金に頼らざるをえず、彼自身のための世論調査を行ったりプロのコンサルタント集団を雇ったりすることはできず、メディア戦略の面でケネディ陣営の後塵を拝することになった。

　70年代に入ると、最新のコンピュータ技術が迅速な調査分析を可能にしたために、政治家による世論調査機関の利用はますます一般的になった。76年には、カーター民主党候補とフォード共和党候補はそれぞれの陣営が約50万ドルを世論調査に費やし、80年にはカーター候補とレーガン共和党候補の両陣営が一般投票に向けてほぼ倍額の資金を使った。パトリック・カデールは、大統領側近集団に顧問として加わった最初の世論調査員であり、カーター在任中には選挙民の動向を調べる役割を負っていた（Denton & Woodward 1990）。これ以降、すべての政権が世論調査員を身近に置くようになり、彼らは継続的に大衆の評価を監視して、大統領の政策とメッセージの発信にアドバイスをするようになった。しかしながら、どこまで世論調査員を利用するかは、政権の座にある人物によって大きく異なった。例えば、レーガンとクリントンは、カーターやブッシュ（父）と比較して、世論調査の結果を政策の選択とメッセージに反映させることに強い関心を持っていたといわれる（Murray & Howard 2002）。レーガンやクリントンが在任中を通して頻繁に世論調査を行ったのに対して、カーターやブッシュ（父）は、選挙年以外には

世論調査をあまり行わなかった。

　アメリカには、ギャラップ、ハリス、ローパーなど80年近くにわたって世論調査（public opinion poll）を行ってきた老舗調査会社のほかに、ゾグビー、ラスムッセン、ピューなど新興や独立系の調査会社が存在している。さらに、新聞社や放送局など大手メディアも独自の調査を行っている。アメリカ人の世論調査好きもあって、この分野は巨大ビジネスとなっている。1992年にはわずか6社しか大統領選の結果予測をしていなかったものが、96年には9社に、2000年には18社にまで急増している（Traugott 2001）。2004年には、ある調査によればアメリカ全体で273の全国的な調査が行われたといわれている（Hollihan 2009）。急速に世論調査が増えている理由は、全国の中小の調査会社が候補者、政治活動委員会（political action committee）、政党のために世論調査を行っているからである。さらに当選後にも、彼らはどのように政策を形成するかや議題目標を追求するかを知るために、世論調査に頼ろうとするのである。

7. 世論調査の問題点

　候補者が、正確な世論調査結果を必要とすることは言うまでもない。世論調査機関（pollsters）は、注意深く調査方法を構築し、適切なサンプルが用いられるようにしなければはいけない。さらに、質問項目は誘導尋問になっていたり特定の方向に偏っていたりしないように書かれて、データができる限り適切になるように集計されて、集計結果は注意深く分析されなければならない。世論調査に関して、政治コミュニケーション学者のホリハンは、以下のような注意事項を挙げる（Hollihan 2009）。まず、最も重要なのがサンプリングである。サンプリングの目的は、母集団内のあらゆる個人が確実にサンプルに含まれるようにすることである。しかしながら、社会階層（stratification）によって、母集団のサンプルはさまざまな異なった性格に分類されてしまう。サンプルが適切な地域分布を確実に含んでいるかによって、

調査結果の信憑性は大きく変わってくる。アメリカでは、各地域の産業構造と宗教心などの価値観に関連性があるためである。例えば、「バイブルベルト」(Bible Belt)と呼ばれるアーカンソー、ケンタッキー、テネシー、ジョージア、ミシシッピ、ミズーリなどの南部諸州は、宗教心が厚い人々が多く保守的な土地柄となっている。また「赤さび地帯」(Rust Belt)と呼ばれる東・中西部の鉄鋼業を中心とした、かつて重工業が栄えた土地では、現在では構造不況産業を抱えて失業率も高い地域であるために、労働問題を重視する傾向がある。逆に、東はバージニア州やフロリダ州から西はカリフォルニア州にまで広がる「サンベルト」(Sun Belt)と呼ばれる温暖地帯は、気候的に温暖で住みやすく、各地からの労働者と引退した富裕層の流入もあって人口が増え続けている。

同時にサンプルの設定は、調査対象となった地域内の富裕層と貧困層の比率や人種構成を、正確に反映している必要がある。フロリダを例に取ると、現役の労働者が減税重視など「小さい政府」指向なのに対して、引退した富裕層は福祉を重視した「大きい政府」指向のために、同一州内においても利害の対立が存在する。また、保守的で裕福な白人住民が多い選挙区では、元々保守の立場である候補者がさらに保守的な政策を取らざるをえず、逆に、高学歴でリベラルな住民が多い選挙区や、移民に対して寛容な政策を求めるマイノリティ住民の多い選挙区の候補者は、ますますリベラル化する傾向がある。

第2の注意事項は、アンケート用紙の文言と配列（wording and order of the questionnaire）である。世論調査機関は、注意深く調査用紙を構成する必要がある。それにもかかわらず、多くの調査が論点を単純化しすぎたり、ゆがんでいたり、あいまいな表現を用いたり、不十分な質問になっていたり、尋ねた内容と合わない結果を報告していると批判されてきた。例えば、多くの調査結果によれば、あらゆる状況下での中絶の容認には10%以下のアメリカ人しか同意していないにもかかわらず、約47%が中絶を終了させる権利に対するいかなる拘束にも反対している。その一方で、何が中絶を正当化する具体的な要件であるか（経済的要因、希望する子の性別、性犯罪の関連、胎

児の先天的障害、その他）に関するコンセンサスは取れていない。また、専門的な堕胎方法や法律用語が質問項目に用いられたとき、一般人にそうした専門用語が十分に理解されているかは疑問である。

　これまでの研究で、複数候補者の支持率調査の場合、一番先に書いてある候補者の支持率が後に書かれた候補者よりも高くなる傾向が指摘されている。さらに質問の並べ方も、解答に影響を与えることが知られている。マクダーモットとフランコビックは、2つの質問の配列効果を説明している（McDermott & Frankovic 2003）。最初の効果が「意見形成」（opinionation）であり、アンケート対象者は最初に尋ねられた政治的な質問より後の方の質問により実質的な回答をする傾向がある。次の効果が「誘導」（direction）であり、ある状況下では最初の方でされた質問の回答に、後続する質問の回答が影響を受けるというものである。例えば、大統領の仕事に対する満足度調査において、最初にその他の政治的な質問が与えられていた場合には、「よく分からない」という回答が8ポイント低くなったというデータがある。このように質問項目の文言や配列は、アンケート結果を「ゆがめる」（skew）可能性があることが知られている。

　結果的に、同時期に行われたアンケートでも調査会社によって微妙な違いが生じることがある。例えば、電話を用いた世論調査では、各社の「誰を各家庭の調査対象にするか」の基準が異なっている。ギャラップは、18歳以上の最も若い男性を希望し、男性がいない場合は最年長の女性を選択することが多い。ハリスは、通常、最も若い男性を希望して、男性がいない場合は最も若い女性を選択する。あるいは調査会社によっては、単にもっとも最近に誕生日を迎えた成人を求める場合もある（Voss, Gelman & King 1995）。

第5章

メディアと政治コミュニケーション

1. メディアの演じる役割

　現代の選挙キャンペーンでは、メディアの演じる役割を見逃すことができない。まず第1に、メディアは「フレームを提供する機能」(framing function) を持っている。すべてのメッセージは、メディアが設定した「フレーム」を通してしか有権者には語られない。例えば、カメラのフレームを想像していただきたい。われわれの目に入る画像はフレームの範囲だけであり、範囲外に何があったとしてもそれは存在しないのと同じことである。政治コミュニケーション学者のトーマス・ホリハン (Hollihan 2009) によれば、フレームは、われわれにとって何が重要であるか、何がトピックに関して受容可能な討論範囲であるか、いつ論点が決議されたのかなどを語ることで政策の解釈可能性を形成して限定してしまう。同様にR・アントマン (Entman 1993) も、フレームは、イベントの客観的で自然な表現としていったん受け入れられると、問題に関する知覚範囲を押しつけ、どのようにイベントが定義され、理解され、評価され、決議されるかに重要な影響を与えると述べている。

　メディアが特に重要な役割を演じるのは、知名度の低い候補者の序盤戦である (Pfau *et al.* 1995)。積極的に情報を得ようとする有権者ほど、政治に参加して投票に行く可能性も高く、政治的影響力を持ち、立場をはっきり述べ、明確な支持政党を持っている (Delli Carpini & Keetzer 1993)。またメディアがどのように人格や能力を報道するかだけでなく、候補者のどのような動機、期待、政策の必要性や信念を報道するかも重要である。逆に言えば、ニューメディア時代においては、候補者は自己イメージをメディアまかせにするのではなく、好意的なイメージを有権者に与えるような「印象管理」(impression management) をする必要性がある。例えば、2001年9月11日の同時多発テロ後のブッシュ大統領（子）は「テロとの戦い」(war on terrorism) という文脈で語られることが多く、2004年の再選キャンペーンでも、「戦時大統領」(wartime president) として高支持率を誇った。しかしながら、2007年にイラク戦争におけるアメリカ兵死亡者数が3,000人を超えた頃から、負傷者が

現地で十分な治療を受けていなかったり、アブグレイブ刑務所でイラク兵が非人道的な扱いを受けていたりしたことが判明すると、この戦争が「誤った戦争」であるという文脈がメディアによって形成されて、2008年には史上最低の支持率にあえぐこととなった。

　第2に、現代マスメディアは、どの論点を視聴者に伝えるかを選択する「門番としての機能」（gate-keeping function）を持っている。もしもメディアがある論点を取り上げなければ、有権者がそうした争点の存在を認識することもないのである。例えば、2008年大統領選において、マスメディアがオバマの人種問題と対応する形でマケインの高齢問題を取り上げた影響を見逃すことはできない。「人種」が現在でもアメリカにおける最もデリケートな問題であるのに対し、「高齢」という問題は、判断や身体能力の衰えが客観的に頭に浮かぶだけに、2人のアキレス腱を「公平に」取り上げることがはたして本当に公平であったかは疑問である。

　第3に、マスメディアは、「議題設定機能」（agenda-setting function）を持っている。視聴者は、メディアが設定した議題を重要であると認識する傾向があり、メディア報道は選挙戦の行方に大きな影響を与える。また、ニューメディア時代における失言は取り消すことができないだけでなく、さまざまなメディアを通して繰り返し報道されて、ウェブサイトなどで一般に閲覧可能な形で残ってしまう。そのために、メディアは黎明期とは比較にならない影響力を持つようになっている。例えば、2004年大統領選中にアメリカ社会に衝撃を走らせた報道に、3月31日にイラク中部のファルージャで起きた民間警備員4人の惨殺事件がある。歓喜の声を上げる民衆が遺体を切り刻み、車で引きずって橋につるす衝撃的なシーンが、国内に報復が必要だとの議論を引き起こした。残酷な映像をどこまで伝えるかをめぐっては、メディアの対応が分かれた。同日夕方になって、遺体の身元が判明し遺族に連絡されたことが確認されると、CNNは遺体映像の放送に踏み切った。FOXやNBCは、卑劣な行為の恐怖をすべて見せる必要はないと判断し、燃えさかる車両や歓喜する住民の映像にとどめたが、新聞メディアの多くは翌日に遺体写真の掲載に踏み切った。この事件と比較されたのが、1993年に、内線が続くソマ

リアで国連の平和維持活動部隊に派遣されていたアメリカ軍のヘリ「ブラックホーク」が、現地の武装勢力に撃墜された事件である。救出に向かった地上部隊も含めて、計18名が死亡した上に、兵士の遺体が地元住民に引きずられる映像がメディアにより報じられた。この時は議会が即時撤退を要求し、当時のクリントン政権が撤退を決める状況にまで陥った。

　政治家は、世論を味方につけるために「スピンドクター」(spin doctor) と呼ばれるアドバイザーの指揮の下、世論誘導戦略を練ることがつねである。さらには大統領選であれば、どの州が接戦か、どの州にどのくらいの資金をつぎ込むか、どんなキャンペーンを行うかといった判断はキャンペーンマネジャーの腕の見せ所である。例えば、ジェームズ・ベーカー前国務長官は、銀行業で知られるテキサスの旧家出身で、元は有能な弁護士であり、ブッシュ（父）大統領の親友でもあった。1988年大統領選では、一時17ポイントも差をつけられていたブッシュ（父）共和党候補のために効果的に選挙戦略を取り仕切り、デュカキス民主党候補に大逆転する原動力になった。92年にも大統領首席補佐官として、60億ドルにのぼるF16戦闘機の台湾への販売許可、10億ドルの小麦補助金供与、7億5,000万ドルの台風被災農家救済策など、選挙民受けする政策をブッシュ（父）候補に次々に打ち出させた。

　さらに、広報ビデオに対する反応を予測するために司会者に集団討論をさせる、「フォーカスグループ」(focus group) と呼ばれる小集団による調査も行われる。マックスウェル・マッコームスとドナルド・ショー (McCombs & Shaw 1993) によれば、注意を払うべき対象物の選択とそうした対象物を考えさせるフレームの選択は、共に強力な議題設定機能である。彼らは「ニュースの議題と論点、人物、イベントなど日常的な対象物の中心には、ジャーナリストと公的なメンバーがそれぞれの対象物を考察するために採用する視点 (perspectives) がある。そうした視点は、ある特質に対して注意を集中させて、その他への注意をそらさせる」(p.62) と述べている。

　最後のメディアに関する理論が、議題設定機能の延長線上と考えられる「プライミング効果」(priming effect) である（岡部 2009）。英語の動詞 prime には、「火器に火薬を詰める、爆発物に導火線をつける」と同時に「前もって教え込

む」という意味があり、プライミングに「誘発」という訳語が与えられるようになった。シャント・イェンガーとドナルド・キンダー（Iyenger & Kinder 1987）によれば、人々は複雑な問題には十分な知識を持っていないために、政治的議題や争点を判断する場合、瞬間的に頭に浮かぶものを総動員して判断を下すようメディアによって誘発される。その結果として、受け手は一度認識した論点や議題を、政治家の評価基準として用いるようになるのである。

2. メディア時代におけるイメージ管理

　メディア時代の指導者には、「危機管理」（crisis management）の能力だけでなく「印象管理」（impression management）の努力も欠かせなくなってきている。なぜならば、フレームは、公共政策の論点だけではなく候補者のイメージに対する有権者の評価にも影響を与えるからである。候補者のイメージは、大きく2種類に分けられる（Husson, Stephen, Harrison & Fehr 1988）。第1が、候補者の政治的なイメージであり、所属政党、イデオロギー的な誓約、特定の論点に関する立場、政治的人物や利権団体との結びつきなどが含まれる。第2が、個人的なイメージであり、年齢、知的能力、話し方など有権者に対する一連の性質が含まれる。しかしながら候補者のイメージは、イデオロギー、価値観、外見、遂行能力のすべてが有権者ひとりひとりの性質と信念との相互作用の中で評価される（Kaid & Chanslor 1995）。それでは、何が候補者のイメージに最も影響する要素であろうか。答えは、信頼（trust）である。スコット・キーター（Keeter 1987）によれば、信頼こそ、候補者が有権者にどれだけ好まれているかの予想基準となる。多くの人々が自分が他人を判断することに自信を持っており、信頼に基づく判断は「あまり情報が与えられていない状況下での理性的行動」（low information rationality）の古典的な例である（Popkin 1994）。信頼が他の基準に先んじる理由は、失言が候補者の見識を疑わせたり、単純なスペルミスを能力以前の問題と思わせてしまうからである。特に、テレビのニュース番組は、候補者が非常識な行為をしたとき、

実際の能力や性格がどんなに素晴らしいものでも、取り返しのつかないマイナスイメージを定着させてしまう。逆に、テレビのニュース番組によって雄弁でさわやかなイメージ形成がなされた場合には、有権者にとって信頼に足る人物として認識される。

　メディア研究者たちは、アメリカの政治報道がますます否定的でシニカルな論調になってきていることを指摘してきた（Sabato 1992；Hollihan 2009）。大まかに言って、ジャーナリズムは3つの時代に分けることができるとされる。最初が1941から66年までで、「愛玩犬ジャーナリズム」(lapdog journalism) の時代と呼ばれる。この時期には、政治家の意向を受けて体制を強化するような報道が行われた。次に1966から74年には、ジャーナリストは政治家や高官を積極的に人々を欺き誤った方向に導く存在だと信じるようになり、「番犬ジャーナリズム」(watchdog journalism) の時代となった。このスタイルは、政治家の発言や行動を注意深く分析するために、独立した調査を行うジャーナリストたちによって特徴付けられる。さらに1974年以降には、サバト（Sabato 1992）の言葉を借りれば、「ゴミ置き場犬ジャーナリズム」(junkyard dog journalism) となった。彼らの報道姿勢は、急激に攻撃的になり、おしつけがましく否定的でシニカルで、ゴシップネタや噂話に中心を置く傾向がある。こうした変化が生じた背景には、ベトナム戦争とウォーターゲート事件が影響している。ウォーターゲート事件では、1972年に大統領選キャンペーン初期に、共和党関係者がワシントンDCの高級マンションであったウォーターゲート・ビル内の民主党本部に盗聴器を取り付けようとしたことから、全国的なスキャンダルに発展した。調査過程で政府高官の収賄や脱税も発覚して、73年にスピロ・アグニュー副大統領が辞任して、74年にはニクソン大統領が辞職する事態にまで発展した。

　ウォーターゲート事件の真相を暴いた『ワシントン・ポスト』の2人の記者の活躍を描いたノンフィクション『大統領の陰謀』（ウッドワード＆バーンスタイン 2005）はベストセラーとなり、後に映画化されて大ヒットした。トーマス・パターソン（Patterson 2002）は、「おそらくベトナム戦争以上に、ウォーターゲート事件はリポーターに深い印象を残した。ウォーターゲート事件は、

急速にジャーナリストの間で神話となった。彼らは、報道機関がアメリカの民主主義を救ったと信じて、嘘つきで世論操作をする政治家から大衆を守るという不断の責任を持つようになった」と論じている。パターソンは、メディアが2000年のジョージ・ブッシュ（子）共和党候補の大統領選キャンペーンの63％を、同年のアル・ゴア民主党候補の大統領選キャンペーンの60％を否定的なトーンで報道したと指摘している。

メディア学者のカッペラとジェミーソン（Cappella & Jamieson 1997）は、そうした否定的フレームで政治的メッセージを報道する危険を以下のように憂慮する。

> キャンペーン、候補者、選挙の中心的な目的は、勝利である。行動がこの解釈のフレームにはめ込まれたとき、（政策的であれ個人的選択であれ、すべての）行動の動機——勝利して役職が提供する権力を手に入れたいという欲望——は1つの単純な人間的動機に集約されてしまう。そうした解釈のフレームでは、候補者は、社会問題を解決し、国家的目標を修正し、子孫のためによりよい将来を創造するという欲望の副産物ではなく、勝利の枠組みで見られることによって、すべての行動は汚されてしまう。(p. 34)

このように、評論家による公開討論の形式によって、政治ニュースがますます論争的・対立的になり、しばしば一方的に提供されるようになっているのである。しかしながら、政治キャンペーンや争点の報道に関してホリハン（Hollihan 2009）はいくつかの明るい見通しも指摘している。例えば、ジャーナリストがより省察的で良心的な方向で改善を目指している点である。多くのジャーナリズム専門職大学院が職業倫理と責任をトピックとして取り扱うようになっており、マスコミやジャーナリズム関係の学会でも、いかに報道の質を高めていくかが模索されるようになっている。同時に、多くの研究機関や財団が、政治キャンペーン報道のあり方に関して調査や提言を行っている。今後は、われわれもアメリカのジャーナリズムの論点を分かりやすく取り上げるなどの見習うべき点と、しばしば（情報を意味するinformationと

娯楽を意味する entertainment から作られた造語である）「インフォテインメント」（infotainment）と揶揄されるニュース番組のエンターテインメント化などの問題点の双方を検証する必要があるであろう（例えば、Waisanen & Suzuki 2008; 2009 を参照）。

3.「ゴーストライター」から「スピーチライター」へ

　近年、これまで裏方であったスピーチライターが脚光を浴びるようになり、まるでスター政治家自身のようにメディアで報道されるようになった。岡部朗一は、留学中に政治コミュニケーション・セミナーで『幽霊は語る』（Michelson 1944）を必読書として読んだと報告している（岡部 1992）が、ローズベルト大統領の補佐官であった著者チャールズ・ミシェルソンが「ゴーストライター」としての経験を語ったものである。彼がスピーチライターをしていた当時には、政治家が代作を頼むことに対する倫理的問題が存在しており、代作者が（少なくとも任命中は）匿名性を守秘することが求められていた。しかしながら、1961年のケネディの就任演説があまりに評判を取ったためメディアが「幽霊探し」をするようになり、ケネディ自身が秘匿主義を取らなかったため、それ以降は代作者の存在は秘密でなくなった。これまでに、ジョンソン政権のビル・モイヤーズ、カーター政権のジェイムス・ファローズ、レーガン政権のペギー・ヌーナン、ブッシュ（父）政権のトニー・スノー、クリントン政権のマイケル・ウォールドマン、ブッシュ（子）政権のマイク・ガーソンなどが「元大統領のスピーチライター」としてメディアに登場している。

　西欧には、元々「公共のフォーラム」（public forum）という概念があり、「人々が公の政策を自由に話し合う場」がメディアや自治体によって提供されることが期待され、政治家も自らの政策を説得的なメッセージとして国民に発信する責任がある。そのためにスピーチライターは、複雑な政策プログラムを一般人に「翻訳する」役割を演じている。例えば、クリントン政権で主席スピーチライターを務めたデビッド・クスネットは、その仕事を「メッセー

ジを分かりやすく聞きやすい言葉にする役割。終始一貫した内容にする構成力、耳に残るキメゼリフを盛り込むセンスも必要」と説明している(「名演説を生んだ20代」2008)。さらに、保守派の論客として知られたパトリック・ブキャナンは、ニクソン政権のスピーチライターを務めた後、フォードとレーガンのアドバイザーとして3人の共和党選出の大統領に仕えた。彼は、1988年に共和党予備選に出馬して1期目に増税を行った現職ブッシュ(父)大統領の「腰砕け保守」批判を展開して、ブッシュの再選失敗の一因になった。このようにスピーチライターは、さまざまな形で直接的、間接的に政治に大きな影響力を及ぼしうるのである。

　筆者が1980年代に留学したカンザス大学コミュニケーション学部では、かつて州知事のスピーチライターを務めた講師による「スピーチライティング」クラスが開講されていた。若いスピーチライターは、市議会議員の仕事から始めて、州議会議員の仕事を経て、最終的には連邦議員の仕事を目指すという「政治家の出世」と同じようなプロセスを経験していく。今日では、メディア学部においても過去にスピーチライターを務めた大統領補佐官などを講師に、同様のクラスが開講されるようになっている。スピーチライターとして最も成功したといわれるヌーナンは、CBSテレビのプロデューサーとライターを経て、84年からレーガンのために4年間働いた。主婦として子育てをしながらホワイトハウスにファックスで原稿を送った彼女の気配りの利いた原稿は、俳優出身でコミュニケーション能力に長けたレーガンとの相性は抜群であった。ところが、中国大使、CIA長官、副大統領を経験してプライドの高い後任者のブッシュ(父)とは相性が悪く、1年ほどで役を下ろされている。同じスピーチライターが、ある政治家にはイデオロギーや文体面で最適でありながら、別の政治家にはまったく合わないこともありえるのである。

　オバマの名演説を執筆したのは、これまでなら考えられない若い3人であることが知られている(「名演説を生んだ20代」2008)。責任者ジョン・ファブロー(2008年1月時点で26歳)は、東部の名門ホーリークロス大学を首席で卒業後、2004年の民主党大統領候補であったケリーのスピーチライターを経て、オバマ側近に引き抜かれてから彼のスピーチに関わってきた。もう

1名がプリンストン大学卒業後、ロンドン・スクール・オブ・エコノミクスで修士号を取り、ケネディの側近だったソレンセンの回想録執筆を手伝ったアダム・フランケル（同27歳）である。最後が、過去にイラク調査団に加わり、米国議会公式報告書の「9・11委員会報告書」の作成を手伝っていたベン・ローズ（同30歳）である。多くのスピーチライターが「最も重要な資質は何ですか」と聞かれて「眠らなくても平気なこと」と答えているが、それが若い人々が増えている理由のひとつである。特に、選挙キャンペーン中には、日本と比較にならないほど広大な国土を持つアメリカで毎日のようにスピーチをする政治家のために「説得力あふれるスピーチ」を書くには、各地区の産業構成、人種構成、経済状況、宗教上の信念、課題への対応策を頭に入れて聴衆の関心に合わせて内容を修正しなくてはならない。同日に複数の州を移動する飛行機やバスの中でも原稿に手を入れ、政治家のスピーチ中も聴衆の反応を見て、夜中もホテルで翌日のスピーチを準備することになる。そのために激務のスピーチライターの平均睡眠時間は、1日に2時間ほどになるという。

　大統領レトリックの研究家マーティン・メドハーストは、スピーチライティングに関して「現代の学者に蔓延する10の神話」を紹介している（Medhurst 2003）。この場合、「神話」（myth）とは、一般に広く信じられているが現実には間違った考えを示している。やや長くなるが彼の説明は包括的で、スピーチライターの仕事を倫理的・歴史的・メディアコミュニケーション的に考察する上で興味深いと思われるので、以下に10の神話を紹介してみたい。まず第1の神話は、「古きよき時代には、大統領はつねに自分のスピーチを書いていた」（p. 4）。実際には、建国の時期から20世紀前半まで大統領の周りには必ず幾人かの側近が控えており、演説、公式発言、手紙などの作成の手助けをしていた。ただし初代大統領ジョージ・ワシントンから第28代ウッドロウ・ウィルソンまでは、彼ら自身が多くの文書の実質的な著者と見なせるようである。例えば、ワシントンは、アレクザンダー・ハミルトン、ジェイムズ・マディソンなどのアドバイスを受けて執務を行っていた。弁護士出身のリンカーンも、就任式にあたって過去のすべての就任演説を取り寄せさせて自ら草稿に校正に次ぐ校正を行い、側近の意見も取り入れて最終原稿を書

き上げたことが知られている。

　第2の神話は、「フランクリン・D・ローズベルトが、メディアアドバイザー、資料収集者、演説起草者の三位一体システムという近代政治システムの原型を作った大統領である」(p. 5)。未曾有の経済恐慌に直面して救世主への期待を集めて1933年に就任したローズベルトが、「ブレーントラスト」(Brain Trust)と呼ばれた頭脳集団を配してスピーチや公式発言文書を代筆させたのは事実である。しかしながら、現在知られている限りではスピーチライターを雇った初めての大統領は、第29代のウォーレン・ハーディングである。ライターの名前はジュドソン・ウェリバーであり、文書担当補佐官として第30代大統領のカルビン・クーリッジにも継続して仕えている。ただし、ローズベルトが1922から23年にかけてマスメディアとしての位置を確立したラジオを有効に活用した最初の大統領であったことには疑問の余地はない。ハーディング、クーリッジ、フーバーなどの前任者がそれほど演説好きでなかったのに対して、魅惑的な声の持ち主であったローズベルトは1928年以降、ラジオを積極的に活用して、1933年の初就任演説までには国内でも最高のラジオ演説者と見なされるようになっていた。彼は、レイモンド・モーレイに、より説得的な就任演説を書くための準備に関わることを依頼している。その後、ローズベルトは、ジュドソン・ウェリバーとフレンチ・ストローザーを含む数人のスピーチライターを正式に採用している。

　第3の神話は、「大統領のためにスピーチを書いた人物は、つねにスピーチライターと呼ばれてきた」(p. 6)。実際には、1960年代後半までは、大統領のスピーチを代筆した人物は必ずしも代筆が最重要課題ではなかった。関連分野の専門家が大統領の依頼を受けて、補佐官として政策アドバイザーなどの役割を務めることもあった。例えば、ケネディ政権の特別補佐官を務めたアーサー・シュレジンガーJr.は、ハーバード大学で教鞭を執りピューリッツァー賞を受賞した歴史学の権威であり、ケネディ暗殺後、ニューヨーク市立大学教授を務めている。同政権で主にスピーチライティングを担当したセオドア・ソレンセンは弁護士出身であり、ケネディ暗殺後はニューヨークの法律事務所を経てテレビコメンテーターを務めている。

第4の神話は、「大統領のスピーチライターは、いかなる名称で呼ばれようとも、常にホワイトハウス職員として雇われてきた」(p. 7)。今日では多くの場合、彼らは正式なホワイトハウス職員として採用されているが、かつては他省庁、特に予算局からの出向職員がそうした役割を務めることも多かった。また学者、ジャーナリストやビジネス関係者が非公式な職員として機能することで、むやみにホワイトハウスのスタッフの人員を増やさずにスピーチライター要員を確保することができた。

　第5の神話は、「スピーチライターは、単に大統領の政策を反映するにすぎない。彼らの役割は、ある種のお飾りや言葉の適切化で、構想（invention）ではない」(p. 7)。もちろん彼らは、言葉を装飾し適切な言葉を選択する。しかしながら、スピーチライターは時に創意に富んだ考えを構想するのみならず、草稿を具体的な政策に仕立てる段階でしばしば構想に関わっている。ケネディ政権補佐官だったソレンセンは、代筆、言葉遣い、陰影法、政策決定の間には非常に狭い境界線があるにすぎないと述べている。メドハーストによれば、第2稿での言葉遣いの変更が、第3稿では動詞の変更につながり、第4稿では文そのものの変更になり、第5稿では新パラグラフの誕生になり、第6稿ではさらなる変更をレトリック的に余儀なくされた結果として、初稿の原文が完全に消滅することもありうるのである。

　第6の神話は、「スピーチライターは、大統領を他人が書いた文章を読むだけの操り人形（marionettes）にしてしまう」(p. 8)。こうした中傷は、あまり人気のない大統領に対してなされることが多い。大統領を自分で自身の言葉を書くことさえできないおろか者と信じたい大衆の気持ちがなせる業である、とメドハーストは述べる。しかしながら、スピーチが完成するプロセスと発話の準備の両方に大統領がかなりの時間を費やしていることがほとんどであり、最終的に原稿ができるまでには5～20人が原稿を吟味している。初稿がスピーチライターによって準備された場合でも、最終稿の確定までには大統領自身の意向が反映されていることが多い。例えば、アイゼンハワー大統領は、最終稿の決定に必ず彼自身が校正段階で関わっていたことが知られている。

第7の神話は、「最も成功した大統領のスピーチライターたちは、匿名性（anonymity）を強く望んだ」（p. 9）。たしかにケネディ政権以前には、多くのスピーチライターがあまり目立たないように要望された。以前から有名であったローズベルトのために働いた2人の例外を除けば、1920から61年まではスピーチライターは身分を明かさないよう要求された。例えば、1937年の政府機構改革に関するブラウンロウ・レポート（Brownlow Report）では、初めて「匿名性」についての警告が明文化されている。すでに述べたようにケネディ政権以降、スピーチライターの存在は公然のものとなっており、最近では在任中であってもスピーチライターの経歴やインタビューがメディアに取り上げられることもめずらしくなくなってきている。

　第8の神話が、「大統領の言説（discourse）は、スピーチライターを廃止して大統領自身にスピーチを書かせるようにすればもっとよくなるであろう」（p. 10）。この神話は、当然ながら何をもって「もっとよい」と定義するかにかかっている。たとえローズベルト、ケネディのような筆の立つ大統領でも、ブレイントラストの一員であったアーチボルド・マクリーシュやソレンセンのような文才やレトリック的技巧を示すことはできなかった可能性が高い。こうした批判は、大統領自身がスピーチを書けば、アドバイザーやスピーチライターではなく彼自身の意見や考えをより正しく反映するのではないかという主張に基づいている。しかしながら、メドハーストは3つの理由でそうした批判は的はずれであるとしている。第1に、大統領は彼ら自身の立場を代表するのではなく、国家の立場を代表している。大統領は、党、イデオロギー、政治経済的拘束、状況的な違いといったレンズを通して屈折した国家の意見を代表して、国民のために語りかける。そのために大統領は、単純に個人的意見を表明することなどはしないし、できないのである。この理由によって大統領はよいアドバイザーやスピーチライターを必要としており、大統領の言説が可能な限り最適な政策や立場を代表することができる。第2の理由が、現実に自らの考えを言語化することに困難を持つ大統領がいるためである。はたして大統領にレトリック的な才能がないことを示すことが国家のためになるであろうかという疑問であり、すべての大統領が文才に恵まれ

ているわけではなく必要とする手助けを奪うことが国益にかなうであろうかという疑問である。最後の理由が、これまでの歴史が優秀なスピーチライターやアドバイザーを持つことの有益さを示してきた。彼らが政策や歴史の転換点で重要な役割を果たしてきたことが、今日に至るも大統領がスピーチライターを採用している理由である。

第9の神話が、「スピーチライティングという慣習によって話す言葉が大統領自身のものではないために、彼らの演説を分析しても実際に大統領が何を信じているかを判断するのを不可能にしている」(p. 11)。スピーチライターとは、現代における古代ギリシャのソフィストのような存在であるという根強い批判がある。例えば、アーネスト・ボーマンは、「演説の著作権を持たないことが話者の信憑性を著しく損ない、公的な話題に関する一般に対する演説の影響力を失わせている。レトリックの質は衰退しており、民主主義社会においてよりよいアイディアだけを選りすぐる道具としての基本的な機能は失われている」とまで批判している (Bormann 1960)。こうした批判にメドハーストは、レトリックがあたかも真空中に発せられており、言葉だけが吟味対象であるかのような前提に疑問を呈している。なぜならばレトリックは、大統領の発話を要求する緊急事態（exigencies）と障害となる制約、話者の行動、意向を受けて動いた閣僚、スタッフ、党職員、スピーチライターなどの行動、宣言、価値観と切り離すことができない。レトリックの分析とは、その言葉だけの問題と考えられるべきではなく、つねに言説に形態と実質を与える人々、政策、活動、状況とのダイナミックな関係を持っている。今日のレトリック研究においては、言説自体のみを問題とすべきではなく、レトリックを特定状況に対する戦略的レスポンスと捉えるようになっている（具体的な批評の方法論に関しては、第7章を参照）。政策の成立過程、アイディアの足跡、アドバイザーの信念、影響を与えたイデオロギー、テクストの進化など最終的な言説の論調、内容、反響を決定せしめた全要素までが、研究対象になってきているのである。

最後の神話が、「スピーチライティングとは、大きな政策決定の比較的些末な一部分にすぎず、スピーチライターを政策討議から遠ざけることがよりよ

い政策決定につながる」(p. 11)。メドハーストは、この神話が根拠のない2つの主張から成り立っているとして、個別に反論を試みている。まず第1に、スピーチライティングが些末な政策決定の一部にすぎないという点である。この意見は、形式と実質の間には著しい分離があり、理想的な内容と聴衆への表明も分離しているという仮定に基づいている。古典的レトリック理論では、そのような分離はありえない。話者は、まず話すアイディアを決定して、次にどのように提示したら最適であるかの努力をするが、これはひとつの構成作業である。しかしながら、過去30年間にわたって、大統領のスピーチライターはこうした分離の論理の犠牲者となってきた。現実には、レイモンド・モーレイはローズベルトの初就任演説を書いたときに、彼の経済政策や銀行危機対策のすべての議論に深く関わった。あるいは、トルーマン大統領のスピーチライターであったクラーク・クリフォード、ジョージ・エルシー、チャールズ・マーフィは、すべて同時に政策アドバイザーでもあった。アイゼンハワー政権におけるC・D・ジャクソンとB・ハーロウ、ケネディ政権におけるソレンセンも同様である。ジョンソン政権においても、ハリー・マクファーソン、ダグラス・ケイター、リチャード・グッドウィンは重要な政策決定過程に関わっていた。メドハーストは、もしも1960年以降に大統領のレトリックが衰退したのならば、それはスピーチライターの存在が理由ではなく、彼らを政策決定プロセスから遠ざけたからではないかとさえ述べている。

　第2の主張は、もしもスピーチライターを遠ざけられるのなら、政策決定プロセスはよりよいものになりうるという点である。ここでもメドハーストは、誰にとって「よりよい」かを問題にしている。すでに説明したように大統領自身に取ってはスピーチライターは必要不可欠な存在であり、国家にとってもスピーチライターを取り除くことは望ましいとはいえない。ただし、ニクソン、フォード、カーター、レーガン、ブッシュ（父）といった政権では、スピーチライターが重要な役割に見合った処遇を政策アドバイザーと比較して受けたとはいえなかった。彼らの待遇が改善されたのは、自身が語ることと書くことが好きだったクリントン政権下といわれている。またそれには、デビッド・クスネットとマイケル・ウォールドマンが、元々はクリントンの

政策アドバイザーであったことも寄与している。

　メドハーストは、今後のスピーチライターは、情報へのアクセス権を保障されることで、政権の利益と目標に見合う文章を生み出すことが可能であり、作品をよりよく作り上げられるであろうと予測する（Medhurst 2003）。通常、アドバイザーは特定分野の専門家であり、自身の注意深く作り上げられた政策の立場を離れたがらない。スピーチライターは、ホワイトハウス内でも全体の政策に関わることができる特殊な立場にある。しかしながら、大統領とスピーチライターの関係はさまざまである。理想的な大統領とスピーチライターの「共同製作」（collaboration）関係といわれたケネディとソレンセンは、ケネディが政治的なイデオロギーに基づいて政策を語ると、ソレンセンが華麗で説得力あふれる文章に書き下ろすというものであった。史上最も成功したといわれるレーガンとヌーナンの場合でも、実際には2人が直接に話し合ったりする機会はあまりなかったといわれる。次々と説得力あふれる言葉を語り続けるオバマの場合は、自分でもかなりスピーチを書いたり、ファブローと積極的に議論をするといわれている。大統領は自分に合ったスピーチライターとの関係を探りながら、同時に、グローバリゼーションとニューメディア化の進む社会に対応したコミュニケーションのスタイルを確立していく必要があるであろう。

4. 2008年大統領選と争点

　2008年大統領選が、さまざまな理由で歴史に残ることには疑問の余地がない。通常3月までに大勢が決定する予備選でヒラリー・クリントン上院議員（ニューヨーク州選出）が最後まで民主党の指名をオバマと争っただけでなく、本選では44歳（当時）のアラスカ州知事サラ・ペイリンが共和党副大統領候補に選ばれた。その結果、もしも民主党が勝てばオバマが史上初の黒人大統領となり、もしも共和党が勝てば、69歳だったレーガンを抜いてジョン・マケイン上院議員（アリゾナ州選出）が1期目としては最高齢の72歳

の大統領になり、同時に史上初の女性副大統領が誕生するという構図が成立した。

　以下に、2008年大統領選を概観しておきたい。まず、先行していた民主党のヒラリーと共和党のルドルフ・ジュリアーニ元ニューヨーク市長が予備選でつまずいた理由を考えてみたい。まず第1に、「フロントランナーのつまずき」（front runnerites）という言葉があるように、最有力候補が他候補者から集中攻撃を受けたりメディアから鵜の目鷹の目で吟味された結果、予想外の状況に追い込まれることは多い。ヒラリーの場合、最大の誤算はオバマという波乱要因（chaos factor）である。彼女の「女性初の大統領」というセールスポイントが、「黒人初の大統領」というオバマの話題性の前にかすんでしまったのである（図5-1を参照）。また奔放なライフスタイルやサクソフォーン好きと南部なまりの英語によって、「（実質的）初の黒人大統領」と黒人に人気の高かったビル・クリントンの妻ということで、序盤においては彼らはヒラリーを支持していた。しかしながら、幕開けの1月3日アイオワ州党員集会で勝利を収めたオバマに黒人でありながらも「勝てる候補」という印象を受けた彼らが、「勝ち馬に乗る現象」（bandwagon effect）を起こしたのである。

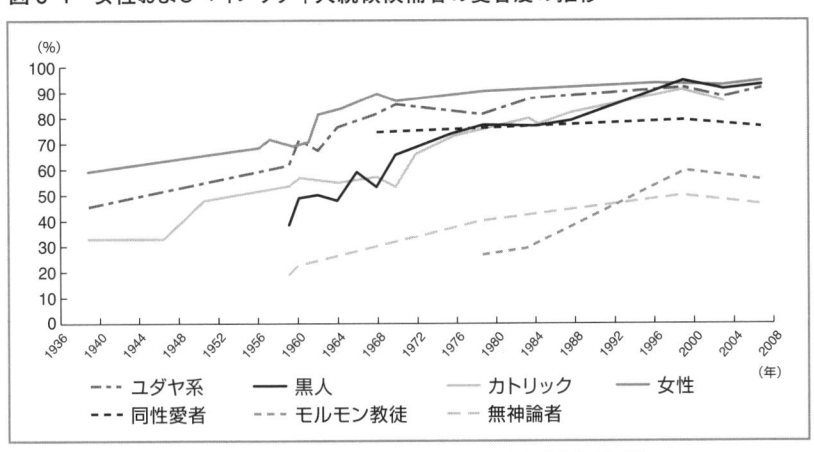

図5-1　女性およびマイノリティ大統領候補者の受容度の推移

出典：www.gallup.com/poll/4729/Presidency.aspx (accessed April 28, 2008).

第2の理由が、マスメディアがヒラリーと比較してオバマをより肯定的に報道したことがある。研究機関「メディア・広報センター」によれば、2007年12月から翌年2月にかけての3大ネットワークの夜のニュースでは、オバマに肯定的な報道が83％に対して、クリントンに肯定的な報道は53％にとどまった。ヒラリーは、2008年1月8日のニューハンプシャー州予備選前日に選挙戦の厳しさに目を潤ませたり、同年2月5日の「メガチューズデー」前日の母校エール大学の集会で激励を受けて涙目になったり、同年2月26日のオハイオの討論会を前にしてオバマ陣営が小冊子で医療保険改革や貿易問題で彼女の主張を歪曲したとして「恥を知れ、オバマ！」と激高したりした姿が報道された。長身でハンサム、知的でありながらエネルギッシュなオバマと比較すると、ヒラリーにはこのように長期的にマイナスになるような感情的な写真がしばしば報道されたのである。

　最後の理由は、ヒラリーは高支持率を享受していた時期でも不支持率も高かったのである。2007年2月末に行われた『ワシントン・ポスト』とABCの共同調査によると、彼女に「好意的な人」が49％に対して「好ましくないと感じる人」も48％と拮抗しており、「特に意見なし」は3％しかいなかった。ところが同調査で、オバマに「好意的な人」は半数を超えていたが、それに対して「好ましくないと感じる人」は3割しかおらず、「特に意見なし」が16％もいた。つまりヒラリーに

図5-2　民主党候補者の支持率の推移（2007〜2008年）

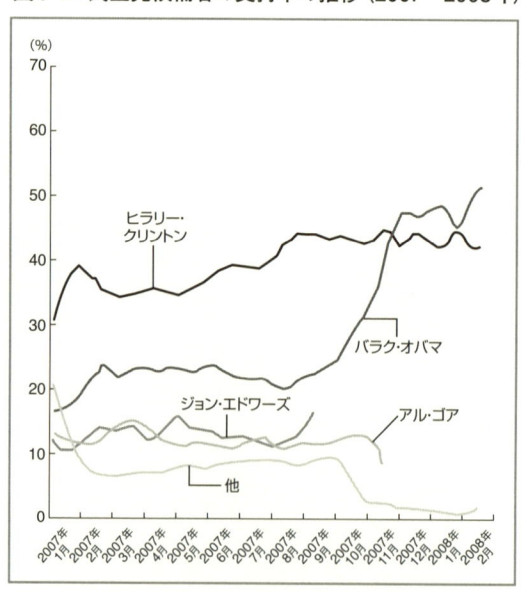

出典：www.pollingreport.com/wh08dem.htm and www.pollingreport.com/wh08rep.htm (accessed June 15, 2008).

は、支持者が多くともアレルギー反応を持つ人も多く、また、知名度が高いだけに伸びしろもなかった。それに対して、オバマを嫌いな人は少なく、知名度でヒラリーに劣っていても、次々と撤退を表明した候補者たちの支持者を取り込んで、支持率を伸ばす余地があったのである（**図5-2**を参照）。

次に、2001年9月11日同時多発テロの対応で名を高めた「英雄」ジュリアーニが、共和党の予備選序盤で撤退を余儀なくされた原因を考えてみたい。まず第1が、割り振られた代議員の少ないアイオワ州とニューハンプシャー州を最初から切り捨てて、1月29日の大票田フロリダ州で勝利した後、メガチューズデーでニューヨークとニュージャージーの両州で勝利して独走態勢に入るというシナリオの当てがはずれた点である。CM費用などに巨額資金を必要とするメディア時代の選挙では、「勝てる候補」のイメージ作りをして献金を集め続けることが当選への絶対条件である。CNNの調査によればアイオワ州党員集会6位、ニューハンプシャー州予備選4位に終わった直後の彼の支持率は、ニューハンプシャー州を制したマケイン（34％）、アイオワ州を制したマイク・ハッカビー（21％）を下回る3位（18％）に転落して思うように献金が集まらなくなった。予備選の際には、一定条件の下に連邦政府が候補者に支給する「マッチングファンド」（matching fund）と呼ばれる公的活動資金がある。候補者自身が集めた小口資金の総額と同額の活動資金が支給されるためこの名があるが、「個人献金の切れ目が選挙戦の切れ目」になることが多い。

また中絶、銃規制、同性婚に寛容でリベラル色が強いジュリアーニには、党内に強い支持基盤がなかった。2007年5月の『ロサンゼルス・タイムズ』の世論調査によれば、「大統領選でどちらの党に投票するか」という質問に民主党49％に対して共和党39％が水を空けられていた時期に、彼が不人気なブッシュ（子）大統領後の展望を示せなかったことも敗因となった（**図5-3**を参照）。

次に、大統領候補者になったオバマ民主党候補とマケイン共和党候補を比較してみたい。まずオバマの最大の資産は、ケニアからの留学生であった黒人の父親とカンザス州出身のスウェーデン系白人の母親の間に生まれたことである。さらにコロンビア大学を卒業後、シカゴ黒人居住区でのソーシャル

図5-3 共和党候補者の支持率の推移(2007〜2008年)

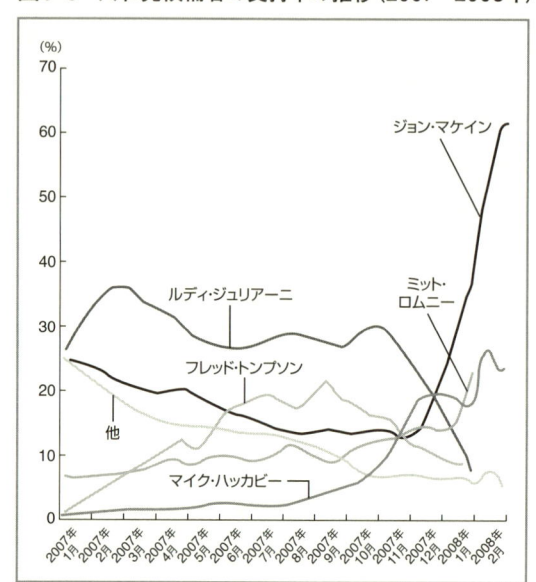

出典：www.pollingreport.com/wh08dem.htm and www.pollingreport.com/wh08rep.htm (accessed June 15, 2008).

ワーカーを経て、ハーバード大学法科大学院で黒人初の法律評論誌編集長を務めた彼は、アメリカ国内の「人種の融合」の象徴となっている。過去の黒人の権利拡張を前面に押し出した黒人候補とは異なり、2004年全国民主党大会の基調演説で人種やイデオロギーを越えた国民の連帯を語ったオバマは、差異や分断の政治からの方向転換になりうると人々から期待されたのである。

　同時に、オバマには清新な政治姿勢への期待感があった。人種問題以外にも、北東部と南部、イラク戦争で亀裂が入ったリベラルと保守派など、さまざまな対立を抱えるアメリカでは、47歳（当時）と若く「変化」(change)をスローガンに掲げるオバマは「希望の星」であった。オバマは、予備選においては黒人有権者の9割近い支持を得ることに成功して、若年・高学歴・高収入層も主要な支持基盤となっていた。ロビイストの影響排除を唱える彼は、企業や利益団体が作る「政治行動委員会」(PAC)の献金を受け取らないと宣言した。2008年大統領選の個人献金の上限は1人2,300ドルで、一度この額を払えば、それ以上は献金はできなかった。オバマは、2007年だけで1億ドルを超える献金を集めて、2008年1〜2月でも8,000万ドル近い献金を集めた。3月に入っても44万人から4,000万ドルを集めて、2,000万ドルにとどまったヒラリーに大差をつけた。100万人を越える小口献金者

を抱えるオバマは、200ドル以下の小口献金者が全体の40%を占めており、彼らに何度も限度額まで献金を頼むことができた。またオバマは抱えている各地のボランティア数も多いために、ヒラリーに比べて運営費以外の予算に支出を振り分けることができた（**図5-4**を参照）。最終的にオバマが大統領選挙期間中に集めた資金総額は、7億4,500万ドル（約693億円）に上った。これは2004年大統領選で、民主党ケリー候補と共和党ブッシュ候補が集めた金額の合計の6億5,300万ドル（約497億円）さえ上回って歴史を塗り替える資金力を示した。献金者総数も395万人に達しており、インターネットを活用した集金手法が功を奏した形になっている（**図5-5**を参照）。同時に、オバマは本選における公的助成金を受けない初の大統領候補となり、選挙運動が本格化した2008年9月以降に3億1,500万ドルを支出したことが分かっている。逆に、助成金を受けたために支出が8,400万ドルに制限されたマケイン候補は、共和党全国委員会からの支援を仰いだが、広告量でオバマに圧倒される結果となった。

　しかしながら、オバマにも本選に向けていくつかの懸念があった。ひとつが、2008年5月末までかかった長い民主党予備選の結果、オバマに反発を持った党内の忠実なヒラリー支持層の取り込みである。世論調査によると、彼らの中で「本選挙ではマケインに投票する」という回答が8月時点では2割に

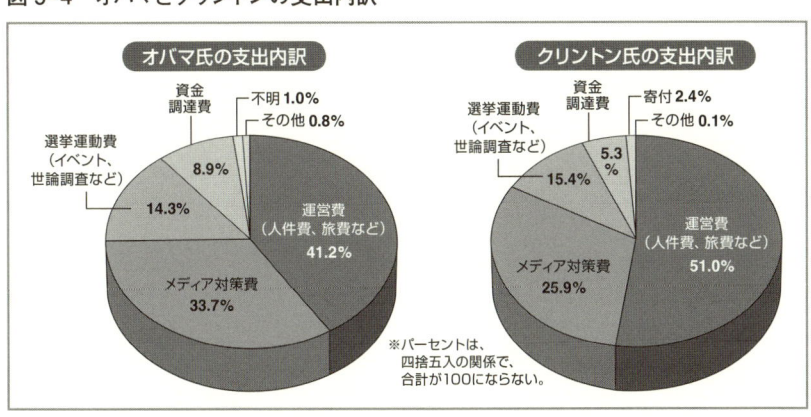

図5-4　オバマとクリントンの支出内訳

オバマ氏の支出内訳
- 運営費（人件費、旅費など）41.2%
- メディア対策費 33.7%
- 選挙運動費（イベント、世論調査など）14.3%
- 資金調達費 8.9%
- 不明 1.0%
- その他 0.8%

クリントン氏の支出内訳
- 運営費（人件費、旅費など）51.0%
- メディア対策費 25.9%
- 選挙運動費（イベント、世論調査など）15.4%
- 資金調達費 5.3%
- 寄付 2.4%
- その他 0.1%

※パーセントは、四捨五入の関係で、合計が100にならない。

出典：「反応する政治センター」のウェブサイト

図 5-5 ラジオ、テレビ、ケーブル放送、インターネットの家庭普及率の推移

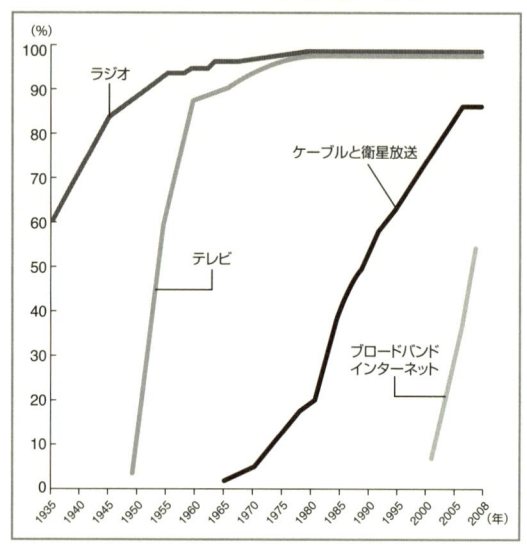

出典：*The Logic of American Politics*, 4th ed.

達していた。それでもヒラリー自身が繰り返しオバマ支持を訴えることで、終盤にはこうした問題も解決した。もうひとつの弱味が、女性と若年層には人気のあるオバマであったが、マケインに遅れを取る白人労働者と高齢者層への取り組みであった。実際、2008年8月5日のAP通信の世論調査では、女性層でオバマ支持がマケイン支持を13ポイント上回り、若年層でも30ポイント上回り、全体でオバマが47％の支持を集め、マケイン支持を6ポイント上回っていた。女性有権者と男性有権者とが異なった支持パターンを示すことを「ジェンダーギャップ」(gender gap) と呼ぶが、近年の大統領選では、より多くの女性が民主党を選択するのに対し、より多くの男性が共和党を選択する傾向が出ている。例えば、女性は地域紛争に対する武力行使に反対する傾向があり、軍縮交渉に賛成する傾向があり、銃規制に賛同しがちで、殺人者に対する死刑を要望しない場合が男性よりも多い。

　敗れたとはいえ、本選でオバマ一般得票率52.6％に対して、46.1％と健闘したマケインの強みは何であったのであろうか。まず第1に、彼は海軍兵学校卒でベトナム戦争における5年間の捕虜体験に耐えた「英雄」であった。連邦上院議員としても、長年、安保・外交政策に関わってきたベテランである。イラク情勢に関しては、経験の浅さから不安を持たれがちなオバマに対して明らかに強みを持っていた。またマケインは、不法移民対策、温暖化、政治

資金規制で民主党と共闘するなど超党派活動も辞さない「一匹狼」(maverick) として中道派に人気があった。マケインの支持基盤は高齢者と白人層であったが、AP 通信が 2008 年 8 月 5 日に発表した世論調査によると、白人男性層に限ればマケイン支持がオバマ支持を 17 ポイント上回っていたのである。

逆にマケインの弱味は、共和党支持層である保守勢力をまとめきれなかったことであった。理念や利害が必ずしも一致しない保守勢力を結集させたのが、80 年代のロナルド・レーガンであった。保守三大勢力とは、小さな政府や減税を求める「経済保守」、家族や宗教など伝統的価値を重視する「社会保守」、強いアメリカを掲げる「外交保守」である。レーガンは、どれかひとつでも趣旨に賛同できるのならどうぞ私を支持してくださいと訴えて、伝統的な共和党支持層である保守派を連動させた。さらに、「レーガン・デモクラット」(Reagan Democrats)、すなわち党があまりにリベラルになりすぎたと感じていた民主党内の保守的白人中高年層にまで、支持を広げることに成功した。

2008 年の大統領選では、保守三大勢力のうち、特に「社会保守」がマケインに反発を強めていた。しかしながら、あまり保守派にすり寄ると本来の支持層である中道の反感を買うというのが、彼のジレンマであった。この問題をかなり解消したのが、「筋金入りの保守派」サラ・ペイリンの副大統領候補指名であった。実際、4 月以降じりじりと差を広げられていたオバマとの支持率を一度は逆転したのであった（図 5-6 を参照）。

これまで大統領候補者は、確実に勝てる州とまったく勝ち目のない州では選挙活動を行わないことが恒例化していた（図 5-7 を参照）。長年、リベラルな東西両海岸が民主党の地盤で南部と保守的な中西部諸州が共和党の地盤であり、候補者はそれ以外の激戦州（swing states）に資金やキャンペーンをつぎ込むことが恒例化していた。例えば、1964 年以降、3 大激戦州のオハイオ、フロリダ、ペンシルバニアの内、2 州を制した候補者がつねに大統領になってきた。背景には、1968 年にニクソンが「南部戦略」(Southern strategy) を取ったことがある。ローズベルトのニューディール政策によって、南部を含む黒人層は民主党を支持してきた。南北戦争以降、民主党の支持基盤であった南部諸州（Solid South）を共和党に引き込むために保守的白人労働者に訴えた

図 5-6　オバマとマケインの支持率の推移

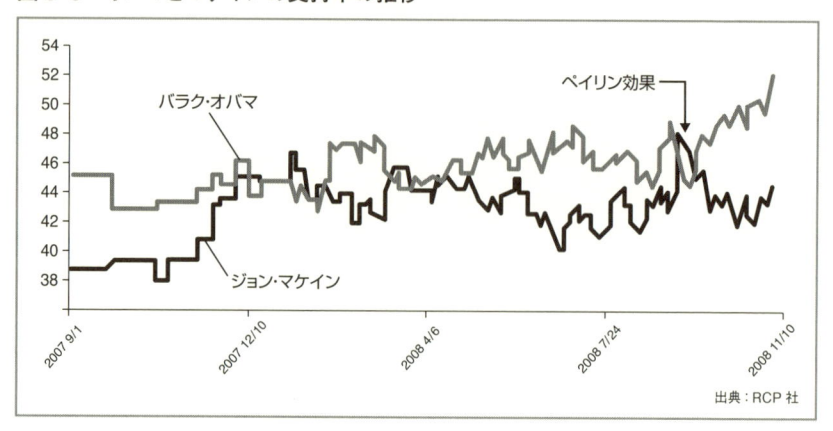

出典：RCP 社

図 5-7　1992～2004 年の 4 回の大統領選の勝敗

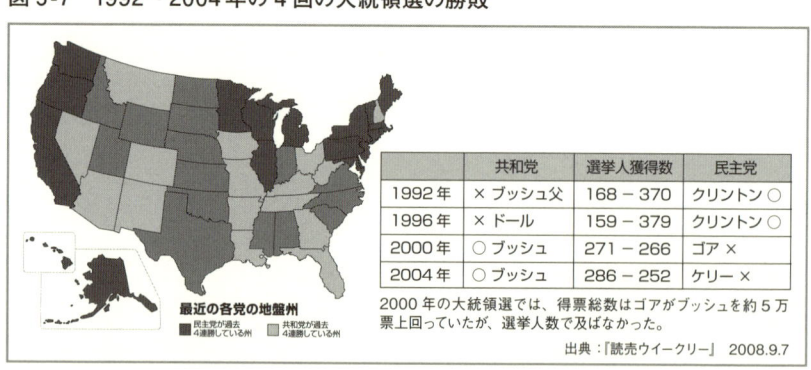

	共和党	選挙人獲得数	民主党
1992 年	× ブッシュ父	168 − 370	クリントン ○
1996 年	× ドール	159 − 379	クリントン ○
2000 年	○ ブッシュ	271 − 266	ゴア ×
2004 年	○ ブッシュ	286 − 252	ケリー ×

2000 年の大統領選では、得票総数はゴアがブッシュを約 5 万票上回っていたが、選挙人数で及ばなかった。

出典：『読売ウイークリー』2008.9.7

　ニクソンの南部戦略は、その後、半世紀にわたる共和党隆盛の基礎になった。
　大統領選挙人をめぐる争いは、二大政党の候補者にとっては、「自分が取れば、それは相手が失うことを意味する」ゼロサム・ゲームになっている。僅差であっても、「勝者総取り制度」によってその州に割り振られた選挙人のすべてを獲得するためである（得票に応じて選挙人を割り振るシステムを採用しているメーン州とネブラスカ州だけは例外）。例えば、大票田のフロリダ州での勝利は、27 人を取ったというだけでなく、負けていれば相手に行ったはずの 27 人を奪ったことを意味し、プラスマイナスでは 54 人の違いになって

くる。2008年の選挙で、オバマとマケインの支持率が拮抗していて主戦場になったのは、選挙人が多い順に挙げると、フロリダ州（27人）、オハイオ州（20人）、ミシガン州（17人）、ノースカロライナ州（15人）、バージニア州（13人）、ミズーリ州（11人）、インディアナ州（11人）、ミネソタ州（10人）、コロラド州（9人）、ニューメキシコ州（5人）、ネバダ州（5人）、ニューハンプシャー州（4人）であった。

1992年にアル・ゴア上院議員（テネシー州選出）を副大統領候補に指名したクリントンを見ても、南部切り崩しが民主党の勝利につながるという考え方が強かった。通常、副大統領選び（veep-stake）には、「正副候補のバランスを取る」（balance the ticket）慣例があり、正候補が若ければ副候補は重鎮という「年齢」、正候補がリベラルならば副候補は保守という「イデオロギー」、正候補が東部が地盤ならば副候補はそれ以外からという「地域性」など、3つのバランスが考慮される。最終的に成功を収めたとはいえ、クリントンの「南部同盟」は、当初は驚きを持って迎えられた。それに対して、同じことをしていてはいつまでも南部の切り崩しから抜け出せないと考えたオバマは、別のアプローチを試みた。これまで7割の白人有権者の投票率に比べて1割程度投票率の低い黒人有権者と、あまり投票に行かなかった若年層に有権者登録を呼びかけるなど、「全国展開戦略」を精力的に行ったのである（図5-8を参照）。特に、選挙直前にはカリフォルニア、ネバダ、コロラド、ニューメキシコの4州を中心とする「西部諸州」で、精力的にキャンペーンを行った。こうした州では各州の都市部に流入した新住民の多くが若年知識層で、民主党支持者が増えていた。また、共和党が同性婚反対など社会問題を強調してきたのに対して、民主党は最重要課題である経済問題に取り組んできたことが功を奏し、最終的に4州すべてでオバマは勝利できたのである。

また、ピュー・リサーチ・センターによると、インターネットを大統領選の情報源にしている人は4年前の13％に比べて2008年には24％と急増していた。YouTubeで火がついたオバマガール人気や、ソーシャル・ネットワーキング・サービスを使ったキャンペーンなど、オバマと彼の支持者たちは新しい方法で有権者に訴えかけた。このように、インターネットの利用や大々

図5-8 大統領選と中間選挙の投票率の推移（1789〜2008年）

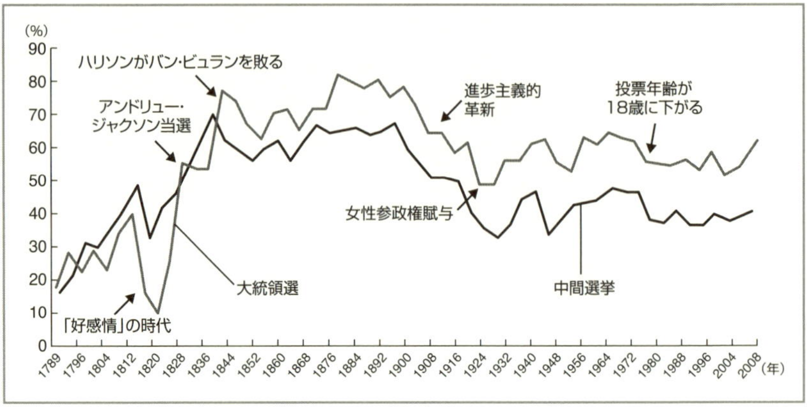

出典：The Logic of American Politics, 4th ed.

的なボランティア組織の動員による全国展開によって誕生した黒人初の大統領は、キャンペーン史に残る転換点になりうるのである（**表5-1を参照**）。

　最終的には、オバマが3大激戦州すべて（アイオワ、ペンシルベニア、フロリダ）を含む29州で勝利を収めて364人の大統領選挙人を獲得し、22州で勝利したが163人に終わったマケインを押さえて、第44代大統領に選出された。注目すべきは、世界最大の米軍基地を抱えるノーフォークがあり、退役軍人5万人と現役軍関係者50万人以上が住み、共和党の牙城であったバージニア州で勝利を収めた点である。バージニア州は、ジョンソン大統領が当選した1964年を除いて、過去半世紀にわたって共和党が一貫して勝利してきた。バージニア州には、FBIの本部があり、ワシントンDCにも通勤圏であり、連邦政府職員など高学歴でリベラルな有権者が増えていたことが理

表5-1 ソーシャル・ネットワーキング・サイトと2008年の候補者

Site	Barack Obama	John McCain
Facebook	2,228,508 supporters	591,412 supporters
MySpace	758,152 friends	191,615 friends
YouTube	84,637,742 video views	22,475,292 video views

出典：The Logic of American Politics, 4th ed.

由に挙げられる。逆に、セントルイスなどの大都市と農村地帯の両方を抱えて、大統領選の動向を測る「リトマス試験紙」の役割を演じてきたミズーリ州でマケインが勝利した。結果的に、オバマは、1900年以降の28回の選挙のうち、56年のアイゼンハワー以来2人目の、ミズーリ州で勝てずに当選した大統領になった（**図5-9**、**図5-10**を参照）。

　2008年に注目されたのは、「黒人初の大統領」を目指して戦うオバマにどの程度、「ブラッドリー効果」（Bradley effect）が影響するかどうかであった（例えば、Ananthaswamy 2008; Morrison 2008; Tarrance 2008を参照）。1982年カリフォルニア州知事選に出馬した、黒人のトム・ブラッドリー元ロサンゼルス市長にちなんで名付けられた理論である。これは非白人候補と白人候補が争ったとき、候補者の得票率が事前の世論調査と異なった結果になることを指す。ブラッドリーは白人のジョージ・デュークメジアン共和党候補に、事前調査でも投票日の出口調査でも圧倒的優位を示していたにもかかわらず、敗北してしまった。白人有権者が白人候補へ投票する意思を偽って黒人候補へ投票すると答えたり、まだ決断していないと答えたりする理由は、人種差別主義者と思われたくない気持ちがあるためだとされている。82年の場合、不在者投票を考慮しなかったなど、調査上の不備も指摘されたが、優勢と見られる黒人候補が敗北、あるいは接戦に追い込まれる事例がその後も相次いでいた。例えば、83年には、シカゴ市長選で大きく優位にあると思われた黒人のハロルド・ワシントン候補がかろうじて勝利を収めている。また、89年バージニア州知事選では、事前調査で9ポイント差をつけていた黒人のダグラス・ワイルダー民主党候補が白人のマーシャル・コールマン共和党候補に1ポイント未満の僅差の勝利を収めたため、こうした現象を「ワイルダー効果」（Wilder effect）と呼ぶ場合もある（例えば、Smith-Spark 2008を参照）。

　CNNの事前調査で8ポイントの優位さを示していたオバマは、彼の実際の一般得票率52.6％に対しマケイン46.1％と、ほぼ誤差の範囲と考えられる6.5％の差で当選を決めた。まず第1に、黒人の権利拡張などの「人種」にこだわった過去の黒人候補とは一線を画したオバマの戦略が功を奏したためである。さらに、経済危機の対応を期待してオバマに入れるつもりであったが、

図 5-9　2008 年大統領選の結果

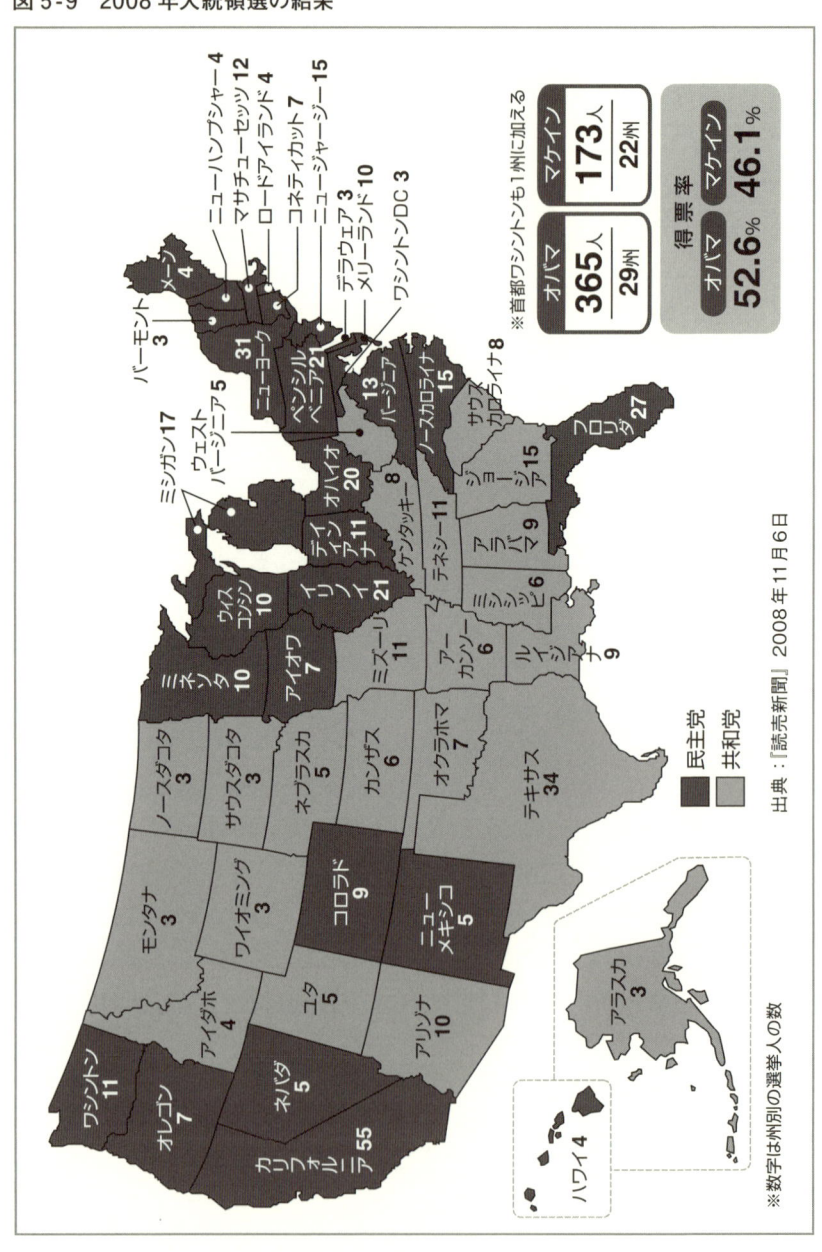

出典：『読売新聞』2008 年 11 月 6 日

※数字は州別の選挙人の数

146　第 5 章　メディアと政治コミュニケーション

図 5-10　有権者の投票行動

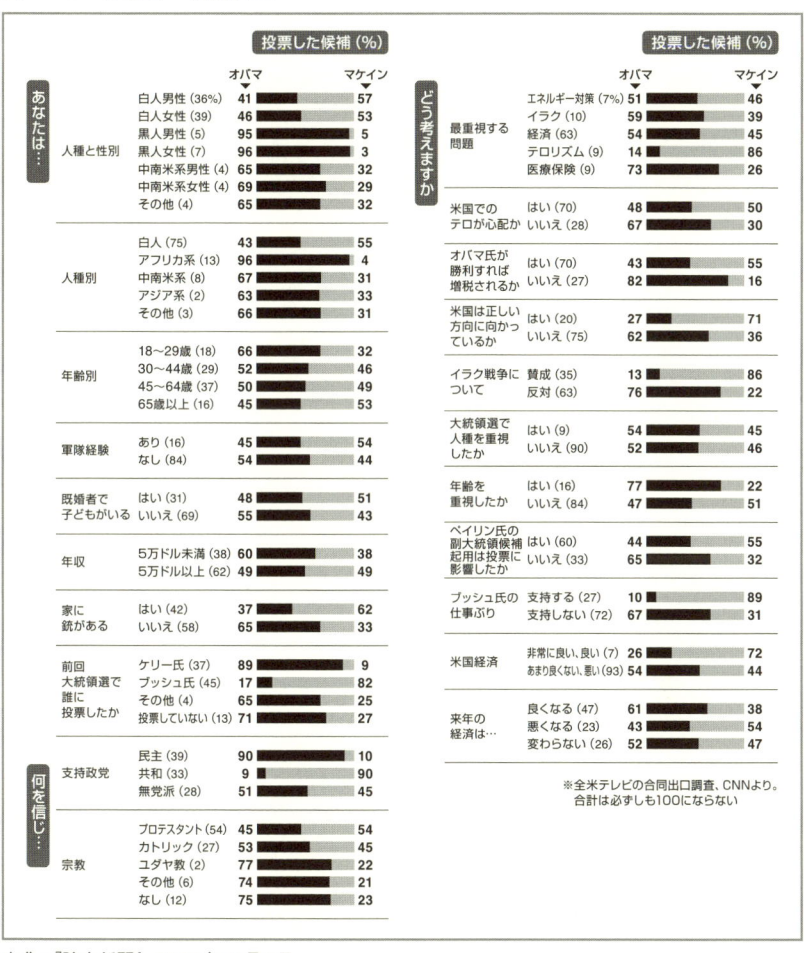

あなたは…			オバマ	マケイン
人種と性別	白人男性 (36%)		41	57
	白人女性 (39%)		46	53
	黒人男性 (5)		95	5
	黒人女性 (7)		96	3
	中南米系男性 (4)		65	32
	中南米系女性 (4)		69	29
	その他 (4)		65	32
人種別	白人 (75)		43	55
	アフリカ系 (13)		96	4
	中南米系 (8)		67	31
	アジア系 (2)		63	33
	その他 (3)		66	31
年齢別	18〜29歳 (18)		66	32
	30〜44歳 (29)		52	46
	45〜64歳 (37)		50	49
	65歳以上 (16)		45	53
軍隊経験	あり (16)		45	54
	なし (84)		54	44
既婚者で子どもがいる	はい (31)		48	51
	いいえ (69)		55	43
年収	5万ドル未満 (38)		60	38
	5万ドル以上 (62)		49	49
家に銃がある	はい (42)		37	62
	いいえ (58)		65	33
前回大統領選で誰に投票したか	ケリー氏 (37)		89	9
	ブッシュ氏 (45)		17	82
	その他 (4)		65	25
	投票していない (13)		71	27
支持政党	民主 (39)		90	10
	共和 (33)		9	90
	無党派 (28)		51	45
宗教	プロテスタント (54)		45	54
	カトリック (27)		53	45
	ユダヤ教 (2)		77	22
	その他 (6)		74	21
	なし (12)		75	23

どう考えますか			オバマ	マケイン
最重視する問題	エネルギー対策 (7%)		51	46
	イラク (10)		59	39
	経済 (63)		54	45
	テロリズム (9)		14	86
	医療保険 (9)		73	26
米国でのテロが心配か	はい (70)		48	50
	いいえ (28)		67	30
オバマ氏が勝利すれば増税されるか	はい (70)		43	55
	いいえ (27)		82	16
米国は正しい方向に向かっているか	はい (20)		27	71
	いいえ (75)		62	36
イラク戦争について	賛成 (35)		13	86
	反対 (63)		76	22
大統領選で人種を重視したか	はい (9)		54	45
	いいえ (90)		52	46
年齢を重視したか	はい (16)		77	22
	いいえ (84)		47	51
ペイリン氏の副大統領候補起用を投票に影響したか	はい (60)		44	55
	いいえ (33)		65	32
ブッシュ氏の仕事ぶり	支持する (27)		10	89
	支持しない (72)		67	31
米国経済	非常に良い、良い (7)		26	72
	あまり良くない、悪い (93)		54	44
来年の経済は…	良くなる (47)		61	38
	悪くなる (23)		43	54
	変わらない (26)		52	47

※全米テレビの合同出口調査、CNNより。
合計は必ずしも100にならない

出典：『読売新聞』2008年11月6日

マケインと答えた共和党支持者の「逆ブラッドリー効果」があったという見方さえある。ギャラップの調査では、「黒人候補には投票しない」との回答は1958年の53％から2003年には6％と激減している。黒人犯罪や差別撤廃措置に白人の反発が強まった1990年代と比較しても、黒人候補に対する社会の受け止め方が改善傾向にあるのは間違いないと思われる。

第6章

政治ディベートの歴史

1. 政治ディベート

　選挙キャンペーン中の政治ディベートには、候補者同士が直接的コミュニケーションを取ることにより、有権者に政策に関する貴重な情報を与えて、候補者同士の比較検討を可能にさせる効果がある。特に近年、テレビディベートは、予備選におけるものも含めて有権者が正しい選択を行うために判断基準を形成する重要な機会となっている。政治ディベートには、大きく分けて3つの役割があると思われる。まず第1に、重要な争点に焦点を当て、問題に対する可能な解決方法とそのコストを明らかにする教育的側面（educational aspect）である。第2に、政策論争を通じて意見の統一と不統一の範囲を明らかにすることで、社会的コンセンサス（societal consensus）を形成することである。第3に、候補者の問題分析能力、解決案の提示能力、人間性などの政治的な指導力（political leadership）を評価する機会を有権者に与えることである。例えば、大統領候補者同士のテレビディベートがキャンペーンイベントである以上、最後の役割に最も重点が置かれていることはいうまでもない。

　大統領候補者同士のテレビディベートが初めて提案されたのは、1952年にアーサー・バンデンバーグ共和党上院議員によってであった。しかしながら、この時は、第二次世界大戦における連合軍総司令官として連合国軍を勝利に導いた「戦争の英雄」ドワイト・アイゼンハワー共和党候補に挑むことを恐れたアドレイ・スチーブンソン民主党候補が断ったため実現しなかった。また、連邦通信法第315条の「公平の原理」（fairness doctrine）が、すべての立候補者にテレビやラジオから平等の放送時間が提供されることを定めていたため、1960年に連邦議会がこの規定の一時棚上げを決定するまで、二大政党の候補者だけによるテレビディベートが行われることはなかった。その一時棚上げの決定を受け、ABCが8時間の放送枠の無償提供を申し出て、ケネディ民主党候補とニクソン共和党候補による初のテレビディベートが実現した。さらに76年、テレビディベートは、主催者の全米婦人有権者同盟が

行うニュース番組であるとの見解が連邦通信委員会から出されて、87年に同委員会が第315条適用の棚上げを決定して以来、現在では「公平の原理」が問題となることはなくなっている。60年のケネディとニクソンのテレビディベートは、両者ともに素晴らしいパフォーマンスであったために「偉大なディベート」（Great Debates）と呼ばれており、1億人以上の視聴者に直接メッセージを伝えるという近代メディアによる政治アピールの幕開けとなった。

　1960年に最初のテレビディベートが行われた後、64、68、72年とテレビディベートなしの3回の大統領選を経て、76年以降はテレビディベートが毎回行われるようになり、メディア時代における最大のキャンペーンイベントとして確立した。60年には、有権者の55％がケネディとニクソンの4回行われたディベートのすべてまたは一部をテレビで見るかラジオで聴き、80％が少なくとも1回のディベートのすべてまたは一部をテレビで見るかラジオで聴いている（Kraus 1988）。76年には、89％のアメリカ家庭が少なくとも1回はフォードとカーターのディベートを視聴している。80年には、83％のアメリカ人が少なくとも1回はカーターとレーガンのディベートを視聴している（Kraus 1988）。しかしながら、1984年に視聴者の数は減少して、66％のアメリカ人しか第1回のレーガンとモンデールのディベートを視聴せず、57％しか第2回ディベートを視聴しなかった。88年と92年もこうした傾向は継続して、キャンペーンイベントしてのディベートの人気はやや下火になった。96年のクリントンとドールのテレビディベートは史上最低の視聴率を記録し、ニールセンによれば、第1回ディベートの視聴率は43％にまで下がった。それでもこの視聴率は、大統領選中のイベントとしては最高視聴率であった（Hollihan 2008）。80年には80％の家庭がテレビディベートを視聴したのに対し、2000年のブッシュとゴアのディベートを視聴した家庭は、史上最も僅差で決まった大統領選にもかかわらず30％にすぎなかった（Kelley 2004）。また、イラク戦争の是非によって世論が史上最も分断されたといわれる2004年のブッシュ（子）とケリーのテレビディベートでは、やや盛り返して33％のアメリカ人がテレビディベートを視聴している（Wattenberg 2005）。

これまでにテレビディベートは11度実施されたが、それぞれの年にディベートを何回行うかは、両党候補が相談して決めてきた。60年のように4回行われることもあれば、80年のように1回だけのこともある。84年以降は、大統領候補同士のディベートが複数回、その合間に副大統領候補同士を1回というパターンが固まりつつある。これは、1回限りにして失敗した時の挽回の機会がなくなるのを嫌う政権担当側（incumbent）と、一般に知名度が低くできる限り多くの回数の開催を望む挑戦者側（challenger）の意向の反映である。

　すでに触れたように、政治ディベートは有権者を教育する役割を担っている。ベノイト、マッキーニー、ホルバート（Benoit, McKinney, & Holbert 2001）は、何が重要な議題かを視聴者に伝える「議題設定機能」（agenda-setting function）を大統領選のテレビディベートが持っていると述べる。

> 大統領選のディベートを見ることは、政策や指導力などの決定的な要因と個々の大きな論点の重要性をどう見るかに影響を与える。ディベートを見ることは、どちらの候補者がその論点に関してより望ましいかや、どのように候補者の人格的な特徴を評価するかにも影響を与える。さらに、ディベートを見ることは、投票の選択における視聴者の自信を強化することもできる。(p. 270)

　さらに、ベノイト、ウエバー、バーマン（Benoit, Webber, & Berman 1998）は、96年のテレビディベートを見た有権者は、論点に関する自分の立場をより正確に候補者と結びつけることができ、さらにディベートを見なかった有権者よりも、投票の決断をする上での候補者の政策と人格に関する評価を正確に提示できたと報告している。

　1960年の初のテレビディベートでは、各候補者の冒頭演説が行われた後、パネリストからの質問に各候補者が交代で答える形で進んでいく形式が取られた。しかしながら、第2回以降のディベートでは、冒頭演説は行われず、いきなりジャーナリストの質疑応答に入る形式が取られた。冒頭演説が行われると、挑戦者側候補が攻撃的立場を取ることで有利になり、現政権側が防

御的になって不利になることが、1960年のケネディとニクソンの第1回のディベートによってはっきりしたからである。

　また、複数のディベートが行われた場合、内政問題と外交問題にテーマを分けて実施されている。テレビディベートの最後は、両候補からの最終陳述で締めくくられる。しかしながら、候補者同士が直接に議論や質問をすることがない、こうした形式に対しては、ディベート専門家から「偽りのディベート」(counterfeit debate) との批判もある。テレビディベートには、ジャーナリストから成るパネリスト集団が、候補者が事前に用意した問答集から答えるのを避けようとするため、あら捜し的な質疑応答に終始する傾向があるという批判が強かった。また、候補者は相手の議論より、パネリストの質問に対してばかり時間を費やすという批判もあった。

　こうした批判を受けて、いくつかの改善の試みがなされてきた。例えば、現在ではパネリスト集団の代わりに単独のモデレーターが質問を行う形式になっている。しかしながら、モデレーターの選択に関しては、候補者とキャンペーンアドバイザーによって激しい議論がなされるのがつねである。例えば、2000年のテレビディベートでは公共放送協会（PBS）のアンカーマンのジム・レーラーが、3回のディベートすべての進行役を務めた。2004年には、第1回のディベートをレーラーが、第2回をABCのチャールズ・ギブソンが、第3回をCBSのボブ・シェーファーが進行役を務めた。また1992年には、まだ意見を決めていない一般大衆の前で、彼らの質疑応答を中心にディベートを行う「タウンミーティング」(town meeting) の形式が人々の不満を補うものとして導入されて、複数のテレビディベートのうち、1回をこうした形式にすることが定着しつつある。

　最後に、強力な第三政党候補者がいた場合、現状の二大政党候補者だけにテレビディベートの機会が与えられることには道義的問題が残ることを指摘しておきたい。例えば、1980年に共和党の指名を受けられず第三政党候補として出馬したジョン・アンダーソンは、選挙を盛り上げたいと望むレーガン共和党候補とはディベートを行ったが、アンダーソンの知名度アップを嫌ったカーター民主党候補には提案を断られている。しかしながら、第三政党候

補を二大政党候補者同士のテレビディベートに参加させる問題点も分かっている。つまり、「有力ではあっても、実際には当選する可能性が低い候補をディベートに参加させる」ことの是非である。1992年には、現職の共和党ブッシュ（父）候補と民主党クリントン候補と独立党ペロー候補による史上初の三つどもえのディベートが行われた。実際に行ってみて分かったのは、三つどもえのディベートでは、挑戦者候補2人による協調作戦が取られて、現政権政党の候補に対していちじるしく不公平になることであった。さらに、ペローの攻撃がブッシュに集中しがちであっただけでなく、彼の発言がクリントンに対する助け船になることもあった。しかも、ブッシュとペローが共にテキサス州出身であったために、各州でブッシュ票をペローが食うという巡り合わせも重なり、序盤戦では有力候補と思われていなかったクリントンが漁夫の利を得た。これ以降、テレビディベートの形式や回数を決定する権限を持つ大統領ディベート委員会は、第三政党候補のテレビディベートへの参加には、慎重な姿勢を取るようになっている。

2. 時代背景と過去の主要なテレビディベート

　本項では、拙著『大統領選を読む！』（鈴木2004）の内容に加筆修正を行い、過去の大統領選テレビディベートに関する歴史を紹介する。修正に当たっては、アーサー・シュレジンガーJr.とフレッド・イスラエル編集の *History of American Presidential Elections 1789-2001*（2002）を参考にしている。

　近代メディアキャンペーンの幕開けになったといわれる1960年の大統領選では、ケネディ上院議員（マサチューセッツ州）が43歳であったため、民主党指導者たちは彼の若さを懸念していたが、共和党も47歳のニクソン副大統領を候補に立ててきたため、年齢が問題になることはなかった。しかしながら、アイゼンハワー政権の副大統領職を2期務めたニクソンに対して、カトリック教徒でアイリッシュ系のケネディには、「信頼できる候補」というイメージ形成が関心事であった。実際、「カトリック教徒のケネディは、無意

識のうちに新教徒の国であるアメリカの利益に反する行動を取るのではないか」、あるいは「彼が大統領になればホワイトハウスがローマ法王に支配されるのではないか」という議論を真剣にする人々がいたのである。ディベートの実施にあたってアイゼンハワー大統領は、「知名度の低いケネディに有利に働く」ので提案を断るようニクソンに示唆したが、学生時代に有名なディベーターとしてならしたニクソンは、自信満々でケネディの挑戦を受けたのであった。

　冒頭演説（opening statement）で、まずケネディは、1858年にリンカーンが「この国は半分が奴隷州で半分が自由州（half-salve and half-free）という分断を抱えたままで存続できるのか」と訴えたことに触れた。1960年の今回の選挙においては、「この世界は半分が自由で半分が隷属化された状態で継続するか、はたして世界が自由の方向に進んでいくのか、あるいは隷属化の方向に進んでいくのかが冷戦時代の課題である」と訴えた。そのためには、「われわれがこの国で何をするか、どのような社会を構築するか、どのような強さを維持するかに大きくかかっている」と、力強く宣言した。次に、「私はひとりのアメリカ人として、現状の進歩に満足していない」と現政権への不満を明確にした上で、「私は満足していない」（I am not satisfied with ...）という言い回しを8回も使い、産業政策、経済政策、対外援助、社会保障、ソ連との科学・研究分野における競争、教育、労組問題、資源開発、マイノリティの問題について、ニクソンへの攻撃を展開した。当時のアメリカの製鋼能力の50％が持ち腐れにあることや、ソ連がアメリカの2倍の数の科学者と技術者を抱えていること、黒人に生まれついたアメリカ人が大学を卒業できるチャンスは白人の約3分の1だが、失業者になる確率は約4倍であることなど、ケネディの議論は説得力のある数字に裏付けされていた。最後に、彼は「アメリカは再び前進すべき時である」という言葉で冒頭演説を締めくっている。

　一方、ニクソンの冒頭演説は、「概論としては、ケネディ上院議員の言ったことに同意できます」と、いきなり防御的であった。続く内容も、GNP、学校、水力発電所、所得アップなど例を挙げ、現政権とトルーマン民主党政権の比較論を展開するオーソドックスなものだった。「記録とは、決してそれ

で満足すべきものではなく、さらに築き上げていくべきものです」（A record is never something to stand on. It's something to build on.）というお気に入りのセリフを続けたニクソンは、冒頭演説を「ケネディとの意見の相違は目標ではなく、その達成手段である」（Our disagreement is not about the goals for America but only about the means to reach those goals.）と締めくくった。

　興味深いことに、ラジオでディベートを聴いていた有権者は、冷静で理性的なニクソン有利の判定を下した人が多かった。しかしながら、テレビでディベートを見ていた人々は、髭が濃い体質で放送時間までにうっすらと髭剃り跡（after-five shadow）が浮いてしまい、落ち着きのない様子のニクソンに対して、若々しく知的で歯切れのよいケネディの弁舌に軍配を挙げた。第２回以降は、ニクソンもアドバイザーの意見を取り入れて、メイクアップをしたりディベート直前に髭を剃ったりして見栄えをよくしたが、第１回の悪い印象が最後まで尾を引き、ケネディの紙一重の勝利につながったといわれている。

　1976年には、ベトナム戦争とウォーターゲート事件で傷ついたアメリカの威信を回復させる清新なイメージを持ったジミー・カーター元ジョージア州知事が民主党候補として登場した。一般大衆がほとんど彼を知らなかったことが、皮肉にも有利に働いた。75年春のギャラップ社の世論調査では、彼の支持率は１％にも満たず、実質的な可能性があるとは思われていなかった。公職に就いていなかったために早期から選挙に専念可能だったカーターは、75年６月までに５万マイルを旅して37州を訪れ、200を超えるスピーチを行い、93のラジオとテレビ番組に出演した。第一印象の大切さを知る彼は、『なぜベストをつくさないのか』（1975）という自叙伝を同年に出版して、メディアを通じて人々に好印象を残した。

　1976年１月19日のアイオワ州党員集会で27.6％の支持を、２月24日のニューハンプシャー州予備選では24.8％の票を集めて共に勝利を収めると、民主党リベラル派の６割がカーターを支持するようになり、保守派候補に対してはすでに敵なしの状態であった。先頭走者の地位を一度確保すると、メディアは他の候補者を「挑戦者」として扱うようになった。彼は、自信にあふれているが謙虚であり、タフだが寛容さも持ち合わせており、知的だがお

高くとまっていない、正義のためには野心があるが個人的なものではない人物として自分自身を売り込んだ。

共和党候補は、74年8月10日のニクソン辞任に伴って副大統領から昇格したジェラルド・フォード現職大統領であった。彼は就任時に「国家的悪夢は過ぎ去った」と発言して国民に安心感を与えたが、1カ月後にニクソンにウォーターゲート・スキャンダルに関する恩赦を与えたことで、初期の好感は消散した。16年振りに行われた候補者同士のテレビディベートでも、フォードは「東欧はソ連の支配から独立している」と、国際関係に関する無知をさらけ出したととられてもしかたのない失言を犯した。投票日直前のギャラップの世論調査では、フォード支持率46%、カーター支持47%、その他1%の接戦であり、最終的に297人の大統領選挙人を獲得したカーターが、240人のフォードに対して勝利を収めた。

1980年時点で69歳のロナルド・レーガン共和党候補は、演説につまると高齢のせいにされ、完璧な演説を行うとハリウッドの銀幕出身と揶揄された。64年に超タカ派候補バリー・ゴールドウォーターの応援演説をきっかけに政界入りしたレーガンには「戦争挑発者」(warmonger)のイメージがつきまとっており、カーター民主党候補陣営によって有権者に不安をかき立てる作戦も行われていた。しかしながら、レーガンに追い風だったのは、1977年以降の「熟年者の権利運動」であった。カーターにも、76年に自分自身がフォード大統領を攻撃した「失業率にインフレ率を加えたミザリー・インデックス（悲惨指数）」(misery index)が、当時の12.5%から20%に上昇している弱みがあった。さらに、「イラン人質事件」を解決できないままに再選運動に入った彼は、じりじりと支持率を下げていた。イラン人質事件とは、アヤトラ・ホメイニ師を中心にしたイスラム教シーア派によるイラン革命直後の79年にイランで起こった、首都テヘランの駐イラン米国大使館占拠・人質事件である。アルジェリア政府を仲介とする交渉の結果、レーガン大統領就任後の81年1月20日にアメリカ人人質52人は解放されたが、解決までに約1年2カ月を要した。

しかしながら、レーガンも「減税による経済活動の活性化が税収増加に

つながる」というケインズ流の供給重視経済学（supply-side economics）に基づく経済政策が、共和党予備選でブッシュ（父）候補から「まやかし経済学」と激しく攻撃された。それでも、軍事的には「強いアメリカ（strong America）の復活」、経済的には「減税」（tax cut）、政治的には「規制緩和」（deregulation）と「地方への権限委譲」（decentralization）を訴えたレーガンの保守的立場は、内外の政策で失態続きのカーターにうんざりしていた有権者に魅力的に映った。「レーガノミックス」（Reaganomics）と呼ばれた方針は、市場メカニズムと民間活力によって経済活性化を図り、大企業と中高所得者層の税負担を軽くし、利潤と雇用の拡大を目指したものであった。同時に、彼は福祉などの社会保障を削り、国民の自助努力を目指していた。さらに、80年と84年の選挙では、少数民族重視の左寄りを強める民主党に嫌気を起こしていた「レーガン支持者の民主党員」（Reagan Democrats）と呼ばれた南部中高年層が重要な役割を演じた。

　80年のテレビディベートは、本選1週間前にわずか1回行われただけであった。カーターは娘のエミーと「核兵器とその管理」を議論したと発言したり、医療保障に対する立場についての誤りをレーガンに「またまたやってくれました」（There you go again.）と切り返されるなど、押され気味であった。レーガンは最終演説で、その後の選挙のたびに使われる常套句となった「投票の決断をするとき、4年前と比べてあなたの生活はよくなりましたかとご自分に問うてみるとよいですよ」（I think when you make that decision, it might be well if you would ask yourself, are you better off than you were four years ago?）という問い掛けを繰り返し、穏やかな微笑みに冷静な態度という大統領にふさわしいイメージを醸し出し、現職を破っての当選を確実にした。

　1984年は、ニューハンプシャー州予備選において民主党のフロントランナーに踊り出たゲーリー・ハート上院議員（コロラド州選出）が、その後も勝ち続けて旋風を巻き起こした。当時47歳という若さに加えて、故ケネディ大統領をまねた演説スタイルが、若者を中心に有権者層の支持を得た。しかしながら、彼の「ニューアイディア」（New Idea）というスローガンに対して、カーター政権で副大統領を務めたウォルター・モンデール候補は、"Where's the beef?"「実質はどこにある？」とテレビコマーシャルをもじった批判を展開し、大逆転で民主党候補者指名に成功した。モンデールは、「モンデール信奉者」(Mondalites) と呼ばれた労働組合を中心とする支持基盤を固めて民主党の大統領候補者の指名を受けたが、本選に向けては、こうした特定の利益団体の支持取り付けがマイナスに働いた。

この年、現職レーガンは、「減税による経済活性化が税収増につながる」という供給重視経済学に基づく政策運営により高い人気を維持していた。大幅減税は数年間にわたる好景気をもたらしたが、インフレ抑制のための高金利政策は経済活動を阻害し、軍事費の増大ともあいまって、81年時点で579億ドルだった財政赤字を1,660億ドルにまで拡げていた。また、規制緩和は消費者に利益をもたらしたが、企業競争力の低下は輸入急増による貿易赤字を招いた。この「双子の赤字」(twin deficits) は大きな論点になっており、モンデールはあえて「増税による財政均衡」を訴えた。

統計局が発表する必要最低限の生活を1年間送るための「貧困ライン」(poverty line) 以下の人々が、70年以降で最悪の15.2%に達しており、労働者・少数民族が支持基盤の民主党によって富裕層・保守派が基盤基盤の共和党批判も行われていた。実際、レーガンの所得減税策は率が一律であったため、貧困者には福祉切捨ての影響の方が大きかった。ワシントンDCのシンクタンク「アーバン・インスティチュート」は、レーガン政権下では上位20%の金持ち層に、それより下の階層から250億ドルの収入移転があったと報告している。

第1回のテレビディベートでは、レーガンは練習のしすぎから本来の説得力溢れる落ち着いたスタイルを崩してしまっていた。また、内容が財政赤字に集中したため、モンデール優勢の印象を視聴者に与えた（CBSの世論調査によれば、モンデール勝利者43%、レーガン勝利者34%）。特に、モンデールは、レーガンのお株を奪う「あなたの生活はよくなりましたか。もしあなたが裕福ならより裕福に、もし中流なら現状維持で、もし質素ならより質素になったでしょう」というセリフでレーガンの不公平減税を効果的に攻撃した。しかしながら、第2回のテレビディベートでパネリストに高齢問題を突

かれたレーガンは、「年齢をこの選挙の争点にする気はないし、私の相手の若さと未経験を政治的に利用する気もない」と反論して大受けを取って自分のペースに持ち込むことで、最終的には大差で再選されたのであった。

1988年は、マサチューセッツ州知事マイケル・デュカキスをはじめとして、アル・ゴア上院議員（テネシー州選出）、ジョセフ・バイデン上院議員（デラウェア州選出）、リチャード・ゲッパート下院議員（ミズーリ州選出）、ブルース・バビット前アリゾナ州知事、ポール・サイモン上院議員（イリノイ州選出）、ジェシー・ジャクソン師などの民主党候補者は、本命不在のために「7人の小人たち」(seven dwarfs) と呼ばれた。さらに、女性スキャンダルから指名争いを撤退したハート元上院議員も年末に再度加わり、「白雪姫」と呼ばれたパット・シュナイダーなどを加えて大混戦であった。

最終的に、増税なしに州財政を立て直した「マサチューセッツの奇跡」を売り物に、デュカキスが使命を勝ち取った。彼は、ハーバード大学法科大学院卒のエリートと有権者に思われていたが、指名受諾演説で貧しいギリシャ移民の両親から生まれた自分が大統領になることこそ「アメリカンドリーム」であると訴えた。この、発言者と聴衆の間に共通のきずなを形成する「同一視戦略」(identification) によって、彼は党大会後にジョージ・ブッシュ（父）共和党候補との支持率逆転に成功した。また彼の指名受諾演説の後半で、デュカキスが共同体というコンセプトを提唱しているのは、「コミュニタリアニズム」(communitarianism) を意識したものである。戦後アメリカのリベラリズムは、以下の3段階を経験したといわれる（佐々木 1993）。まず1970年代までの時期に資本主義体制における社会的平等の達成を目指す福祉国家リベラリズムが起こり、続く70年代終盤から80年代に至る時期に社会的平等よりは自由競争を、富の再配分よりは経済成長を優先するネオリベラリズムを経て、80年代半ばから90年代に個人の権利と社会的責任や全体の利益とのバランスを重視するコミュニタリアニズムが隆盛したのである。

それに対して、レーガン政権時代には影の薄い副大統領だったブッシュ候補も、「繁栄と平和の維持」をスローガンに掲げて党大会効果 (convention bounce) で支持率再逆転に成功した。彼は、デュカキス候補に「リベラル」

(liberal) のレッテルを貼り、妊娠中絶容認の立場を「性倫理の低下」、マサチューセッツ州の囚人仮釈放制度を「秩序ある社会への脅威」として、レーガンの保守的政策の継承を訴えた。こうした政策よりもイデオロギーに重点が置かれたブッシュの「中傷キャンペーン」（negative campaign）は、選挙終了後に史上最悪と評された。

　ハーバード大学法科大学院を上位で卒業し、3期目の州知事を務めるデュカキスは、第1回のテレビディベートで終始ブッシュに対して攻撃的に議論を展開した。例えば、健康保険料を払えない3,700万の人々についての質問では、現行の社会保障制度の枠内で十分とするブッシュに対して、デュカキスはそのようなことは非現実的と一蹴し、マサチューセッツ州が全国で唯一の皆健康保険制度を持つ州であると誇示した。また、麻薬輸出国として知られるパナマのノリエガ将軍とブッシュの関係を指摘した。「罵り合いは止めて、本当に大事なこと、国の将来について話し合おう」と訴えたデュカキスは、多くの視聴者からディベートを優勢に進めていたと評価された。しかしながら、冷静かつ早口で議論を展開する彼のスタイルは支持率上昇に結びつかず、「テレビディベートに勝って選挙に負けたデュカキス」は、メディア時代の選挙戦略のむずかしさを象徴する出来事であった。第2回のテレビディベートで、CNN のバーナード・ショーが「あなたの妻キティさんが暴行され殺されても、犯人に死刑を望まないのか」と質問したとき、デュカキスは死刑制度廃止の立場から望まないと返答したために、凶悪犯罪に弱腰との印象を視聴者に与えた。最終的に、一時は17ポイントもあった支持率の差を逆転して、ブッシュが40州で勝利して、426人の選挙人を獲得して地滑り的大勝利を収めた。

　1992年大統領選は、67歳の現職ブッシュ（父）と若い45歳のビル・クリントン候補の争いになった。ブッシュは、石油業界で成功後、国連大使、CIA長官などを経て、80年に副大統領に選出された。18歳で空軍最年少のパイロットになり、空戦殊勲十字章を受けた経歴にもかかわらず、ブッシュには「弱虫」（wimp）のイメージがつきまとった。それはブッシュが保守的な現実派に属するため、政策の柔軟性が原則のなさに見えるためである。また、彼

にはレーガンのような強い個性がない分、好景気時には万人の支持を受けられるが、不景気時にはひよわさがマイナスに働くのである。さらに、最大の業績である冷戦（Cold War）の勝利が、国民の目を内政に向けさせる皮肉な結果にもなった。

　クリントンは、史上最年少での州検事総長を経て、78年に全国最年少でアーカンソー州知事に当選し、一度は再選に失敗したものの、その時までに通算5期を務めていた。民主党改革派集団の指導者であった彼は、一貫して「変化」と「アメリカの再生」を訴えてきた。序盤選では、クリントンは、ベトナム戦争徴兵逃れやマリファナ喫煙など「ベビーブーマー」ならではの人格問題（character issue）に苦戦した。しかしながら、3月3日の7州1特別自治区の予備選と党員集会が集中した「スーパーチューズデー」の小型版と呼ばれた日に、ジョージアで6割の得票を得て初勝利を収めて以降、徐々に形勢を立て直していった。

　5年半振りに7％を超えた失業率、80年代に43州で拡大した所得格差、3,000億ドルを超える財政赤字など、ブッシュの経済運営手腕に不満を持つ選挙民に、ゴア副大統領候補との南部連合のアピールが成功して、終盤ではクリントンは選挙戦を有利に展開した。波乱要因は、一度不出馬宣言をしながら10月1日に正式立候補を表明したロス・ペローの存在であった。しかしながら、彼には「あまりに無責任すぎる」との評価が下され、最終的には、ブッシュの地元テキサス出身者の間でもペローに票が流れてクリントンが漁夫の利を得た。

　もめにもめた末にテレビディベートは、クリントンが主張した1人の仲介者を入れるやり方でまず10月11日に、次にブッシュが望んだ複数のパネリストの参加形式で15日に、最後に両方の折衷形式で19日にと、計3回行われることに決定した。大逆転を狙って特訓するブッシュに対し、クリントンは接戦が予想されるフロリダ州とテネシー州の遊説をする余裕を見せた。テレビディベートでは、ブッシュは徴兵逃れ疑惑を抱えたクリントンの愛国心を問題とする「人格攻撃」に出た。それに対して攻撃を予測していたクリントンは、マッカーシーの赤狩り旋風が吹き荒れたときに敢然と反旗を翻した

ブッシュ候補の父プレスコット・ブッシュの例を引いて、他人の愛国心を攻撃するのは誤りであると、ディベートの高等技術「相手の議論の切り返し」(turnaround) を用いて反論した。一般投票の結果は、43％という史上最低に近い得票率ながら、「勝者総取り制度」に救われて全国で32州とワシントンDCを制して、クリントンが大統領に選出されたのであった。

1996年は、就任以来、約900万人の雇用を創出したクリントン大統領が58％の高支持率を背景に選挙戦を有利に展開していた。「新しい民主党員」(New Democrat) を自認するクリントンは、「増税と支出垂れ流しのリベラル」という民主党のイメージを変えることに成功した。それに対して、当選すれば史上最高齢の大統領になる73歳共和党ボブ・ドール候補は、32％の有権者から「高齢すぎる」とのイメージを持たれていた。同時に、49歳のクリントンと比較されて、女性からの支持票が極端に少ない「ジェンダーギャップ」(gender gap) にも苦しんでいた。64％の有権者が、クリントンの第1期を成功と評していた。中道寄りの政策を取るクリントンに対し、どのような政策で対抗すべきかという点では、共和党内でも意見が割れていた。

8月12日の共和党全国大会は、代議員のうち91％が白人であり、64％が男性で、40歳以上が79％という偏った構成であった。わずかに23％の代議員が年収5～10万ドルの家計から選出されており、富裕層ばかりが目立っていた。代議員たちは、「少数民族優遇措置」(affirmative action) に69％が反対であり、半自動ライフルの廃止にも51％が反対であり、不法移民への公教育にも58％が反対という保守的な人々の構成であった。労働組合や共和党幹部などの支持を早々と固めることで、党の指名候補を得ることには成功したドールであったが、こうしたあまりに保守的なキャンペーン戦略は幅広い有権者層に訴えることはできなかった。

それに対し、民主党全国大会は、535名の女性代議員を含んでおり、71％の白人と17％の黒人を含む構成比であった。民主党全国党委員会は、各州にほぼ等しい男女と人種的な多様性を求めた。8月29日の指名受諾演説で、クリントンは「希望がアメリカへ戻ってきた」と高らかに宣言して、彼の2期目が「21世紀への架け橋になる」と未来への希望を語って支持者達を熱

狂させた。最終的に、一般選挙は約50％という低投票率であったが、クリントンは、FDRの愛称で人気のあったフランクリン・D・ローズベルト大統領以降初の、そして南北戦争以降では3人目の、再選に成功した民主党の大統領になった。

2000年は、現職副大統領のアル・ゴア民主党候補と「思いやりのある保守主義」(compassionate conservatism)をスローガンに掲げる共和党ジョージ・W・ブッシュ（子）候補の戦いになった。96年6月までに3,900万ドル、9月までに5,000万ドルの献金を受けたブッシュは、潤沢な資金を誇っていた。具体的な政策として、彼は減税、福祉削減、犯罪対策の強化、教育の改善と個人の責任の促進を訴えた。それに対してゴアには、性的スキャンダルを起こした大統領に対して毅然とした態度を取れなかった副大統領という、クリントン政権下で起こったモニカ・ルインスキー疑惑の影響が影を落としていた。

ディック・チェイニー元国防長官を副大統領候補に指名したブッシュに対して、ゴアはユダヤ系のジョセフ・リーバーマン上院議員（コネチカット州選出）を副大統領に指名した。大統領ディベート委員会は、同年、さまざまな世論調査で支持率が15％に達していないという理由で、改革党のブキャナンと緑の党のネーダーをテレビディベートに参加させない決定を下した。また、パネリストが重箱の隅をつつく質問ばかりするという批判に応えて、市民参加によるタウンミーティング形式のディベートも取り入れられた。多くの専門家が、3回のディベートともゴアがやや優ったという評価をしたにもかかわらず、気さくで飾らないブッシュのイメージが一般有権者に幅広く受け入れられた。

本選挙は史上まれにみる大接戦になり、25人の選挙人が割り振られたフロリダ州の帰趨が最終的な勝者を決定する事態になった。夜10時にネットワークがフロリダ州でのブッシュ当確を覆し、フロリダ州当局も「あまりにも接戦で行方を告げられない」(too close to call) という騒ぎになった。フロリダ州は、得票差が0.5％以内の場合に投票の再集計を法律で義務づけていた。「バタフライバロット」方式の投票用紙を使ったパームビーチ郡では、まぎらわしい位置にあったブキャナンにゴア票がかなり流れた可能性があった

(*Presidential Election 1789-2000*（2002））。再集計は、36日間にもわたって、国内のみならず世界中が注視する混乱を招いた。

最終的には、連邦最高裁が5対4でフロリダ州の再集計の結果を認めて、ブッシュの当選が確定した。271人の選挙人を獲得したブッシュがかろうじて過半数を制したが、一般投票の総数ではゴアが勝っていたため、選挙制度見直しの議論も起こった。司法判断によって結果が確定するという異常事態に、通常は注目されないゴアの「敗北宣言」（concession speech）に人々の関心が集まった。事態を早期に収拾して、政権交代をスムーズに進めようとする民主党候補ゴアの清い態度は評価された。

2004年の大統領選では、ボストンカレッジから法学博士号を取得し、76年にマサチューセッツ州の郡検察官になったジョン・フォーブス・ケリーが、民主党候補になった。82年の副知事職を経て、84年に上院議員に初当選した彼の後ろ盾になったのは、リベラル派の重鎮エドワード・ケネディである。同じマサチューセッツ州選出の上院議員として、一族郎党を挙げてケリーの選挙運動を支援した。首席補佐官や報道官、スピーチライターなど、自らの側近を次々にケリー陣営の参謀として送り込んだ。ケリーは、銃規制強化、死刑反対、中絶賛成、同性愛の権利擁護などの社会問題にはリベラルな立場を取る一方、財政赤字削減、社会保障改革、教員の地位問題では、中道寄りの姿勢を取ってきた。彼が正統派リベラル寄りの政策を鮮明にするか、民主党の伝統的価値観を乗り越える中道路線を取るかは重要な選択であったが、最後まではっきりとした自己イメージを描くことができなかった。

共和党候補で現職大統領ジョージ・W・ブッシュ（子）は、祖父がコネティカット州選出の上院議員で、父親がレーガン政権の副大統領職を経た第41代大統領で、弟のジェブもフロリダ州知事を務めるという政治一家の出身であった。ブッシュの選挙戦略を仕切ったのはカール・ローブで、2000年の大統領選挙で初めて全国レベルの選挙に参加してブッシュを当選に導いた。彼は大統領顧問として政権内でも強い影響力を持つことから、「導師」（guru）とも呼ばれた。学生時代の73年に学生共和党議長に就任し、同党全国委員長だった父親のブッシュ大統領を通じてブッシュ・ファミリーと知り合いにな

る。その後、テキサス州で政治コンサルタントしているとき、94年のブッシュ候補の同州知事選当選と、98年の再選キャンペーンに関わるようになった。

　ローブは、前回大統領選挙でブッシュの「思いやりのある保守主義」というスローガンを、テキサス大学教授マービン・オラスキーの協力で作った。共和党の支持基盤である保守層を固めながら、社会的弱者の救済にも配慮することで、無党派層の支持も獲得しようとする戦略である。ブッシュ政権のメンバーの中で、元国務長官のディック・チェイニー副大統領やドナルド・ラムズフェルド国防総省長官らは強硬派であり、単独行動主義（unilateralism）に傾いている。しかしながら、2004年の選挙後に政権を去ったコリン・パウエル国務長官など穏健派は、国際協調や国連などの多国間の枠組みを重視していた。ブッシュ政権の外交政策に大きな影響を与える存在に、ポール・ウォルフォウィッツ国防副長官、ダグラス・ファイス国防次官らに代表される新保守主義者（neo-conservatives）がいる。彼らは、「アメリカ新世紀プロジェクト」（PNAC）を発祥としており、軍事力を積極的に使って、アメリカ合衆国の建国理念である自由や民主主義を広めて行くことを目指していた。

　2004年には、3回のテレビディベートが行われた。第1回のディベートは外交問題中心であり、第3回のディベートが内政問題中心であった。第2回は、タウンミーティング形式で、外交と内政の両方が取り扱われた。第1回のテレビディベートでは、落ち着きを失い自分らしさを出せなかったブッシュに対し、冷静で攻勢に出ているという印象を与えたケリーはポイントを稼いだ。しかしながら、第2回、第3回と形勢を立て直したブッシュの前に最終的に敗れ去った。

　いくつかのケリーの敗因が挙げられる。第1に、イラク戦争の是非や同性婚といった「世論を分断する論点」（wedge issues）が最初から存在しており、浮動票が少なかった選挙では、ケリーのテレビディベートでの健闘も長期的影響を与えることはできなかった。通常15％前後はいる浮動票が、この年は10％未満であり、重要な役割を演じることがなかった。背景には、80年代のレーガン改革以降、保守化傾向を強めるアメリカの現状がある。例えば、若い頃はリベラルで妊娠中絶に賛成して死刑制度に反対の立場を取る女性

が、結婚して自分の娘が年頃になると妊娠中絶に反対して凶悪犯にも死刑を望むようになる「安全重視の母親」（security mama）現象などである。

　第2に、近年のアメリカ合衆国は、東西の大都市周辺でのリベラルな民主党支持の「青い州」と、南部中西部の保守的な共和党支持の「赤い州」に分断されている。こうした状況では、ブッシュ批判に終始したケリーに投票して「現職大統領を落選させる」リスクを冒すことを有権者が嫌ったのである。実際、南部出身でノースカロライナ州選出のジョン・エドワーズ上院議員を副大統領候補に立てながら、民主党は南部でほぼ全滅であった。付け加えておくと、この年の最大の事件のひとつは、マサチューセッツ州ボストンで行われた民主党全国大会でバラク・オバマ上院議員（イリノイ州選出）が「融合」と「希望」を訴える感動的な基調演説を行い、一躍、将来の大統領候補という評判を確立したことであろう。

　最後に、時には5割を割り込みさえした大統領選の投票率が、6割を超えたにもかかわらずケリーに有利に働かなかったことが挙げられる。少数民族や低所得者層が支持基盤であるケリーには、高い投票率は有利といわれていた。しかしながら、ブッシュ陣営が、1,900万人と言われる宗教右派のうち、前回選挙に行かなかった400万人に「宗教心の厚いブッシュが敗れるようなことがあれば、戦犯はあなたたちだ」と危機感をあおった結果、ブッシュ支持者の投票率も上がったためである。

3. フレームを通して報道されたオバマのテレビディベート

　2008年大統領選の最終的な結果が、テレビディベートにおける候補者のパフォーマンスによって決定するであろうことに専門家は同意していた。見た目もよく雄弁に「夢」を語れても、若く経験の少ないオバマが信頼できる大統領になれるかという人々の不安の払拭には、ディベートを通じて、彼が経験豊富で老獪なマケイン候補に勝るとも劣らない能力を見せることが期待されていた。この年のテレビディベートは、「雄弁家と戦士の対決」（Orator vs. Warrior）とマスメディアによって煽られた。"Change"や"Hope"と言ったシンプルなメッセージで国民を熱狂させる「変化の声」（the voice of change）であるオバマに対し、海軍大将の息子でベトナム戦争でも5年間捕虜として過ごした「戦争の英雄」（war hero）であるマケインという構図を当てはめようとしたのである。その結果、「変化」を提唱する新世代の代表オバマと、「愛国主義」に代表される旧世代の代表マケインというイメージができあがった。

　その点で、2008年テレビディベートというテクストが、どのような文脈（context）で解釈されたかを考えることは興味深い。具体的には、オバマを有利にしマケインを不利にさせた2つの文脈が存在した。まず第1に、マケインは史上最低の支持率のブッシュ（子）大統領と同じ共和党に所属する候補であるというハンディを抱えていた（図6-1を参照）。増派によって安定化しつつあったとはいえ、巨額の財政赤字を生み出したイラク戦争と単独行動主義によってアメリカの威信を傷つけたブッシュ政権を支持してきたマケ

図6-1　ブッシュ大統領の在任中の支持率の推移

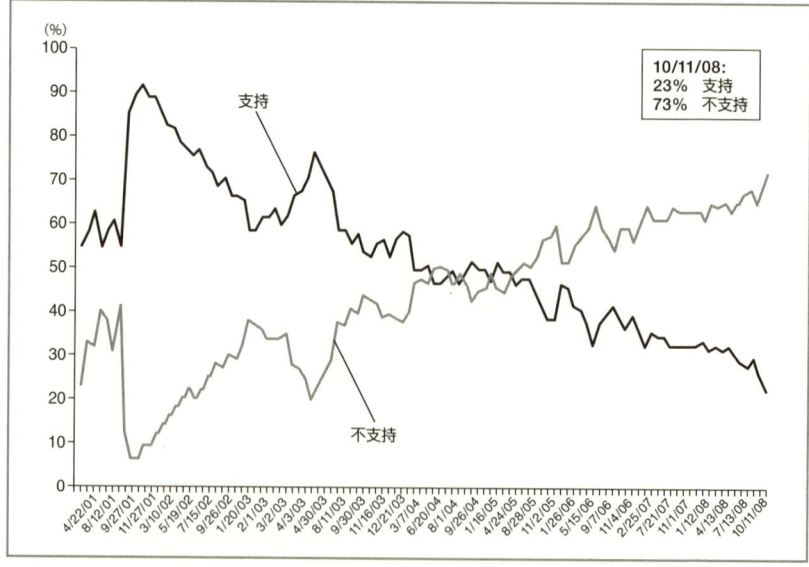

出典：http://abcnews.go.com/images/PollingUnit/1076a2ElectionofOurDiscontent.pdf

インに対する不信感である。第2の文脈が、サブプライム・ローン問題が引き金となった2008年9月15日の投資顧問銀行リーマン・ブラザーズ破綻と、それに続く未曾有の金融危機である。それまで20年近く繁栄を謳歌してきたアメリカ経済が一気に落ち込んだだけでなく、その影響は世界中に飛び火して「大恐慌以来」と呼ばれる状況にまで達した。行き過ぎた規制緩和が、本来は返済余力のない低所得者にまでハウジング・ローンを組ませた結果、土地と家の資産価値が永久に上昇し続ける幻想を企業が人々に売り込むことを可能にさせた（図6-2を参照）。バブル経済を放置した政権担当政党の「監督責任」と、危険なサブプライム・ローンの債権を組み込んだ金融商品を世界中にばらまいたウォール街の「倫理的な責任」が論点として浮上したのである（図6-3を参照）。

図6-2　悪化するアメリカの住宅関連指標

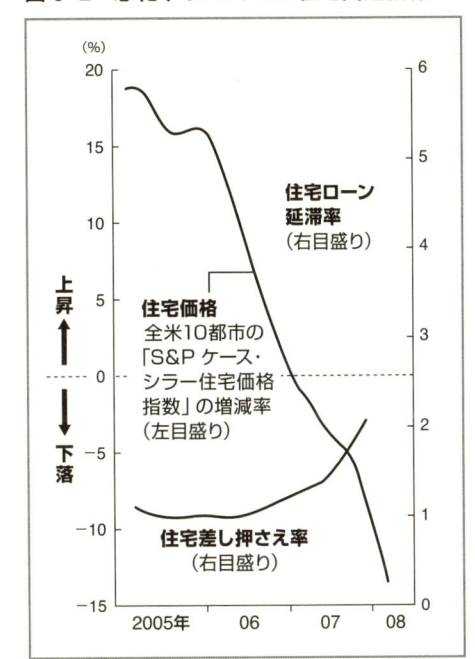

出典：米スタンダード・アンド・プアーズ（S&P）、米抵当銀行協会などより

　金融危機直後の2008年9月24日にマケインは、大統領候補者はテレビディベートをしている場合ではなく、資金集めを中止しイベントも延期して危機に対応すべきと発言する失敗を犯した。そうした発言は、彼がディベートに自信がなく対決を避けようとしているのではないかという印象を有権者に与えたからである。例えば、1980年エドワード・ケネディに民主党予備選で追い上げられた現職カーターには、イラン米国大使館員人質事件の際、執務室にこもって「重要な職務にあたる大統領」というイメージを醸し出す

図6-3　登録有権者の考える最も重要な論点

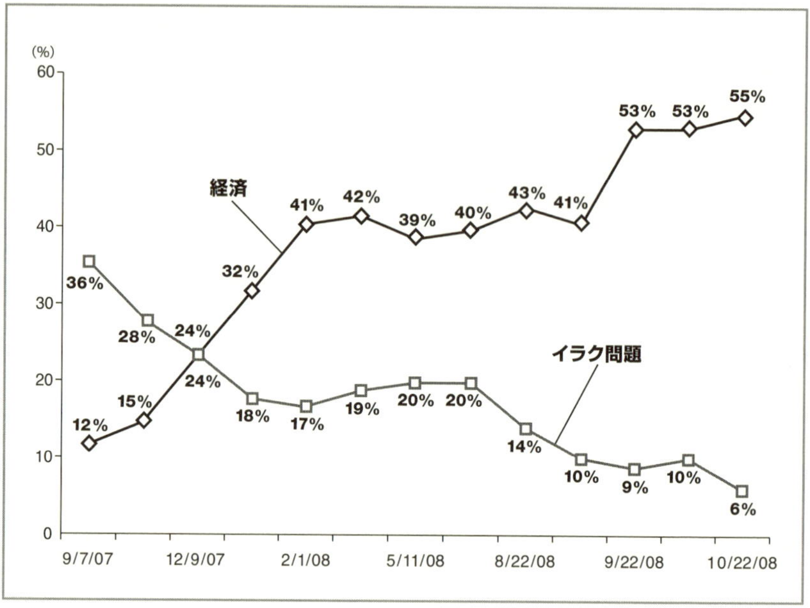
(%)
60
50
40
30
20
10
0
経済
イラク問題
12%
15%
24%
32%
41%
42%
39%
40%
43%
41%
53%
53%
55%
36%
28%
24%
18%
17%
19%
20%
20%
14%
10%
9%
10%
6%
9/7/07
12/9/07
2/1/08
5/11/08
8/22/08
9/22/08
10/22/08

出典：http://abcnews.go.com/images/PollingUnit/1076a2ElectionofOurDiscontent.pdf

「(ホワイトハウス内のバラ園にちなんで名付けられた) ローズガーデン戦略」(Rose Garden strategy) を取る選択肢があった。しかしながら、オバマとマケインは共に連邦上院議員にすぎず、閣僚でさえなかったために、マケインの主張には説得力がなかった。オバマが、大統領は複数の懸念に同時に対応しなければならずディベートを延期すべきではないと発言したことも、両者の見識の違いを際立たせた。さらに、第1回ディベートで「私はマケイン候補に同意します」(I agree with Senator McCain.) と何度も発言して、相手に同意しすぎると批判されたオバマは、第2回ディベートでは「私たちの間には、根本的な相違があります」(There is a fundamental disagreement between us.) という表現を繰り返し使うなど、ディベートの技巧においても一日の長があった (Commission on Presidential Debates 2008abc)。

第7章

政治コミュニケーションの分析方法

1. なぜレトリック批評を学ぶのか

　本章では、レトリック批評（rhetorical criticism）の主要な方法論を紹介しておきたい。レトリック批評の中心的な考え方は、象徴的相互作用主義（symbolic interactionism）である。象徴行為としての言語は、辞書のように単に対象物に意味を対応させるのではなく、発せられたメッセージが構築する象徴的現実（symbolic reality）が社会的・文化的・歴史的文脈（social, cultural, and historical contexts）の中で人々の考えと相互作用を起こす。象徴的行為としての言語が、人々の態度や行動を名付けたり、考えや目標を集団が共有することを可能にするのである。例えば、ケネス・バーク（Burke 1966）はレトリックを「シンボルに対応する協力的行動を導き出す象徴的手段としての言語使用」（the use of language as a symbolic means of inducing cooperation in beings that respond to symbols）であると定義する。現代社会においては、コンセンサスを形成して人々の協調行動を促す上で、言語活動の持つ象徴的機能の重要性が指摘されている。「前近代」である封建時代においては、上意下達に基づく絶対的な権威者による意思決定が可能であった。しかしながら、「近代」（modernity）においては、科学万能主義が信奉され、自らのことは自らが決めるという自律性（autonomy）を人間が獲得した結果、社会はつねに人種・年齢・性差・社会階層・居住地域・イデオロギーなどの要因によって分断される危険にさらされている。

　立場や経験が違えば求める議論や政策も変わってくるために、放っておけば社会が分断されてしまう状況において、協調行動を促すことがレトリックの役割である。例えば、日本の政治家は、死刑廃止や消費税率アップに関して「世論が熟さない」と先送りするが、百年河清を待つに等しい。現代社会においては、問題を先送りすれば反対勢力に時間を与えるだけで、新しいプログラムへの取り組みや政策変更はむずかしくなる。政治家は、象徴的言語の力を認識し、ビジョンを提示して将来の道筋を示すことで、現状で可能な選択肢を正当化する技術を学ぶ必要がある。

2. レトリック批評の基本

　レトリック批評を学ぼうとするときに、覚えておくべき3つの原則がある。第1に、政治とはコミュニケーション的な活動である。この場合のコミュニケーション的な活動とは、「（言語に代表される）共有されたシンボルを通じた意味の相互作用」(symbolic interaction of meanings) を意味している（例えば、Hollihan 2009 を参照）。政治家は、どの言葉をどのように語るかの選択を行い、いったん語られれば、メディアによって編集され、歴史的・文化的・社会的文脈の中で、人々に影響を与え、説得し、時には傷つけ、癒す機能を果たす。例えば、フランクリン・D・ローズベルト大統領は、世界大恐慌後の就任演説で「われわれが恐れるべきは、恐れそれ自体だけである」(The only thing we have to fear is fear itself.) という名句で国民を鼓舞し、「ニューディール政策」(New Deal) と呼ばれる社会主義の要素を含む政策を提示した。ケネディ暗殺を受けて大統領職を継いだリンドン・ジョンソンは、「貧困との戦争」(War on Poverty) を宣言して「偉大な社会」(Great Society) の達成を目指した。

　第2の原則は、「現実は社会的に構築されている」(A reality is socially constructed.) ということである（例えば Berger & Luckmann 1966 を参照）。哲学的な「真理」(truth) は与えられることがあっても、われわれが生きる「現実」(reality) は、利害関係のネットワークの中で言語とイデオロギーによって社会的に構築されたものにすぎない。一度構築された社会的現実（social reality）は、歴史的・社会的・文化的文脈の中で人々と相互作用を起こして、さまざまな意味づけを行っていく。語られた言葉自体が意味を持っているのではなく、発話者が意味を象徴的に暗示させて、聴衆が意識的プロセスと無意識的プロセスの両方で解釈していくのである。例えば、2004年大統領選では、イラク戦争に関する「社会的現実」が焦点となった。ブッシュ（子）大統領は、イラクのサダム・フセイン大統領は大量破壊兵器（weapons of mass destruction, WMD）を所有しており、彼の国連安全保障理事会の査察に非協

力的な態度こそがWMD所有の証左であると繰り返した。しかしながら、戦争終結後、WMDの存在は確認できないことが分かった。共和党の支持者が構築した社会的現実とは、「WMDは発見されなかったが、その開発能力があったフセインを取り除いたことで、アメリカはより安全になった」である。それに対して、民主党ケリーの支持者が構築した社会的現実は、「WMDが発見されなかった以上、開戦の判断は誤りだったし、悪化する一途のイラク国内の治安を見ると統治にも問題があった」である。このように、社会的現実とは、万人が同じように見ることができる鏡に写った正確なイメージではなく、われわれの価値観や信条、利害関係やイデオロギーが絡んだ思考の末に構築されたものなのである。

　最後の原則が、「レトリック批評は基本的に公的な論点を扱う」（Rhetorical criticism fundamentally concerns public issues.）ということである。レトリック批評は、単なる日常談話の分析ではなく、重要な演説や社会的論争を研究することであり、大衆の歴史の記憶（public memory）、人々の文化的な背景、比喩などの修辞的な技巧、多様な聴衆の対応、メディアの演じた役割など、さまざまなコミュニケーション的な問題の考察が可能となる。例えば、1973年に、それまで違憲とされていた妊娠中絶を女性の権利として認め、人口妊娠中絶を不当に規制する州法を違憲とした連邦最高裁判所のロー対ウェード判決（Roe v. Wade）を見ることは、現在まで続く中絶論争を分析する上で欠かすことができない。しかしながら、中絶論争を法律という専門分野における論争として見ようとする人の目には、そうした社会論争の分析は無意味に映るかもしれない。

　多くの国で論争の対象にならない中絶論争が、なぜアメリカでは世論を分断するような複雑な争点になるのであろうか。ひとつには、しばしば社会論争が、宗教、経済格差、政治的イデオロギー、倫理観などを含む複数領域にまたがる論争（interfield controversy）だからである。さらに、歳月を待てば「歴史の審判」が下される可能性がある論争であっても、最終的な判断に至るまでには必ずそれまでの社会状況や経緯が影響を及ぼしている。転換点となるイベントが起こったり、重要な判決が出るときには、必ず鍵となる人々の

発言や行動があり、そうした活動に参加したいと望む人々のプロセスの分析なしには、公的論争の真の姿は見えてこないであろう。

　公的な説得の技法（the art of public persuasion）としてのレトリックは、最終的に次のようなプロセスを分析対象とする。

（1）ある問題が定義されたときに、どの論点が強調されて、どの論点が過小に扱われたか。
（2）ある問題に対する支持や反対を盛り上げようとするときに、聴衆の過去の体験や信念に対してどのような象徴的な言語が用いられたか。
（3）さまざまな可能な選択肢の中から、どのようなポイントに訴える手段と議論が選択されたか。
（4）しばしばあいまいで、時には理解不可能な状況が、あるレトリックを用いることで、どのような物の見方や世界観を受け入れる証拠として提示されたか。
（5）問題と解決は、どのような歴史的・文化的・社会的な文脈の中で提示され、どのような象徴的な相互作用が聴衆とテクストの間で起こったか。

　つまり、公的な政策決定をレトリック的なプロセスとして捉えることにより、象徴的な言語が話者によっていかに創造され、賛同する人々によっていかに交換されるのかに関して、どのような論点の認知・定義・発話・解決がなされたかを分析の中心に置くことが可能になるのである。ここで 2009 年 4 月 5 日にオバマ大統領が、欧州連合（EU）の首脳との会談に先駆けて、チェコの首都プラハで行った「核なき世界」演説を例にレトリック分析を試みたい。オバマの「核なき世界」演説を理解するには、アメリカ史のサイクルを知っておく必要がある。アメリカの政治史は、「リベラルな前提条件と保守的な前提条件」（the liberal and conservative presumptions）の対立の連続と見ることができる（Goodnight 1980; 鈴木、岡部 2009）。政治的自由主義を意味する「リベラル」な前提条件下では、「変化」は不可避で望ましいことであり、

政府には国民生活への積極的関与と指導の役割が期待される。同時に、リベラルな人々は大きな政府という基準で、政策の評価をする傾向がある。逆に、小さな政府を信奉する人々が支持する「保守的」な前提条件下では、社会的な「安定」（stability）が熱望され、政府がビジネスなどの民間活動へ介入することには懐疑的である。

　アメリカには、移民や貧困層などを中心にリベラルな政策を支持する民主党支持者が４割弱と、富裕層や中流白人を中心に保守的政策を支持する共和党支持者が３割強存在する。そのために、大統領は、こうした前提条件の対立とそれぞれの文脈から生まれる議論の調整を行うことをつねに迫られると同時に、対立しがちな世論を超越して説得する義務も負わされる。さらに、二大政党のどちらにも強い所属意識を持たずに中道的な政策を望む無党派層（unaffiliated voters）も約３割存在するために、歴代大統領は、「自明の理」を自明と思いこまずに、手段としての政策と結果としての効果の因果関係を「言語化」することにしばしば専心してきた。

　2009年にクリントン以来の民主党政権となったオバマ政権は、「スマートパワー」（smart power）と呼ばれる、経済・軍事・政治・文化などでアメリカが持つ力を総合的に駆使する外交を強調してきた。またヒラリー・クリントン国務長官は、同盟国や新興国と協調し、地球的課題の解決を図る「新たな外交と開発の時代」（a new era of diplomacy and development）を目指していると述べている。これはブッシュ（子）政権の単独行動主義からの決別と国際協調路線への転換を意味しており、「認識された敵への先制攻撃を決断し行使する権利」を主張したブッシュ・ドクトリンから、「対話と相互尊重」を重視するオバマ・ドクトリンへの転換ともいえる。しかしながら、こうした政策は理想主義一辺倒ではなく、イラクからの駐留米軍撤退を進める一方、国際的テロ組織アルカイダ撲滅のためにアフガニスタン増派をするなど、現実主義的でもある。オバマ政権は、核拡散問題に加えて、国際金融危機、気候変動、感染症や貧困などに対しても国際的連帯で取り組むと宣言している。その点、2009年7月2日、「核の番人」国際原子力機関（IAEA）事務局長に、唯一の被爆国である日本から天野之弥氏が選ばれ、同月6日にオバマとロシ

アのメドベージェフ大統領が、「戦略兵器削減条約」（START-I）を継承する核軍縮の新枠組みに合意したことは重要な出来事である。なぜならば、包括的核実験禁止条約（CTBT）の発効には原子炉を持つ44カ国の批准が必要であるが、未批准国がまだかなりあり、その中には北朝鮮、イスラエル、インド、パキスタンなどが含まれている。現在、190カ国が参加する核不拡散条約（NPT）にも、現核保有国の核軍縮を優先する側と、途上国への核拡散防止を重視する側の対立が存在する。また、米、露、仏、中、英などの核保有国はNPT締約国だが、インド、パキスタン、イスラエルなどは非締約国であり、北朝鮮は2003年に脱退宣言をしている。このように、核廃絶への道は楽観視できるものではないが、オバマは2010年4月に47カ国による核サミットの開催に漕ぎつけた。

プラハでの「核なき世界」演説には、リベラルと保守派の対立を超越するための3つのレトリック的技巧が凝らされている（鈴木2009d）。最初が、「話者の信頼性を打ち立てる」（ethos building）戦略である。具体的には、話者の聴衆に対する善意（goodwill）とテーマに関する見識（credibility）が示された。冒頭で、プラハの戦争と平和の歴史を振り返り、文化的にも「黄金都市」と呼ぶことからスピーチを始めている。彼は、「チェコ共和国が自由な国となり、北大西洋条約機構（NATO）の一員となり、統一ヨーロッパの指導的存在になると予想した人はほとんどいなかったでしょう」と述べた後、「私たちが今日ここにいるのは、あらゆる困難にもかかわらず、アメリカとチェコの人々が、この日が来ることを信じたからです」と結んでいる。

次が、さまざまな違いの「架け橋を作る」（bridging differences）戦略である。すでに述べたように、世の中には、国家間の利害、人種や宗教間の反目など、対立を進める意見があふれている。しかしながら、政治家には、分断を乗り越えて国家や国際社会の連帯を進める責任がある。オバマのプラハ演説では、「私たちは、こうした歴史を共有しています」と述べた後、共通の利益と価値を持つ人々によって問題解決に当たる決意が表明されている。気候変動への対応策では、"Now is the time to change the way …" と「新しい始まり」を示す言葉が使われ、その後NATOのさまざまな軍事的役割が説明されている。

最後が、「運命論にあらがい、前向きな態度を示す」(forward-looking posture) 戦略である。ここではオバマが得意とする悲観主義者の機先を制するような、さまざまなレトリックが使われている。ここで、「唯一の核使用国としての米国の道義的責任」に言及し、「わが国だけではこの取り組みを成功させることはできませんが、その先頭に立つことはできます」と述べたのは画期的であった。

　クライマックスでは、4年以内に世界の核物質を保護管理する国際活動、核物質の闇市場の解体、核安全保障に関する国際サミット開催が提案されている。また、「この目標はすぐに達成できるものではなく、おそらく私が生きているうちは無理でしょう。この目標を達成するには、忍耐力と粘り強さが必要です」という表現は、冷戦真っただ中に行われたケネディの就任演説を思い起こさせる。さらに、「私たちは前進するに当たって幻想を抱いてはいません」という言葉も、「幻想なき理想主義者」(the idealist without illusions) を標榜したケネディを思い起こさせる。ヨーロッパでアメリカ大統領が行った演説としては、1963年6月26日にドイツのベルリンでケネディが「私はベルリン市民である」と宣言したものが有名であるが、今回のオバマ演説はいつの日か「核なき世界」が達成されたとき、記念碑として振り返られるものになると思われる。2009年10月9日、ノルウェーのノーベル賞委員会は、「国際協調外交を推進した功績」で彼にノーベル平和賞を授与すると発表した。ノーベル賞委員会のトールビョルン・ヤーグラン委員長は、オバマの「グローバルな問題に取り組むため、皆が責任を分かち合おう」という考え方は「まさしく、ノーベル委員会が108年間追求してきた理念である」と最大級の賛辞を送っている。国連をはじめとする多国間の枠組みの重視など、「対話」の促進に加えて、核兵器全廃に向けての外交交渉開始が高く評価されたのである。現職大統領がノーベル平和賞を受賞したのは、国際連盟の生みの親ウッドロー・ウィルソン以来90年ぶりであった。就任後1年にも満たない大統領が選ばれるのは異例であり、今後のオバマへの期待の高さを示しているといえる。

3. ジャンル分析

　ジャンル分析（genre criticism）は、複数のスピーチや言説を分析対象とする批評方法である（鈴木、岡部 2009）。ひとくくりにすることが可能なレトリックを分析して、あるグループに共通的な特徴（common characteristics）、あるいは状況的な要求（situational requirements）を帰納法的に導き出すことを狙っている。いったん導き出された共通点は、他の批評家が同じグループの分析を行う際の枠組みとして機能する。ある共通の特徴を持つレトリックのグループの例としては、就任演説がある。これは、アリストテレスが儀式演説（epideictic rhetoric）と呼んだジャンルのひとつで、通常、式典の場における賞賛と非難が行われる。カーリン・キャンベルとキャスリーン・ジェミーソン（Campbell & Jamieson 1986）によれば、就任演説（inaugural address）にはこれまでの伝統によって形成された4つの特徴がある。2009年1月20日、オバマは第44代大統領に就任したが、式典では同じイリノイ州議会上院議員の経歴を持ち、南北戦争という危機を乗り越えたリンカーンが1861年の就任演説で手を掛けたのと同じ聖書が用いられた。オバマの演説も4つの性格を踏襲している（鈴木 2009b）。まず第1に、就任演説では、長い選挙戦を通じて分断された世論を一体化するために「人々」の結合が説かれる。彼の演説では、「これらの人々は、何度も苦闘し、犠牲を払い、手の皮がむけるまで働きましたが、それはわれわれがよりよい生活を送るようにするためでした。彼らが考えていたアメリカは、われわれ個人の野心を合わせたよりも大きなもの、生まれや財産や党派の違いを超えた偉大なものだったのです」と述べている。ここで言う「人々」とは、憲法に規定された"We the People"を指しており、神によって選ばれた新天地アメリカの人々を、式典に立ち会い承認する証人として再構成し、聴衆を統一する狙いがある。

　第2の性格は、歴史から導き出されたアメリカ社会に共通な価値観を思い起こさせることである。大統領には、伝統的な価値観が途切れることなく継承されていることを示すことが求められるのである。この意味で、就任演説

は「永久的な現在」(eternal present) における国家の過去と未来の融合が行われる場なのである。オバマは、「われわれの試練はこれまでにないものかもしれません。われわれがそれらに立ち向かう手段もこれまでにないものかもしれません。しかし、われわれの成功を左右する価値観は、誠実さや勤労、勇気や公平さ、寛容や好奇心、忠誠心や愛国心といったものなのです。これらの価値観は昔から変わらないものです。これらの価値観は真実です」と語っている。多民族、多文化、多宗教国家であるがゆえに、何もしなければたやすく分断してしまう人々にきずなを提供するのが共通の価値観の役割であり、同時に、こうした価値観を共有することでアメリカ社会の多様性という弱味を強味に変えることが可能となるのである。

　第3に、就任演説では新政権の政治方針が示される。多くの場合、大統領は在任中に行う政治方針を明らかにしている。オバマも、「今日われわれが問う問題は、政府が大きすぎるか小さすぎるかではなく、それが機能するかどうかということ——政府の支援によって、各家庭が適正な賃金の仕事と、支払い可能な医療・介護と、まっとうな引退後の生活を得られるかどうかなのです」と効果的な政府（effective government）というアイディアを提示している。

　最後に、就任演説では、大統領職の重みに対する正しい認識と敬意が語られる。当選した大統領は、自らが雄弁な指導者であることを誇示する一方、憲法に定められた制限を注意深く認識していることを示すように求められるのである。オバマは、「わが国の偉大さを再確認すればわかります、この偉大さが黙っていても与えられるものではないことが。それは努力して勝ち取らねばならないものなのです。われわれの旅する道には、近道もなければ妥協もありませんでした。その道は、働くことより休むことを好んだり、富と名声という快楽のみを求めたりするような、意気地のない者のためのものではなかったのです。むしろ、危険を恐れぬ者、何かを行い、作り出す者——そこには名のある人もいますが、そのほとんどは名もなき働く男女です——そういう人々こそが、長くけわしい道をたどり、繁栄と自由に向かって、われわれを運びあげてくれたのです」と述べて、アメリカの艱難辛苦の歴史に「旅」

(journey) という比喩を当てはめて、冒頭で触れたテロリズムとの戦いや金融危機に挑戦することに近道はないと警告した。しかしながら、これまでさまざまな国家的な危機を乗り越え、さらに人種的な平等に向けて、個人個人の旅を超えて「国家としての旅」(America's journey) を続けることこそ、多民族国家アメリカの本質であり、強みなのである（例えば、Darsey 2009 を参照）。

状況的な要求に加えて、就任演説では、時代と共鳴して人々と大統領を1つにまとめるようなフレーズがしばしば示されてきた。オバマの就任演説のテーマは、「アメリカの再生」(remaking America) であった。具体的には、「新しい平和の時代」(a new era of peace) という言葉を使って、イスラム世界、発展途上国、アメリカ国民への呼びかけを行い、ブッシュ（子）政権時代の単独行動主義から国際協調主義への政策転換を示した。次に、「新しい責任の時代」(a new era of responsibility) という言葉を使って "This is the price and the promise of citizenship." と主張した。国民が一生懸命努力するという「代償」を払い、政府が「アメリカンドリーム」(American Dream) に代表される「約束」を果たすことで、自己責任の風潮や規制緩和が行き過ぎたブッシュ時代からの政策転換を行えば、偉大なアメリカの復権は可能とオバマは考えている。ここでは、プライスとプロミスが頭韻（alliteration）を踏むことで印象深いフレーズになっている。

第2のジャンル分析である状況的要求に基づく戦略では、緊急事態において話者が聴衆を説得するために、ある特定のパターンの戦略が用いられる。第8章に謝罪のレトリックの例を載せておいたので、参考にしていただきたい。また別のよく知られた例に、戦争のレトリック（the rhetoric of war）がある。2009年12年10日のノーベル平和賞受賞演説でオバマは「正しい戦争」(just war) を戦う必要性に言及して、サラ・ペイリンなどの共和党系政治家を喜ばせて欧州を失望させたと批判されたが、実は西洋には「正義の戦争ドクトリン」(just war doctrine) と呼ばれる宗教上の教義に近い理論があり、大統領の開戦演説などにはこうしたレトリックが用いられてきた。ウィリアム・オブライアン（O'Brien 1981）によれば、「正義の戦争」とは以下の4つ

の条件を満たすものである。まず第 1 に、「大義」（a just cause）が存在することである。開戦の理由は、権力者の私利私欲によるものであってはならず、皆が納得するだけの十分な理由が提示されていなければならない。第 2 の条件は、「戦争が最後の手段」（a last resort）でなければならない。いきなり武力に訴えるのではなく、できる限りの平和的手段を尽くした上で、戦争以外の選択がなくなって初めて武力行使が正当化される。第 3 の条件は、「紛争という手段に見合った目的」（the end is proportional to the means of conflict）が見込まれることである。戦争には、常に多大な人的・金銭的コストがかかるが、それに合う見返りが期待できないのであれば、始めるべきではない。最後の条件は、「正しい意図の行使」（a right intention is exercised）である。権力者は、武力行使が倫理にかなったものであり、人々が納得する目的を有していることを説明しなければならない。

　1991 年 1 月 16 日のブッシュ（父）大統領の湾岸戦争開戦演説は、スピーチライターまかせにせず、自ら何度も手を入れたと言われるが、以上の要件すべてを満たしている。彼は、冒頭で「この紛争が、8 月 2 日にイラクの独裁者（サダム・フセイン）が、小さな、そして無力な隣国に侵攻した時から始まっています。アラブ連盟および国連の加盟国であるクウェートは破壊され、クウェート国民は非人道的な扱いを受けているのです」と述べて、5 カ月前にフセインが始めたこの戦争に対する多国籍軍（multinational forces）による軍事行動が、国連決議と連邦議会の承認を得ていると続けている。ここではまず開戦の理由が、イラクの独裁者に蹂躙されている小国クウェートの人民を救うためであると明言されている。

　次に、ブッシュ（父）は、アラブの指導者たちが「アラブによる解決」（Arab solution）を求めたが、フセインがついにクウェートから撤退せずに 5 カ月にわたる経済制裁（economic sanctions）も効果を上げることはできなかったと説明している。この後、ブッシュ（父）は「世界が待ち続けている間にも」（while the world waited）という表現を 7 回も繰り返して、その間、フセインが計画的に小国クウェートを略奪し、保有する化学兵器に加えて核開発を企てていることを説明して、まさに「戦争が最後の手段」であると訴えている。

クライマックスでブッシュ（父）は、「今はまさに歴史的な瞬間なのです」（This is a historic moment.）と始めた後、「新しい世代のために、新たな世界秩序を、ジャングルの弱肉強食のおきてではなく、法が諸国の行動を支配する世界を構築する時が訪れたのです。今回の戦争を成功裡に終結させた後にこそ、真に新しい世界秩序（a new world order）を作り上げることができるのです。国連が、その創始者たちの誓いと理想を実現するため、平和維持機関としての役割を果たすことができるように世界秩序を！」と宣言して、今回の決断が大きな意味を持つことを強調している。ここは、「紛争という手段に見合った目的」が提示されている部分である。

　最後に、「われわれの目標は、イラクを征服することではありません。目指しているのは、クウェートの解放です。イラクの人々が自分たちの指導者に、武器を放棄し、クウェートから撤退するように説得して、平和を愛するわれわれの仲間に再び加わってくれることを祈っています」と述べて、独立戦争に関してトーマス・ペインが書いた「アメリカの危機」から「今、われわれの魂が試されているときである」（These are the times that try men's souls.）という文を引用している。「たとえ多国籍軍がイラクを空爆していても、私は今なお戦いではなく平和を望んでいます。私は多国籍軍の圧勝を信じると同時に、戦闘の恐怖の中で、いかなる国も団結した世界に立ち向かうことはできない、隣国を侵略することなど許されないのだということが認識されるだろうと信じています」と、この戦争によって「正しい意図が行使されること」を強調している。この後、湾岸戦争に勝利したブッシュ（父）は約9割という史上空前の支持率を獲得するが、このスピーチが貢献したことは間違いない。自分たちが神によって選ばれた「自由の新天地」の民と信じるアメリカ人にとっては、戦争によって達成される「クウェートの解放」という価値観には無限大の重要性があった。このように彼のスピーチは、4つの「正義の戦争ドクトリン」に完全に合致していたのである。

4. 比喩分析

　比喩分析（metaphor analysis）は、メタファーを、単なる美辞麗句としてでなく、話者が含意（implications）を通じて間接的に議論を展開する手段として捉えている。この分析は、レトリック的な現象としてメタファーを説明・評価・解釈することに中心を置いている。また比喩には、話者の動機や、聴衆の社会的現実の中での深い洞察（insights）が示されていることが多い。場合によっては、中心的な比喩がテクストの説得力を支配する要素となることさえある。しかしながら、比喩は、ターゲットとする聴衆（target audience）が所属する共同体の文化や価値観や歴史観と結びついていることも多く、別の共同体に所属する聴衆に対する理解の限界（limitations）も含んでいる。例えば、オバマの大統領就任演説における「旅」（journey）は、ハワイで生まれ、インドネシアで少年時代を過ごし、カリフォルニア、ボストン、シカゴと各地で過ごした「彼個人の経歴」と、「アメリカの苦難の歴史」を喩えた二重の意味を持っている。前者の個人的な旅の意味は、国外の聴衆にも比較的理解しやすいのに対して、後者のアメリカという国の歴史的な意味は、説明しないと完全には伝わらない部分がある。例えば、2009年9月8日、オバマ大統領はバージニア州アーリントン市ウェイクフィールド・ハイスクールで、新学期を迎えたアメリカの子どもたちに向けて「教育演説」を行った。背景には、1960年代から始まった学級崩壊、犯罪やドラックなどの教育荒廃に悩む公立学校の現状がある。転換点となったのが、1983年の報告書『危機に立つ国家』である。アメリカでは、63年以降SAT（大学進学適正テスト）の得点が低下し続けており、17歳人口の13％が日常生活の読み書き能力を欠いていると指摘された。レーガン政権下で、教育レベルの低下は国の存亡を揺るがす危険な兆候と見なされ、基礎的学習能力の回復と必修課目制が提言された。ただし、その裏には自由と民族性などの多様性を特徴としてきたアメリカの教育に対して、共通文化（common culture）の具体的内容を伴った読み書き能力を望む新保守主義（neo-conservative）の台頭も存在して

いた。1989年、ブッシュ（父）大統領によって、全国の知事を招いた初の教育サミットが開催されて「全国共通教育目標」が合意され、1991年には（当時）アーカンソー州知事のクリントンによって「2000年の目標」がまとめられた。90年代には、学校選択制、授業料援助のためのバウチャー制、独自の教育方針を掲げるチャータースクールの認可など、学校の構造そのものの変革によって、学校の教育成果に対する説明責任（accountability）を求める動きも活性化した。

　グローバリゼーションが進んだ結果、ヒト・モノ・カネの中で、国内にとどまる可能性が最も高い「人材」に予算をかける必要性が協調されてきた。しかしながら、元クリントン政権労働長官でカリフォルニア大学バークレー校教授のロバート・ライシュが言うように、ニューエコノミーが進展すると雇用が必然的に二極化する問題も指摘されてきている（例えば、Reich 2007を参照）。大量生産・大量消費のオールドエコノミーでは、真面目に努力すれば、ほとんどの人が昇進し収入増を期待できた。それに比較してIT化が進んだ社会では、専門的知識や技能を持った人材と同時に、指示通りに単純作業をする人々も大量に必要とするために、格差社会を避けられないという問題である。ライシュは、世界全体の富を拡大しながら所得の再配分を図り、より多くの付加価値が生産の中で生まれるように、教育をはじめとする公共投資の拡大を求めている。

　オバマの教育演説は、こうしたさまざまな国内的・国際的な要請の中で発せられた。冒頭で、個人的エピソード（personal episode）を語ることが多いオバマであるが、今回も、ワーキングマザーであった母親がインドネシア時代に月曜日から金曜日まで朝4時半にアメリカ式教育を施してくれたと語る。連日の早起きにオバマ少年が文句を言うと、「坊や、これは私にとっても楽なことじゃないのよ」と言い返されたと、聴衆の緊張をほぐす（ice-breaker）戦略から始めている。演説は、ターゲットとする聴衆が子どもたちであるため、4つの分かりやすいテーマに集約されている。最初のテーマが、「責任」（responsibility）である。先生が生徒にやる気を出させる責任、親が子どもにしっかり勉強させる責任、政府が学力基準を設定して環境を整える責任を説

明した後、「しかし結局のところ、世界で最も熱心な先生や最も協力的なお父さんお母さんや最も素晴らしい学校を手に入れることができたにしても、それはまったく成果を生まず、まったく意味のないものになってしまうのです。もしもみなさんそれぞれが自分の責任を果たさず、学校をさぼり、先生の言うことに注意を払わないで、お父さんお母さんやおじいさんおばあさんをはじめとした大人の言うことを聞かず、成功するために必要な厳しい課題をこなさないのであれば。そして、それこそが今日の私のお話の中心にしたいことなのです。すなわち、みなさんそれぞれが教育というものに対して負っている責任です」として、最も大切なのは「あなたたちが果たすべき自分の責任」であると述べている。

　第2のテーマが、「将来」（future）というビジョンである。「機会の国」（the land of opportunity）こそアメリカンドリームの神髄であるが、教育が提供する機会が、偉大な作家、創業者、政治家や裁判官など個人の将来と国家の将来につながると指摘している。具体的には、オバマは、「みなさんが教育によって築き上げるものが、まさにこの国の将来を決めるのです。（……）理科や数学の授業で学ぶ知識や問題解決の技術があってこそ、がんやエイズのような病気を治したり、新しいエネルギー技術を開発したり、環境を守ったりできるようになるのです。歴史や社会の授業で得られる洞察力や批判的思考の技術があってこそ、貧困やホームレス、犯罪や差別と闘って、わが国をもっと公正で自由なものにすることができるようになるのです。あらゆる科目で育まれる独創性や創造性があってこそ、新しい社会を興して新しい雇用を生み、わが国の経済を引き上げることができるようになるのです」と語っている。

　彼自身母子家庭に育ったオバマは、「やり直しの機会」（second chances）によって夢を追い求めて来たと述べて、「この地アメリカでは、自分の運命は自分で切り開こう」という第3のテーマに進む。かつては英語が話せなかったにもかかわらず今や博士号を目指すジャズミン、脳腫瘍を患いながらも大学進学予定のアンドニ、貧困街出身で里親から里親にたらい回しにされても大学進学の道を進んでいるシャンテルなど、偉人ではなく一般人のエピソード（ordinary people narratives）が列挙されている。オバマは、「だからこ

そ私は今日、みなさん個々人が自分の教育の目標を設定し、その目標を達成するためにできる限りのことをするよう、求めているのです。目標は、宿題を全部やるとか、授業をちゃんと聞くとか、毎日ちょっとずつ読書に時間を割くという程度の、単純なものでもよいでしょう。もしかしたら部活や地域ボランティア活動への参加を決意する人もいるかもしれません。出身や外見のせいでからかわれたりいじめられたりしている子どもたちを守ろうとする人もいるかもしれませんが、それはきっと、私と同様、すべての若者には勉強や学習を安心してできる環境を手にする権利が当然にあると信じるからでしょう。（……）しかし、みなさんがやろうと決意したのがどんなことであれ、責任を持ってそれを実行してもらいたいのです。それに実際に取り組んでもらいたいと思うのです」と述べている。

　最後のテーマが、「一生懸命頑張ること」（hard work）である。J・K・ローリングが『ハリー・ポッター』シリーズを出すまでに出版を12回断られたり、バスケットボールの神様マイケル・ジョーダンも高校時代にレギュラーを外されたりしており、世界で最も成功した人々が、失敗にくじけず、逆に失敗から学んだのだと指摘する。オバマは、「こういう人たちが成功したのは、失敗によって自分はこんなものだと決めつけるようなことがあってはいけない、失敗から学ぶようにすべきなのだ、ということを彼らが理解していたからです。（……）あらゆることが生まれつき上手な人などいません。つらい努力を通して上手になるのです。新しいスポーツを初めてやったときから代表選手ということはありません。ある曲を初めて歌ったときから音符をまったく外さないということはありません。練習することが必要です。それと同じ原理が学業にも当てはまります。数学の問題で正解を得るまでには、何度かやってみなくてはならないでしょう。何かの文章を理解するまでには、何度か読んでみなくてはならないでしょう。レポートを提出できるくらいしっかりしたものにするまでには、当然、何度か下書きしてみなくてはならないでしょう」と述べて、「アメリカの物語の主役は、事態が困難になったときに身を引いてしまった人たちではありません。その主役は、前進を続けながらもっと努力し、国を強く愛するがゆえに最善を尽くさずにはいられなかった人たちなのです」

と締めくくっている。

　アメリカ人の頑張りの物語が、建国以来の歴史の中で、大恐慌や世界大戦などの危機を乗り越えさせ、アポロ計画を成功させただけでなく、今では新しいコミュニケーション技術を生み出す源にもなっていると述べている。「アメリカという物語」(the story of America) という比喩が、オバマの主張を成立させるための効果的な枠組みとして全体を通して機能していることが分かる。

5. 物語論分析

　文芸批評家のケネス・バーク (Burke 1969) は、ある言語行為を、行為 (act)、行為者 (agent)、場面 (scene)、行為媒体 (agency)、目的 (purpose) という5つの基本語 (pentad) に当てはめて、それぞれの要素間の関係を説明しようとするドラマティズム (Dramatism) を提唱した。彼は、「動機」(motive) こそ最も強い人の行動原理であると信じており、動機の解読を通じて、言語行為を通じた象徴作用による変化を理論化して社会実践に移すことを目指していた。物語論の権威ローレンス・チェスブロ (Chesebro 2003) は、バークの理論に基づいて「説得力のあるドラマこそ混沌から秩序を生み出す」と述べている。以下にチェスブロのドラマ分析 (dramatistic analysis) の4段階を、平成の小泉純一郎の構造改革のレトリックに当てはめてみたい。

　まず最初の段階が、堕落 (pollution) である。小泉は、既得権益に凝り固まった自民党自体こそが問題であり、「自民党をぶっこわす」と改革の必要性を訴えた。第2段階が、罪悪感 (guilt) である。改革に反対する政治家に守旧派のレッテルを貼り、自らに改革者というお墨付きを与えた。第3段階が、浄化 (purification) である。郵政民営化に代表される構造改革を、「改革なくして成長なし」と繰り返して問題解決の手段と位置づけた。最後の段階が、贖罪 (redemption) である。2005年の国政選挙で、郵政民営化に反対する政治家たちに「刺客」を差し向けて彼らをスケープゴートにし、犠牲を払っ

て達成される郵政民営化というゴールを提示したのである。今後の日本の政権担当者の提示方法が、小泉のこうしたやり方と比較されることが避けられないのは言うまでもない。日本でも、戦後に池田勇人が掲げた「所得倍増論」や、中曽根康弘が行政改革を推し進めた際の「増税なき財政再建」など、象徴的な言語が機能した例は数多く存在する。しかしながら、小泉以降、安倍晋三、福田康夫と自民党政権末期の総理大臣が相次いで低支持率に悩み、政局運営に行き詰まったあげくに政権を投げ出してしまったことは、まだ記憶に新しい。これはビジョンを語ることで国民の支持を得、彼らからの高い支持率をプログラムを行うテコとして、説明責任を果たしながら政策を実行するというコミュニケーション重視型の総理大臣を求めるという時代の国民の要請に政治家が応えていないためである。

　近年、レトリック批評家の最大の関心事のひとつは、ウォルター・フィッシャー（Fisher 1987）の「物語パラダイム」（narrative paradigm）であった。これは、レトリックが近代において説得の手段としてよりはむしろ大衆宣伝の手段として用いられたことに加えて、専門的言説による理由付けや効果判断の基準が一般人に対して説得力を持ちえなくなったことのアンチテーゼである。物語パラダイムは、人を言葉による象徴行為を行う「語り部」（story-teller）とみなして、現存する社会組織はすでに決定されているのではなく再創造され続ける「筋」（plot）を提供すると考える。フィッシャーは、自分自身の経験から判断した信憑性（narrative fidelity）と世の中についての知識と物語自身の首尾一貫性（narrative probability）から、人々は物語の優劣をつけることができると主張した。提唱されているのは、複雑な分析や理論付けに基づいた「理性世界パラダイム」（rational world paradigm）から、皆が日常生活から学ぶことができる物語パラダイムへの転換なのである。例えば、第3章で説明したリベラリズムと保守主義のどちらの前提条件に与するかによって、「世論を分断する論点」（wedge issues）に関する考え方も変わってくることを思い起こしていただきたい。どちらの前提条件を選択するか、あるいは人々がどのような個人的な経験を持っているかによって、同様の説得力を持つ物語が同時に複数存在しているのである。

6. ファンタジー・テーマ分析

　集団内にメッセージが行き渡るプロセスの分析に用いられるのが、アーネスト・ボーマン（Bormann 1972）のファンタジー・テーマ分析（fantasy theme analysis）、または象徴的収斂理論（symbolic convergence theory）と呼ばれる方法論である。ここでのファンタジーは、「空想」という意味ではなく、メッセージの送り手によって構築された「社会的現実」（social reality）を指している。シンボルが幅広い聴衆に選択されながら使われていくプロセスを見ることで、公的な言説の中に作られていく社会的な物語を解明しようとしている。この理論では、まず演説やメディアの言説を通じて、ある集団内の社会的な現実がより大きな集団に共有されるようになっていく。次に、人々に共同体の構成員としての感覚（a sense of membership）が負わされるようになる。最後に、英雄・悪役などの役割と、さまざまな価値観に対する感情と態度に満ちた社会的な物語が構成員たちに提供される。

　最初の政治的な物語（political dramatization）におけるプロセスでは、鍵を握る聴衆が、人々を「鎖でつなぎ止める」ような言葉と補助的なシンボルやイメージを使用する。聴衆の間で「連鎖反応」（chain reaction）が起きると、ある物語が共有されるようになる。次のプロセスでは、政治的なシンボルが「期待感」（expectations）を生み出す。指導者たちは、ビジョン（visions）を人々に持たせて、行動を起こすように訴えかける。展望は、つねに未来志向であり、現状と望ましい可能性のギャップを埋める説得を目指している。問題は、雄大すぎるとビジョンは達成が不可能であり、逆に雄大さが欠けると人々を行動に駆り立てて犠牲を強いる説得力に欠ける点である。最後のプロセスでは、凝縮的なシンボルが政治的な領域で人々に連鎖する一方、説得的な力のあいまいさゆえに維持が困難になり消散する。あいまいなシンボルは、人々に法律やプログラムの採択を促すにはプラスであるが、いざ実行する段になると遅延させる方向に往々にして働く。具体的には、著者が小泉改革にファンタジー・テーマ分析を当てはめた批評（第9章）をご参照いただきたい。

7. 社会運動分析

　社会運動 (social movements) は、リーランド・グリフィン (Griffin 1958) が発展させた分析方法である。そのレトリック批評への最大の貢献は、単独のスピーチや話し手を重視した伝統的な分析から、複数のテクストの長期間の社会的な影響へと分析の焦点を拡大した点である。社会運動は、世論を盛り上げて新しい方向性へ社会を向かわせることを目指す「積極的運動」(pro-movement) と、現存する組織の破壊や拒絶を目指す「否定的運動」(anti-movement) に分けられる。どちらの場合も、社会運動の分析は、「現状打破派」(aggressor) と運動に反対する「現状維持派」(defendant) を明らかにすることから始まる。社会運動は、時系列的に分析されるのが通例である。運動の初期段階 (inception phase) では、現状打破派は、現存する社会のあり方や秩序を拒否して新たな選択肢を示し、社会的な変革を求めて説得的な行動に従事する。次のレトリック的危機段階 (rhetorical crisis phase) では、現状打破派と現状維持派の対立が耐えがたいところまでエスカレートして、両陣営のバランス維持が不可能になり、聴衆は選択を余儀なくされる。特に重要な危機段階の分析は、社会不安 (social unrest)、熱狂的動員 (enthusiastic mobilization)、維持 (maintenance) などの段階にさらに細分化されることがある。終焉段階 (consummation phase) では、運動が勝利を収めた場合には決定が維持され、運動が失敗に終わった場合には現状維持派の努力が破棄されるか、現状打破派なら失意のうちに運動は解散に向かうことになる。

　主に、反体制派が変革を目指すことが社会運動だと思われていたのを、体制側による社会運動 (institutionalized social movements) の分析も可能であると論証したのが、ザレフスキー (Zarefsky 1986) によるジョンソン大統領の「貧困との戦争」(War on Poverty) の分析である。小泉の「構造改革」の例を挙げるまでもなく、現在では、社会運動は反体制側だけでなく、体制側からも仕掛けられることがあることが分かっている。

8. イデオロギー分析

　イデオロギー批評では、テクストの内容より、その裏に隠された主義・主張（-ism）やテクストを成立させる社会的文脈（social context）を問題とする。その目標は、言語と権力、物質的状況、根本的な態度、価値観や文化的な信念の関係を吟味することであり、自分自身が信ずる社会の理想像や望ましい方向と現実とのギャップを糾弾することである。マルクス主義批評は、人々の差別からの解放（emancipation）や、自己存在確認（identity formation）を阻害する社会的な差別や支配的権威に対しての批判を行う。あるいは、フェミニズム批評は、男女差別を助長したり女性に対する偏見を強化するイデオロギーを明らかにすることで、女性の解放や新たな視点の提供を目指す。例えば、マイケル・マギー（McGee 1980）は、イデオグラフ（ideograph）に着目する批評を提唱してきた。イデオグラフとは、イデオロギーが凝縮した形式であり、政治的意識を形成する公的コミュニケーションの道具として機能する。文化的理想型（cultural ideals）としてのイデオグラフは、人々の置かれた唯物的かつ象徴的な環境の集団的な解釈から、現在使用中の意味（meaning-in-use）を獲得する。イデオグラフには、「自由」、「平等」、「宗教」といった言葉が含まれ、ある文化に特定的であり、徐々に進化していってイデオロギーの基本的な構成要素となる。この批評法では、まずどのようなイデオグラフがあるかを明らかにして、その深層的意味が歴史的に進化する「縦軸」（vertical）と、同時代の人々の間で現実に用いられたときの意味の「横軸」（horizontal）の構造を分析する。前者は、社会言語学でいう通事的分析（diachronic analysis）であり、後者は共時的分析（synchronic analysis）である。

　現代社会に生きるわれわれが受け取るメッセージは、直接的なコミュニケーションでなく、テレビ、ラジオ、雑誌、新聞、映画などのメディアを通じて与えられていることが多い。しかしながら、そうしたメッセージに隠れたイデオロギーが働いていることに気づいている人は少ない。ここで言うイデオロギーとは、「虚偽的信念体系」という古典的意味ではなく、「人間の社

会的状況に固有な一面」という意味である。コミュニケーション学者（例えば、Grossberg 1984 を参照）は、情報伝達プロセスにおける「社会的文脈」（social context）としてのイデオロギーが、テクストの意味（meaning）ではなく、暗示（signification）のレベルで果たす役割を問題にしてきた。イデオロギーが機能する形態にはさまざまなものがあり（Sholle 1988；鈴木 2007; 2009a）、ここでは主要な3つを紹介する。

第1の形態は、「沈積」（sedimentation）である。沈積とは、ある文化の中で受け入れられやすいように、論理の流れがメディアによってイデオロギーに貼り付けられてしまった言説である。例えば、アニメの『ちびまる子ちゃん』では、高度経済成長期に入った70年代の日本で、主人公まる子が経験する日常のエピソードが描かれている。孫を甘やかし放題のおじいちゃん、ぐうたらな父や怖い母など戦後の自由な人物や、卑怯者の藤木や皮肉屋の長沢などシニカルな人物が現れている点が、戦前の折り目正しさが貫かれている長谷川町子の原作や善人ばかりが出てくるアニメの『サザエさん』とは異なっている。しかしながら、『ちびまる子ちゃん』には近年、社会問題化している陰湿ないじめや少年少女の自殺のような八方塞がりな状況が描かれることはなく、楽観的な世界観（worldview）によって作品が貫かれている。このように、社会現象にまでなるようなポップカルチャー作品では、設定やキャラクターの魅力のほかに、現在の人々が憧れるような世界観を成立させていることが多い。

第2の社会的文脈としてのイデオロギーは、「具現化」（reification）である。具現化とは、ある対象についての認識がメディアの意図的な解釈により固定されてしまった言説であり、現状の帰化（naturalization of the present）である。その過程では、文化の歴史的価値観が基準として働いていることが多く、具現化はわれわれが何を忘れて何を記憶しているかというプロセスである。例えば、ベノイトら（Benoit, Klyukovski, McHale & Airne 2001）は、クリントン大統領の不倫疑惑に対するスター特別検察官とメディアの態度に関する風刺を通じて、アメリカの公人たちが下品で戯画的なドラマにいかに没頭しているかと、政治漫画家が主張したとしている。ベノイトらは、調査した政治

漫画が例外なく批判的であったことを踏まえて、公の事象における重要な象徴的なメッセージでありえるとした。そうしたメッセージの多くが、視覚的な隠喩（visual metaphors）として機能することで、クリントンの個人的性格、大統領としての行動、スター特別検察官、公衆、メディア、外国の反応に関して、重要な問題点を繰り返し取り上げたのである。風刺漫画が虚構や非現実的な要素も含んでいながら、そうした要素が政治的・社会的に重要な論点に関する公的な対話を促進したと、ベノイトらは結論づけている。アメリカン・メディアの政治漫画に見られる視点は、提示されたドラマにおける中心人物たちの不適切な行動を強調することで、われわれは彼らを非難すべきであり、見習うべきではないというメッセージをほのめかしている。

　最後の社会的な文脈としてのイデオロギーの形態は、「正当化」（legitimation）である。正当化とは、お墨付きを与えることであり、支配的な考え方が討議の危機にさらされるとき、矛盾を抱えた社会は合意を創造しようとする。イデオロギーは元々、意見の一致よりは不一致に存在意義を拠っており、作り出された世論はマルクスが虚偽意識と呼ぶものとなる。例えば、日本人の「国際化」の議論はつねに英語教育や欧米協調の文脈の中で語られており、国際化イコール英語教育重視による国際人の養成という図式が正当化されている。しかしながら、そうした文脈の中では、アジアの一国としての日本のアイデンティティや役割が強調されたり考慮されたりすることはありえない。そのほかにも、社会的な文脈としてのイデオロギーの機能形態は存在するし、多くの場合、それらが相互に関連したり重複したりするのは言うまでもない。例えば、具現化は正当化を果たし、正当化は沈積を行うのである。

第8章

[事例研究1]
CNNとNewsweekが伝えた
クリントン・スキャンダル

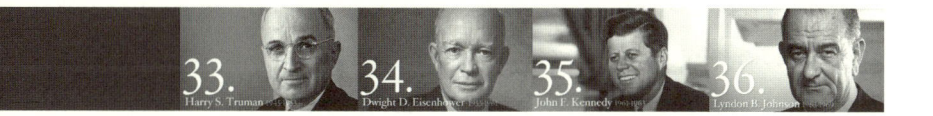

33. Harry S. Truman　34. Dwight D. Eisenhower　35. John F. Kennedy　36. Lyndon B. Johnson

1. はじめに

　本稿の目的は、ニューメディアである CNN と、伝統的なメディアの代表である Newsweek を「クリントン不倫疑惑」を題材に比較検討することである。方法論としては、2つのメディアが行った報道の内容と形式の両面についての比較に加えて、クリントンの自己弁護戦略についてレトリック批評の手法も用いる。CNN については1998年初頭から1999年度初頭にかけて放送されたすべてのニュース番組を取り上げて分析することは不可能であったため、CNN のウェブサイトである CNN Interactive (http://www.cnn.com/) を題材に用いた。Newsweek については、「国際版」1998年1月26日号から「国際版」1999年1月22日号までのクリントン不倫スキャンダルについての主要記事を集めて、分析の材料として用いた。
　本稿の構成は以下のようになっている。
　まず最初に、クリントン大統領の過去の疑惑の説明と今回の疑惑の重大性を説明した。次に、ウェアとリンクーゲル (Ware & Linkugel 1973) が提唱したアポロギア理論の枠組みを用いて、クリントンの今回の疑惑における自己弁護戦略のレトリック分析を行った。第3に、今回のクリントン疑惑報道をメディアイベントとして捉えての考察を提示している。なぜスキャンダルの期間を通して米国民はクリントンに高支持率を与え続けたのか、なぜ共和党はクリントン民主党に対して中間選挙で敗北を喫したのか、なぜ共和党はあえて最終的に弾劾裁判の手続きに入ったのかを論じる。最後に、今回の分析を通して CNN と Newsweek の報道の形式、内容、焦点の絞り方についての比較を試みた。

2. クリントンと過去の疑惑

　元ホワイトハウス研修生モニカ・ルインスキーとの不倫疑惑で窮地に立た

されたビル・クリントン大統領だが、彼の政治家としての経歴にはつねに女性問題がつきまとっていた。1974年にアーカンソー州の連邦下院議員選挙に出馬した頃から、すでに複数の女性関係が噂されていた。78年に32歳の若さで州知事に当選した後でもこうした噂は消えることがなく、88年の大統領選出馬を断念したのはスキャンダルの暴露を恐れてのこととも言われている。実際、92年大統領選では、当時州の職員だった歌手ジェニファー・フラワーズと77〜89年まで不倫関係にあったことが、マスコミに報道されてしまった。しかしながら、過去の過ちを乗り切ったが「復活小僧」(Comeback Kid)と揶揄されたクリントンは、最終的に一般投票のわずか43％を獲得して、この年、大統領に当選してしまった。背景には、過去に女性問題を取り上げすぎて有望な候補者をつぶしてしまったこと(例えば88年の民主党のゲーリー・ハート候補)に、マスメディア自身の反省と国民の不満が当時存在していたという、クリントンにとっての幸運があったのである。

　大統領当選後も、政治疑惑とセクシャルハラスメント疑惑の両方にクリントンはさらされ続けることになる。まず、州知事時代にヒラリー夫人と共同設立した不動産会社への投資に関し、損失を過大に報告して税金逃れを行ったことに端を発する「ホワイトウォーター疑惑」(Whitewater Affair) である。クリントン大統領の「不倶戴天の敵」となるケネス・スター特別検察官とは、この時以来の長いつきあいである。93年7月のホワイトハウス次席法律顧問ビンセント・フォスターの自殺が、単なる「州知事時代の金融機関に関する疑惑」を、国民にも分かりやすい「大統領の犯罪疑惑」にしてしまった。現在でも、資金の一部が州知事や大統領選に流用されたのではないか、さらに追及に対して「もみ消し工作」が行われたのではないか、などの疑いが持たれている。また、ヒラリーがホワイトハウス指定の旅行業者の解雇に関与したとする「トラベルゲート」(Travelgate) も、再選を目指した96年大統領選で共和党のかっこうのクリントン攻撃の材料になった。しかしながら、好景気を背景にクリントンは、96年の大統領選でドール共和党候補に対して地滑り的勝利 (landslide victory) を収める。福祉充実など伝統的な民主党的政策がつまずくと、減税など共和党寄りの政策でも躊躇なく取り入れる柔軟性に

加え、クリントンが運にも恵まれた大統領であることには疑問の余地はない。

疑惑に強い大統領の元祖といえば、「テフロン加工のように傷つかない大統領職」（Teflon presidency）のロナルド・レーガンが思い起こされる。クリントンには、レーガン大統領のような「偉大なコミュニケーター」（great communicator）と呼ばれた雄弁さがあるわけでも、「レーガンびいきの保守的な民主党員」（Reagan Democrats）を含む強固な支持基盤があるわけでもない。ここまでは綱渡り状態ではあっても、数々の疑惑を乗り切ってきたように見えるクリントン元大統領だが、実は20万ドルの年収の約25倍の借金をこれまでの起訴の弁護料として抱え込んでいると言われている。

3. クリントンの不倫疑惑の重要性

1998年1月21日に浮上したモニカ・ルインスキーとのクリントン不倫疑惑が、なぜあれほどまでに大きくメディアに取り上げられたかという理由を考えてみたい。まず第1に、法律的に一国の大統領がモニカ・ルインスキーとは特別な関係はないと「嘘をついたこと」（偽証罪）と、「モニカに偽証を強要したこと」（司法妨害）に対して疑惑が持たれたためである。つまり、不倫の事実以上に、もみ消し工作の有無に注目が集まっていたのである。第2点として、倫理的に今まで大統領の女好き（womanizer）ぶりを知ってはいても、51歳の大統領が24歳という「父親と娘ほども年齢の違う女性と性的関係を持った」と聞かされた国民の驚きが背景にあることは否定できない。実際、スキャンダル発覚直後の世論調査では、クリントンの支持率は61％から54％に急落し、不支持率は30％から37％に上昇した。

政権を揺るがすスキャンダルが発覚してから、ホワイトハウスの危機管理の対応は早かった。全米で最も優秀な100人の弁護士の1人に選ばれたこともあるヒラリー夫人とカンター元商務長官を中心に、ルインスキーの動向、捜査状況、メディアの追求状況、そして世論調査結果が分析された。対策チームは、記者会見などを担当するマカリー報道官やベガラ政治顧問、法

律問題と世論対策を担当するラフ法律顧問やソスニック政治顧問らが中心である。1998年2月に入ってクリントンは、一般教書演説（State of the Union Address）で30年ぶりの黒字予算を誇り、対イラク強硬策を練っている。この頃、マカリーは「国民は、大統領が職務に励んでいることを素直に評価してくれている」と発言しているが、世論操作の成功についてはおくびにも出さない。アメリカ人を見ていると、しばしば人間の考えや世論は「操作」（manipulation）可能と信じていると感じさせられるが、[1] クリントンの対策チームの行動がそうした信念に基づいている。ちなみに、大統領を支える気丈で力強い夫人の役をうまく演じた結果、ヒラリーの国民の間での好感度はファーストレディになった当時の30％から、初めて60％を超えるようになった。

4. クリントンの自己弁護戦略

クリントンが不倫疑惑においてどのような自己弁護（apologia, or a speech of self-defense）のレトリックを駆使したかに関して分析する。[2] クリントンは、4つの主要な戦略によって自己弁護を図っている。第1は、初期の戦略であり、性的な関係および偽証の強要を全面的に「否定する戦略」（denial）である。例えば、1998年1月26日の演説で「性的な関係はない。誰にも偽証を強要したことなどない。疑惑は偽りだ」と彼は語っている。

クリントンが次に採った戦略が、聴衆が好ましいと思うものと自分を同一視させて、立場を強固にする「補強の戦略」（bolstering）である。例えば、

---

(1) 例えば、池澤夏樹は『アメリカ情報コレクション』（1984）の中で、マニピュレーションを解説して以下のように語っている：「『操作』の時代。政治、経済、外交、すべてが『操作可能』を前提として動いている。そして健康ブームも、肉体の操作という意識の延長線上にある」(p. 424)。

(2) Apologia の分類分けに関しては、Ware & Linkugel (1974) を参照。ただし、クリントンの戦略は「自己弁護」一辺倒ではなく、率直に罪を認めて「謝罪」（apology）することも最後には用いられている。謝罪のレトリックに関しては、Suzuki, "A Rhetorical Analysis of Japanese Apologetic Discourse: A Rhetorical Genre" を参照。特に、p. 178 で自己防御機構としての謝罪（apology as a defense mechanism）が論じられている。

同年1月26日の演説で「私は米国民のために執務を続ける」と語って、経済政策や外交など「国政上の懸念をかかえた重要な仕事に就く大統領」というイメージを醸し出すことを狙っているのが分かる。

　1998年8月に入り、ルインスキーがある種の性的接触があったことを認めて「物的証拠」のついたドレスを提出すると、クリントンの戦略も「全面的な否定」からの戦略変更を余儀なくされる。世論と議会共和党の「寛容な姿勢」も、戦略修正のもうひとつの理由であった。疑惑浮上後の弁明戦略が功を奏し、大統領の支持率は60％台の高水準を維持しており、*Newsweek* の調査でも、ドレスのDNA検査で嘘が露呈しても「弾劾されるべきだ」は29％にとどまった。疑惑追及の鍵を握る共和党内からも、「妻や娘を守るために嘘をついたというだけなら、米国民は2000年（の任期切れ）まで大統領の交代を喜んで待つだろう」（ハッチ上院司法委員長）などの発言が出てきた。

　第3の戦略は、より具体的で新しい見方を提示することで、聴衆の意味付けを変えることを狙った「差別化する戦略」（differentiation）である。例えば、1998年8月17日夜のテレビ演説で「適切でない（not appropriate）関係を持った。間違いだった」と、彼は限定的にだがルインスキーとの関係を認めた。しかしながら、この後クリントンは、彼女との行為は民事起訴の中で規定された「性的関係」の定義にあてはまらないので自分は嘘はついていないと主張している。

　加えて、法律上の責任についても、「誰に対しても、嘘をつけとか証拠を隠せとか頼んだことは一切ない」と否定して、「大統領にもプライバシーはある」と反論し、「政治的に思惑のからんだ起訴」に対する憤りを示し、「次の米国の世紀の挑戦に目を転じよう」と結んでいる。直後のCNNの世論調査では、国民の53％がクリントンの説明に満足したと答えており、満足できないとする39％を大きく上回った。

　最後の戦略は、より抽象的な大きな枠組みと自分の主張を結びつけることで、聴衆の見方を変えようとする「超越する戦略」（transcendence）である。例えば、1998年9月27日にクリントンは、米地方紙のインタビューに答えて「過ちを認めて身を正せば、再び自由に前に進める」、「真に悔い改めれば、

神の前の罪も許されると教えられた」と述べ、そのように努めれば「大統領職にとどまり、米国民のために働く能力はむしろ強まるだろう」、「国民も皆、なんらかの挫折を経験しているのだから、私を支持してくれると信じている」と信頼回復に自信を見せた。ここでは大統領の偽証や司法妨害という政治的問題が「真実の追求」よりも、「神の前での改悛の情」や「国民の寛容さ」といった次元に棚上げされているのが分かる。

一方、テキサス州のキリスト教原理主義の伝道師を父に持つスター特別検察官は、厳格な道徳観の持ち主であり、嘘を許せない性格のようである。例えば、彼の1998年7月の弁護士協会の会合での「司法制度の存在価値は、依頼人のために尽くすことではなく、真実を追究することにある」という発言をクリントンの発言と比較すると、両者の価値観の隔たりがはっきりする。

5. メディアイベントとしての不倫疑惑

ここでは3つの疑問に答えることで、メディアイベントとしてのクリントンの不倫疑惑を掘り下げてみたい。まず、「なぜスキャンダルの期間を通して米国民はクリントンに高支持率を与え続けたのか」である。第1に、クリントンが初の戦後生まれの米大統領であり、彼がベビーブーム世代(baby boomer；1946～64年に生まれた7,600万人の「米国版団塊の世代」)に属することを思い出さなくてはいけない。カウンターカルチャーが花開いた60年代に青春時代を過ごした彼らは、皆が「すねに傷を持つ身」である。クリントンも例外ではなく、予備役将校訓練部への応募と徴兵逃れの関係、英国留学中のマリファナ問題などに、92年大統領選で悩まされた。彼らの世代は大統領に対して倫理的な要求を自分にはできないと考えているし、彼らに対して米国民は初めから人格的な高潔さなど求めていないのである。しかしながら、「隠さないこと」が近年の米国メディアの原則であるがために、今回の不倫疑惑が今まで大きく報道されてきたという側面がある。

第2の理由は、「ホワイトウォーター疑惑」以降、「トラベルゲート」や、

連邦捜査局（FBI）が保管する歴代共和党政権の要人らの個人情報を不正に入手していたという「ファイルゲート」など、不倫疑惑とは一見何の脈絡もない事件を次々に持ち出し、4年間で4,000万ドルを捜査に費やし、関係者を片っ端から召還するスター特別検察官のやり方に、国民が辟易していることがある。不倫疑惑は、行為そのものが「セックス」という個人のプライバシーに関わる性格が強いものだけに、各種世論調査でも、もういい加減に捜査はやめてほしいという声が大半を占めている。1998年9月21日の不倫疑惑に関する証言ビデオ公開直後のCNNの世論調査によれば、「大統領が元実習生との関係について嘘をついている」と考える人は81％に達したにもかかわらず、「彼の仕事ぶりを支持する」と答えた人は前日の60％から66％に増え、「弾劾に値する」と考える人は35％から32％に減っている。

　最後のポイントは、必ずしも国民と共和党が大統領の弾劾（impeachment）を望んではいなかったことである。米国憲法では、「反逆罪、収賄罪、その他の重罪」の場合に大統領が弾劾される。不倫疑惑には、ニクソンが弾劾勧告を受けて辞任したウォーターゲート事件のような政治的陰謀の側面はない。国民には、好調な米国経済を維持してくれれば、プライベートで何をしていようとかまわないというムードがある。共和党も、不倫疑惑を政治的に利用しているというイメージを持たれるのを恐れており、世論が高い支持率を与えている限りは強硬姿勢は取りづらかったのが実状であった。

　次に第2の疑問、「なぜ共和党はクリントン民主党に対して中間選挙で敗北を喫したのか」を考察してみよう。大統領選挙の中間年に行われ、上院議員の3分の1、下院議員全部、過半数の州知事が選ばれる中間選挙では、大統領与党が議席を減らすのが通例である。クリントンがスキャンダルにまみれていた時は、共和党にとっては議席躍進のチャンスだった。ところが、1998年11月3日に行われた選挙では、民主党が下院で現有勢力を5議席上回り、上院選と州知事選でも現有勢力を維持した。大統領の所属政党が中間選挙の下院で議席増を果たしたのは64年ぶりであり、結果は実質的な民主党の勝利であった。これは、あえて終盤に信仰心の厚い南部地区に絞ってはいたが、クリントン疑惑を全面に押し出したネガティブキャンペーンを繰り広げた共

和党が、「大統領は嘘をついたが、弾劾されるべきではない」と考える有権者を白けさせたことが第1の理由である。

　さらに、大恐慌・第二次世界大戦・冷戦・公民権闘争の時代におけるような、州政府や民間の手には負えないことを成し遂げてくれる「偉大な存在」としての大統領を、もはや米国民は必要としていないのである。内政をうまくこなしているクリントンの大統領としての資質を、あえて問題にしようとは彼らは考えなくなった。皮肉なことに、アジアとロシアの経済破綻、イスラム原理主義と西側の対テロ戦争、アフリカの困窮といった問題にわれわれが直面している今、ワシントンのふらつきと大統領の権威の失墜は、政界にとっては大きな波乱要因になりかねないのである。

　最後の共和党敗北の理由が、彼らが30年にわたり政治の原動力として、減税・福祉削減・反共産主義の立場から新中産階級パワーの結集に力を注いできたことである。国民の半数近くが「非伝統的」な家庭に生まれた現代アメリカ人に対して、「家族の価値」（family values）という残された論点にかけた共和党の賭けは、裏目に出たと言わざるをえない。

　最後の疑問が、「なぜ共和党はあえて弾劾裁判の手続きに入ったのか」である。多くの共和党の議員が弾劾「調査」を進めるべきだとしていたが、最終的には非難決議で収拾をはかるべきだとの意見が、中間選挙前には強くなっていた。しかしながら、1998年11月19日の午後、1868年の第18代大統領アンドルー・ジョンソン以来、米国史上2度目の大統領に対する弾劾起訴が決定した。第1の答えが、98年の弾劾起訴は伝統的世代と60年代を代表する「文化戦争」（cultural war）の趣きを持っていた。かつて米国人の精神的風土に深く根付いていたピューリタン的倫理観がもはや文化的に主流でないこと、文化戦争が性の解放を訴えた60年代の勝利に終わったことに、共和党の保守派は我慢がならなかったのである。保守派以外の議員たちも、党の方針に従わなければ、重要なポストや役得を失いかねないと感じたのである。

　第2に、共和党下院議長ニュート・ギングリッチが中間選挙後に責任を取って辞任したことが、リーダーシップの空白を生み出した。彼には、党派を超えて政治手腕を発揮する才能があった。彼が影響力を保持していたならば、

弾劾以外の方法で妥協する道を探ろうとしたはずであった。次期下院議長に選出されたボブ・リビングストンが目立つ行動は避けようとしたために、害虫駆除業者から政治家に転身した「ハンマー」というあだ名を持つトム・ディレイにつけ込む隙を与えた。共和党の有力な支持組織であるクリスチャン連合とも強いつながりを持つ彼は、弾劾決議案には自らの良心に従って投票すべしと訴えて、穏健派議員を弾劾の方向に押しやった。

最後が、中間選挙の結果に浮かれて、弾劾決議が下院で否決され、クリスマスまでには大統領が「自由の身」になるはずと高をくくって、議会対策を怠った民主党の慢心である。それまでも、大統領の陣営のグレッグ・クレイグ弁護士が、共和党は党派的な魔女狩りを行っているとマスコミに発言して、彼らの神経を逆なでするなどの伏線があった。下院司法委員会が提出した81項目の質問状に対する大統領弁護団の回答に、形式主義的で相手を見下したトーンがただよっていた。1998年12月17日と18日に行われたNewsweekの世論調査では、大統領は辞任せず弾劾裁判を受けて立つべしとした人が49％、辞任すべしとした人が45％と拮抗していた。

クリントンの弾劾起訴を審議した米国下院は、12月19日午後の本会議で、4項目の起訴状のうち、偽証と司法妨害を共和党の賛成多数で議決した。項目別では、連邦大陪審での偽証と司法妨害の2項目が可決され、残りのセクハラ民事起訴での偽証と権力の乱用は否決された。大陪審での偽証については、賛成が228、反対が206。共和党から反対票を投じた造反組が5人いたが、民主党からも5人が造反し、結果的に相殺されている。

しかしながら、弾劾裁判最終日となった1999年2月12日、民主党上院議員45人の結束は揺るがず、有罪評決に必要な上院（定数100）の3分の2の支持は結局得られなかった。最終的に、偽証については共和党議員10人、司法妨害については5人が造反して無罪票を投じたのである。2月11日と12日に行われたNewsweekの調査によれば、クリントンが不倫スキャンダルで人々の記憶に残ると考える人は71％、評価を回復できると考える人は20％であった。

6. CNN Interactive と *Newsweek* の報道の比較分析

　今回の分析を通じて、CNN Interactive と *Newsweek* の報道の形式、内容、焦点の絞り方について3つの結論を提示したい。第1に、CNN Interactive の報道が累積的（accumulative）なのに対して、*Newsweek* のまとめ方は変遷的（transitional）であった。CNN Interactive では過去の報道もリンクを張ることによって簡単にアクセスできるようになっており、情報の百科事典的様相を呈している。しかも、アクセスした画面によって工夫がなされており、当日の最新の情報から始めても徐々に包括的かつ多彩な視点からの情報が得られるようになっていた。すべての情報が無償で提供されている上に、検索とプリントアウトに要する時間はわずか半日もあれば十分である。それに対して、*Newsweek* は必ずしも毎週クリントンの不倫疑惑がカバーされているわけではなく、かえって節目節目に記事を集中して報道する傾向があった。この点では、*Newsweek* の読者は自分でファイルでも作っていない限り、*Newsweek* を情報のリソースとして活用するには、やや手間と費用がかかる。
　第2の結論は、CNN Interactive の報道がより速報的で詳細にわたっているのに対して、*Newsweek* はエピソード的で大きなテーマ設定をする傾向があった。これは CNN が本来はケーブルテレビ局であり、速報性が命であることを考えれば当然のことであろう。CNN Interactive はしばしば *Time* と共同で世論調査を行っているが、*Newsweek* と比較してはるかに数字やアンケート結果の引用の頻度が高くなっている。また *Newsweek* の週刊誌という性格を考えれば、速報性ばかりを重視していては新聞メディアにも勝てなくなってしまう。そのために、CNN Interactive では必ずしも十分に掘り下げられていなかったヒラリーの役割が繰り返し繰り返し報じられていた。また *Newsweek* でも数字や世論調査も結果も使われてはいたが、専門家や評論家の署名記事など読み物としての面白味に重点を置いたものが多く見受けられた。
　第3の結論は、両方のメディアが相互に補完的に共存共栄していくべきである。例えば、大学教員が「クリントンの不倫疑惑の報道について卒業論文

を書いてみたい」というアメリカ文化専攻の学生に対して、頭を悩ますのは彼らが十分なリサーチスキルを持っていないことであり、そこから指導しなければいけないことではないかと思われる。しかしながら、インターネットさえ使いこなせる学生であれば、CNN Interactiveからほとんどの基本的「情報」を得ることが可能である。Newsweek のようなコメントをより多く含んだメディアも活用することで、分析に厚みを増すことができる。また弾劾裁判のプロセスなど、どちらのメディアでも得ることができる情報でも Newsweek のような活字メディアの方が図表や写真が多用されているためにより分かりやすくなっている。

　最後にクリントンの不倫スキャンダルの分析をして、メディア自身が十分な倫理を持って報道していたかに関しては、疑問が残ったことを付け加えておきたい。はたして「クリントンが実際に嘘をついており」、「モニカ・ルインスキーに偽証を頼んだ事実があった」として、それが弾劾裁判やあれほどの過熱報道に値するかという問題である。現代社会においては日常にあふれるメッセージの多くは、相手と直面しての対人間コミュニケーションよりも、テレビ、ラジオ、雑誌、新聞、映画などのマスメディアを通じて与えられるものが激増しつつある。大統領の「火遊び」についての連日の報道に、視聴者がうんざりしていたことを考えると、そうしたメッセージの多くにイデオロギーが隠されていたという視点からのコミュニケーション的研究が待たれていることを指摘しておきたい。

この事例研究は、鈴木健．(2000)，「CNN とニューズウィークが伝えるクリントン・スキャンダル」『1999 年日本コミュニケーション研究者会議 Proceedings』10. 南山大学、15-54 ページを加筆修正したものです。

第9章

[事例研究 2]

A Fantasy Theme Analysis of Prime Minister Koizumi's "Structural Reform without Sacred Cows"

1. Introduction

In rhetorical communication, messages are "deliberately chosen to influence an audience whose members have the ability to change their beliefs or behaviors as a consequence of experiencing the message" (Rybacki & Rybacki, 1991, p. 2). In April 2001, Junichiro Koizumi, the leader of the Liberal Democratic Party (LDP) and the Prime Minister of Japan, conjured up a vivid symbolic image of Japanese people's interest in politics with his contested slogan, "Structural Reform without Sacred Cows." The public's high expectations for Koizumi's campaign were reflected in the extraordinary high approval ratings he and his Cabinet achieved. According to a poll conducted by the *Yomiuri Shimbun*, his Cabinet recorded an 84.5-percent approval rating on June 30, 2001, an all-time high in Japanese politics.

This public enthusiasm was labeled as "Koizumi fever" by the mass media. David Ignatius (2001) describes: "Media reports about Koizumi have featured the gee-whiz details that journalists love—his long, wavy hair, his taste for heavy-metal music, the public craze to buy his posters, the millions of people who subscribe to his e-mail newsletter, known as 'The Lion Heart' because of his leonine looks" (p. 18). Accordingly, "Koizumi fever" functioned as a driving force for the LDP in the 2001 election of the House of Councilors. The LDP ended up with a victory, as the *Asahi Shimbun* (2001) reported "Koizumi tornado and the LDP's triumph" ("*Koizumi senpu*" 2001, p. 1: my trans.).

Kenzo Uchida (2001) observes: "For years, LDP-centered politics have been the object of public discontent and criticism, creating a deep sense of alienation among the people" (p. 18). Then, Koizumi emerged as a reformer within the LDP. His public demands for the destruction of the usual pork barrel politics provided a blueprint for reforms that promised to end the out-of-date political structures that had been dominant in Japan as they rehabilitated political processes. Thus, the Koizumi administration was regarded as inspirational in moving "the collective will of people trying to meet manifold changes in our [Japanese] economic society to break political inertia" (Suzuki 2001, p. 16). Although his political slogan, "Structural Reform without Sacred Cows," seemed to fulfill the public's rhetorical need, an analysis of its symbolic function has been uncovered by scholars of communication.

This essay examines how Koizumi's rhetorical constructions of a social reality unfolded during four periods of time: In the first phase, Junichiro Koizumi became the president of the LDP on April 25, 2001, by personifying himself as a "reformer." During the second phase, Koizumi made efforts to share his rhetorical vision with his audience. In the third phase, the shared vision motivated the public to support the Koizumi-led LDP at the national election. During the final phase, or the "blank period" in August and September of 2001 Japanese people became disillusioned with Koizumi's reform. Then, the progress of Koizumi's structural reform is stopped, at least temporarily, in the middle of September 2001 because of the 9/11 terrorist attacks. A special Diet committee proposed a bill authorizing the Self Defense Force (SDF) to support the United States military response to international terrorism. The debate about Koizumi's structural reform was put aside until the approval of the bill on the SDF in October 2001. Therefore, it makes sense to limit the scope of this analysis to the period from April-September of 2001.

I will analyze Koizumi's message construction by applying Ernest G. Bormann's Symbolic Convergence Theory (SCT) as a paradigm case of political argumentation in Japan. Bormann (1985) defines fantasy as "the creative and imaginative shared interpretation of events that fulfill a group's psychological or rhetorical need" (p. 131). The content of the fantasy, argues Bormann (2000), consists of "characters, real or fictitous, playing out a dramatic situation in a setting removed in time and space from the here-and-now transactions of the group" (p. 248). Such a dramatized content chains out in the group because "a dramatic theme might relate to the repressed psychological problems of some or all of the members and thus pull them into participation" (Bormann 2000, p. 248). Conversely, speakers manipulate the content of a fantasy so that people may get involved in the fantasy. A rhetorical vision is constructed from fantasy themes or drama, which are also constructed by the speakers' rhetorical appeals. Bormann (2000) explains that fantasy themes may draw upon a "recollection of something that happened to the group in the past or a dream of what the group might do in the future" (p. 249). A rhetorical vision contains dramas played by characters with typical plot lines. The composite dramas stimulate the people's reminiscence of emotional chains. Consequently, the dramas catch up the audience in various forms of public communication, such as face-to-face communication, speaker-audience transactions, as viewers and listeners to television and radio broadcasts, and in all the diverse settings for public and intimate communication in a given society (Bormann 2000, p. 250). Such a phenomenon is regarded as people's symbolic convergence on symbolic reality.

2. The First Phase: A Construction of the Rhetorical Vision

In the LDP presidential election, only LDP politicians and 1.2 million members were eligible to vote. But Koizumi used that election campaign as an opportunity to talk to the nation by going out into the street. Koizumi's aim was "to show the LDP that they couldn't ignore the will of the people" (Brasor 2001, p. 21). Such a campaign strategy was effective in that the media intensively featured Koizumi's campaign. When Koizumi beat Ryutaro Hashimoto in primaries, he commented that "I had no idea I'd do this well in so many districts. It's like pent-up magma that's erupted" ("Koizumi poised" 2001, p. 1). His "pent-up magma" metaphor indicated the rising public expectations. Thanks to the media coverage, his message spread. Koizumi's victory in the LDP presidential election symbolized a significant change in the LDP's old political style, and, in fact, the presidential election was treated as if it were a general election by the media.

In terms of the life cycle of rhetorical vision, the initial period corresponds to the creation of a social reality. Bormann, Cragan, and Shields (2000) argue: "Speakers dramatize new formulations and others share them until group and community fantasies explain the unfolding experience in novel ways. Because they are dynamic, rhetoricians may embroider and modify the consciousness throughout the life of a rhetorical vision" (p. 261). Thus, a speaker is required to construct new symbolic ground to catch the attention of his/her audience.

During this period, April 2001, Koizumi established himself as a "reformer." Before the election, he had been described as "odd," "eccentric," "strange," or as a "maverick" by the media (Beals 2001, p. 14). But, as the *Asahi Shimbun* ("*Tensei jingo*" 2001) notes, the attractiveness of Koizumi came from the fact that he did not look like the conventional LDP politicians. Also, the people were curious about Koizumi's individual lifestyle, such as listening to a Japanese hard-rock band, X-Japan, going to the opera and watching films, and sporting an outlandish haircut. These qualities revealed to the people by the media contributed to a construction of Koizumi's popular image as a "hip" reformer, an image that no other LDP member had ever had before (Beals 2001, p. 15).

The victory in the LDP presidential election provided Koizumi with a base from which to generate the symbolic convergence of his persona as a "reformer." There are two important points regarding his victory. First, his victory was interpreted as heroic in the sense that lonely Koizumi won the election against the anti-reform forces within the LDP. Namely, Koizumi's victory was heroic because he became the reformer who made the impossible possible. Before the election, Koizumi seemed not to have even the slightest chance of winning since he was running against Ryutaro Hashimoto, a former prime minister of Japan who served from January 1996 to July 1998, and controlled the party's largest faction. The media had predicted that based on the number of politicians supporting Hashimoto, he would prevail (Brasor 2001, p. 21). But the overwhelming majority of the general members of the LDP voted for Koizumi advocating the destruction of the old style politics. Thus, it was contrary to general expectations, that Koizumi swept into power. When he was elected, Koizumi stated: "Something is happening that the party members could never imagine; the people are driving the LDP members, and the LDP members are driving the party. This is a total reversal of the past" (Igunatis 2001, p. 18).

In the past, the LDP had been criticized for its "inability to sever cozy relations with particular industries, [its] determination to rely on public undertakings to invigorate the economy, and [its] dependence on the ossified seniority system of the party hierarchy" ("A bold new" 2001, p. 14). Although the LDP knew that those systems were out-of-date, many of those who were within the system believed that no one could change them. As Ryutaro Hosokawa (2001) criticizes, "the LDP no longer responds to the people's wishes and appears to be interested only in satisfying the demands of its members" (p. 19).

Koizumi's advocacy dissolved such frustration, and promised to show the LDP supporters a clear path to reform. His election slogan was "Support Koizumi, the man who will change the LDP." As Minoru Toda (2001) notes, Koizumi is the only candidate that called for eliminating the LDP's pork barrel and faction-driven politics. Identifying the old-LDP politics as the cause of society's woes, Koizumi put the feelings of the LDP supporters into words. As a result, they finally heard words that they had been hoping to hear for a long time. Bormann (2000, p. 230) explains that much persuasive communication simply repeats what the audience already knows to be true. Koizumi's contribution was that he had the courage and the foresignt to give voice to opinions and beliefs that many listeners already accepted as true. Thus, Koizumi's victory in the LDP's presidential election triggered "Koizumi fever."

The second important point about his victory is that the drama of Koizumi as a reformer set the stage for viewing his critics as anti-reformers, or as representatives of a tainted, un-modern, and arguably corrupt regime. Koizumi was depicted as a man of good character while the anti-reformers were cast as persons of bad character.

In the Symbolic Convergence Theory, a confrontation is one of the essential components of the audience psychological process. Dramatized messages typically include good and bad characters (Bormann 1985, p. 132). In other words, speakers can make their message more attractive through constructing the narrative about their antagonists. Bormann (1985) further argues that the plot of "good" versus "evil" encourages the arousal of audience's sympathy and empathy for the good leading character. The emotional investment in a "good" leading character results in involvement in the fantasy.

3. The Second Phase: A Maintenace of the Rhetorical Vision

The second phase of Koizumi's drama of "Structural Reform" was the period after the LDP presidential election, from April 2001 until July 12, 2001. This was the period when Koizumi tried to sustain the fantasy theme of "Structural Reform" among the public. Due to the huge media coverage, the public had paid a great deal of attention to the selection of members for Koizumi's Cabinet, including Foreign Minister Makiko

Tanaka. During this period, "the press went into the crowds and found out firsthand that the people wanted Koizumi and Tanaka" (Brasor 2001, p. 21). The people were so interested in the Koizumi Cabinet that the TV viewer ratings of broadcasts of their deliberations recorded unusually high figures ("Diet surprises" 2001). For instance, the viewer rating of Koizumi's policy speech on May 7, 2001, was 6.4 percent, while then Prime Minister Yoshiro Mori's speech in September 2000 was only 1.8 percent. In addition, the TV viewer rating for the House of Representative Budget Committee on May 14, 2001, was 6.5 percent, while the viewer rating of the debate in the Lower House Budget Committee in September 2000 was around 1 percent.

Within the life cycle of a rhetorical vision, speakers need to keep their audience shared and committed to their rhetorical visions. At the sustaining phase or in some cases during the maturation phase of a rhetorical vision, as Bormann (1985) explained, the rhetorical vision is condensed into a keyword, slogan, or label as "a total coherent view of an aspect of their [rhetorical community members'] social reality" (p. 133).

In this phase, Koizumi cited the anecdote, "One Hundred Sacks of Rice," which pumped new life into Koizumi's rhetorical vision. The anecdote refers to the well-known story of Torasaburo Kobayashi, a samurai at the end of the 19th century. At that time, the Edo shogunate, which was established in 1603, was collapsing due to the Boshin Civil War. Every fiefdom, the basic unit of provincial government in the Edo era, suffered from poverty and distress. When the Nagaoka fief tried to rebuild the town, a related fief sent them a hundred sacks of rice. The members of the donor fief believed that the rice would be distributed to the citizens. However, instead of providing people with rice, Kobayashi sold it for building schools and educating young people. He argued that a small amount of rice was easy to consume, and that it would be more efficient to use it to a long-term vision for the Nagaoka fief (City Nagaoka 2006). Thus, Koizumi illustrated the importance of patience for the sake of a long-term gain, by promoting the laudable spirit of the anecdote.

Admitting the necessary evil of his structural reform, Koizumi constructed the public consensus that the "pain" was inevitable to revive the economy. He repeated such slogans as "No Gain without Pain." What Koizumi indicated with the word "pain," means a necessary evil, or the dark side of his structural reform. If Koizumi's reform plans were implemented, the unemployment rate was expected to increase. For instance, a clearance of non-performing bank loans, one of his central policies, would create a lot of bankruptcy and unemployment. Historically, Koizumi's predecessors had placed more importance on economic recovery, or on providing short-term economic stimulus programs to seduce the public (Toda 2001, p. 16). They had hesitated to talk about the negative effects of structural reforms. What is worse, they had failed to revitalize the Japanese economy with such a policy. Based on his predecessors' failures, Koizumi stated that he did not intend to take the same route.

However, Koizumi avoided a detailed discussion of the content of "pain." In his first policy speech as Prime Minister on May 7, 2001, Koizumi stated: "More than anything else what is needed for us today is the spirit of persevering through the present difficulties to build a better tomorrow. With this spirit, we can move forward with reforms. Whether we can create a hopeful Japan in the new century depends on the determination and will of each and every one of us, the Japanese people, to carry out the reforms that are needed" ("Prime Minister's" 2001, p. 4). Thus, he did not clarify what type of "pain" would occur or how long people had to endure such pain. He rather explained that the form of "pain" would be different from one person to another, since "whether one feels something as pain depends on one's attitude" (Maeda 2001, p. 4).

At this point, the anecdote of "One Hundred Sacks of Rice" worked very effectively to persuade the Japanese people to accept Koizumi's rhetorical vision. According to the SCT, the people "share fantasies that give some old familiar dramas as a new production" (Bormann, Cragan, & Shields 2000, p. 262). If speakers imitate a certain story to present a new story, the audience is encouraged to share the new story. That is, "portraying an ideal past with the old familiar heroes, values, and scenarios" (Bormann, Cragan, & Shields 2000, p. 262) is effective to produce "a symbolic cue," a kind of trigger to raise the emotional involvement of the members of the rhetorical vision.

As a result, no one was sure about what exactly Koizumi meant by "pain." For instance, let's take the *Asahi Shimbun* (2001) heralded journalist Takao Saito's and novelist Ryu Murakami's criticism ("*Kaikaku no naijitsu*," p. 13). Saito argued that the people could not imagine what negative effects would happen to them. Murakami similarly questions the lack of explanation about "pain," and he argues that the weak people would suffer from this "pain" severely. Therefore, Murakami contends what Koizumi should have done was to tell the people who would have to endure the "pain."

4. The Third Phase: A Crisis Management of the Rhetorical Vision

This stage is the period when Koizumi engaged in the generic election campaign from July 13 to July 31, 2001. Most importantly, during this phase, Koizumi's rhetorical vision clashed with the counter rhetorical visions of "pain" constructed by opposition parties. The opposition parties constructed the counter rhetorical visions designed to beat the LDP at the upcoming general election by focusing on the "pain" accrued from the change of Koizumi's structural reform.

Against such counter rhetorical visions, Koizumi began by stressing the need to destroy the LDP's old-style politics. He had to do so. An internal discord within the LDP made the voters hesitant to vote for the Koizumi-led LDP even though his drama of the reformer-versus-anti-reformers had worked well for the general public. Even the anti-reform forces within the LDP, at least for the time being, decided to disguise themselves as supporters of the popular Koizumi, because they also needed the public support to win the election. The *Japan Times* (2001) reports that to win the election, the LDP candidates tried to ride on Koizumi's popularity ("LDP candidates," p. 1). For Koizumi, too, to win the general election was essential to establish political authority so that he could mandate the reform plan. According to CNN (2001), Koizumi said that the election would be a test of whether the LDP could support his Cabinet and carry out bold reform. He also declared that, if the LDP old-guard gained the initiative again after the election, he would destroy the LDP ("Voters head").

Under such circumstances, Koizumi's slogan was re-constructed for the election. In the initial period of the LDP's presidential election, Koizumi demanded "People's Support for Koizumi's Challenge" ("*Bunseki Koizumiryu*" 2001, p. 4). The slogan implied the simple plot of the reformer Koizumi as a protagonist and the anti-reform forces within the LDP as antagonists. Koizumi's other strategy toward the voters was to evade detailed explanations about his structural reform. During the campaign, he did not discuss any detailed issue of his reform plans, instead he merely repeated the same phrase, "Let's Change." Insofar as Koizumi strategically employed ambiguity about his plans, opposition parties could not attack substantial aspects of the reform. As a result, the election represented an overwhelming victory for the Koizumi-led LDP. With that triumph, Koizumi achieved his aim to gain political authority to implement his proposed structural reforms. In a sense, Koizumi was a savior of the LDP, which had been on a trend toward decline since the 1990s. In April 2001, therefore, the LDP members were afraid of a fatal loss in the general election ("A bold new" 2001, p. 14). The advent of Prime Minister Koizumi cleared up the party's anxieties.

To motivate the audience to take action is one of the aims of such a rhetorical message. Bormann argues: "The rhetorical vision of a group of people contains their drives to action. People who generate, legitimatize and participate in a public fantasy are, in Bale's words, 'powerfully impelled to action' by that process. Motives do not exist to be expressed in communication but rather arise in the expression itself and come to be embedded in the drama of the fantasy themes that generated and serve to sustain them" (2000, p. 257). Thus, in the case of Koizumi, he employed rhetorical visions to promote the people's expectation for the structural reform. As a consequence, the people sharing Koizumi's rhetorical visions came to be committed to his structural reform and voted for the Koizumi-led LDP. As Bormann concurs, "when group members respond emotionally to the dramatic situation, they publicly proclaim some commitment to an attitude" (2000, p. 249).

But the counter rhetorical visions constructed by opposition parties were far less effective in swaying the voters' opinion than Koizumi's for two reasons. First, the opposition parties failed to provide concrete objections to Koizumi's reforms. Koizumi stated that "the opposition parties are wrong to criticize me for failing to be specific about my reforms, … I map out courses of reforms, but specific policies should be determined through discussions" ("LDP rides into town" 2001). Thus, the opposition parties could not find the points to attack. At the same time, the simplicity of Koizumi's plot of rhetorical visions contributed to the LDP's triumph. He simply described himself as reformer and classified the opposition parties as anti-reform forces. As Bormann, Cragan, and Shields (2000) explain, "when events become confusing and disturbing, people are likely to share fantasies that provide them with a plausible and satisfying account that makes sense out of experiences" (p. 262). By the period of the election campaign, the mood was already constructed by the media in the mind of the public that Koizumi's structural reforms were absolutely right ("A bandwagon election" 2001, p. 18).

In addition, the opposition parties tried to provide an alternative to the Koizumi version of structural reform, rather than a straightforward denial of Koizumi's reforms. For instance, the Democratic Party of Japan (DPJ) described itself as the "real reformer." Yukio Hatoyama, the leader of the DPJ, claimed that the Koizumi-led LDP could not realize the structural reform because of an existence of the potential anti-Koizumi forces within the LDP. The DPJ portrayed their policies as "warm-hearted structural reform," while they called Koizumi's structural reform "cold-hearted structural reform" (Nabeshima 2001, p. 18). The DPJ emphasized that they would prepare "safety nets" for unemployed people who were hit by the structural reform, and accused Koizumi of not having such a safety net. However, the DPJ's discussion failed to make clear crucial differences between the two. Similarly, other opposition parties were faced with a dilemma: When there was a social consensus about a necessity for the structural reform, how could they hammer out an alternative to Koizumi's policy proposal?

What happened during the general election campaign was not an ideal situation for democracy. Each party's policy is literally described, as "Structural Reform" for it is obvious that the current political system needed a drastic change. But clear differences did not exist in abstract policy proposals between each party. As the *Daily Yomiuri On-line* (2001) notes, an ideal situation for democracy is when competing parties clearly demonstrate contrasting policy views to the voters ("Poll: Ruling coalition shoot-in"). Through comparison between those different views of the parties, each voter should make a decision. In this election, however, all parties proclaimed the need for "Structural Reform" as their agenda, but the differences among each party's views were not clear.

5. The Final Phase: A Termination of the Structural Reform

The fourth and final phase is the period when Koizumi's rhetorical visions declined between August 1 and September 1, 2001. Bormann argues that rhetorical visions are placed on a flexible to inflexible continuum, and that "[o]n the end [of the continuum] are flexible rhetorical visions that are sensitive to ... the changing experience of the participants in the vision" (Bormann, Cragan, and Shields 2000, p. 272). When a rhetorical vision loses its sense-making power, it declines. Hence, Bormann, Cragan, and Shields (2000) argue that "Rhetoricians can sustain the integrity of the inflexible vision by using a number of different types" (p. 278). Speakers are required to restore new fantasies continuously into rhetorical visions.

The presentation of his reform plans in this period was important, since Koizumi's leadership as Prime Minister was tested, and the implementation of the reform was his final goal. However, on the privatization of government-funded corporations for instance, Koizumi still did not present any clear roadmap. As a result, Koizumi was losing his audience's faith in the structural reform, since he was held responsible for providing specific explanation about his policies to the public. But Koizumi repeated that "even if [the people] don't get the concrete details of reform, I'm sure they get my spirit toward reform" (Maeda 2001, p. 3). Although Koizumi gained political authority through his triumph in the previous general election, the process of the reform stopped for almost two months, which was perceived as a blank period by the public. The media urged Koizumi to do something concrete and meaningful as soon as possible. For instance, the *Asahi Shimbun* (2001) argues that if Koizumi did not do his best for implementation of his plan at this point, the people would never believe his words ("*Kaikaku no seihi*"). The *Japan Times* (2001) cites the comment from the *Financial Times*: "No more compromises. Now is the time for Junichiro Koizumi, Prime Minister of Japan, to make a concrete plan to reverse the decade-long slide of the world second-largest economy and to implement it" ("Two steps" p. 18).

At the same time, the "pain" gradually started to take shape before the people. For instance, the unemployment rate of July 2001 climbed to 5 percent, the highest rate since 1953 ("Unemployment" 2001, p. 20). People thus began to experience the hardships caused by Koizumi's reforms, and their suffering seemed to have no clear ending. The tone of the media coverage then became increasingly pessimistic about Koizumi's structural reforms. Their focus shifted to the negative aspects of Koizumi's structural policies. They featured unemployment, which was perceived as "the most severe form of pain" ("Easing the pain" 2001, p. 18). For example, The *Japan Times* (2001) argued that the full impacts of the kinds of pain Koizumi's reform plans would bring were not clear yet. It also warned that the people would not feel inclined to accept the "pain" incurred by Koizumi's reforms without improvements to Japan's existing unemployment-insurance system ("Easing the pain" p. 18).

The speed of Koizumi's reforms was too slow to make the people convinced that the plan was succeeding. As the *Japan Times* (2001) reported, "A government proposal to drastically overhaul government-backed corporations" faced "resistance from the ministers and agencies" ("Reform of state-linked" p. 1). The victory of the election did not mean an extinction of the anti-reform forces. The anti-reform forces re-appeared in the drama. Thanks to Koizumi's popularity, the LDP conservatives and anti-Koizumi candidates were able to win seats in the House. This is paradoxical from the voters' perspective in the sense that voting for the Koizumi-led LDP helped his antagonists to survive. In addition, the Japanese stock market did not react positively to Koizumi's triumph in the general election. The *Japan Times* (2001) also cited the *Financial Times* assertion that there was a skeptical view in the world's financial markets of Koizumi's economic policies ("Two steps" p. 18). Despite the situation, Koizumi continued to put priority on the structural reform plan, and did not propose any new measures to stimulate economic recovery. The *Financial Times* (2001) criticized that this "[Koizumi's] slogan 'no pain, no gain' may strike a masochistic chord with some. But the slogan makes no economic sense. Japan's economy will not fire again until demand is stocked up with an ample supply of credit" ("Crazy for Koizumi" p. 18). Furthermore, the *Mainichi Shimbun* (2001) argues that the limitation of Koizumi's philosophy of "patience" was coming because of its slow progress ("*Gaman no tetsugaku*" p. 3).

Another reason for the slow speed of Koizumi's reform actions was the very structure of the Japanese political decision-making system. Historically, important policies, such as policies on taxation and road constructions, are deliberated by the LDP. The LDP examines bills prior to congressional debate, which was established as the system during the LDP's long era of political dominant. Under this system, the Cabinet cannot make a decision without the approval of the LDP's committees (Ando 2002, p. 2). That system allowed the anti-Koizumi forces with the LDP to obstruct Koizumi's reform plans. The *Nihon Keizai Shimbun* reports that Koizumi was trying to take the initiative in the reform using a top-down style ("*Shushou shudou*" 2001, p. 2). Nobuo Asami (2001) argues that "strengthening the Cabinet functions" (p. 20) is one possible way of implementing Koizumi's reform. To assure the Prime Minister's leadership, Koizumi needed to strive to change the dual decision-making system.

Unfortunately, the progress of Koizumi's structural reforms stopped in the middle of September 2001 because of the 9/11 terrorist attacks. A special Diet committee proposed a bill authorizing the Self Defense Force (SDF) to support the United States military response to international terrorism. The debate about Koizumi's structural reform was put aside until the approval of the bill on the SDF in October 2001.

6. Implications

There are a number of implications to be outlined. First, Koizumi's catchy, simple, assertive words, such as "Structural Reform without Sacred Cows," "without structural reform there can be no rebirth of Japan," "One Hundred Sacks of Rice," and "No fear, no hesitation, and no constraint," caught the people's attention. Those slogans contributed to constructing the symbolic reality. At the same time, according to the survey conducted by the *Asahi Shimbun* by December 26, 2001, fully 63 percent of the respondents polled did not think that Koizumi's structural reforms had obtained excellent results. On the other hand, 72 percent of the people surveyed still expressed their approval for the Koizumi administration. The *Asahi Shimbun* (2001) read such seemingly incompatible results as proof that while the public's expectation of Koizumi's reforms had been sustained, they were not satisfied with what he had done ("*Susundeinai*").

Such incompatible results illustrate the gap between Koizumi's words and deeds. Koizumi tried to achieve political objectives through his advocacy to make the people "feel" what he was going to do (Maeda 2001, p. 3). However, his deeds did not match up to his words. Since his inauguration in April 2001, he had been criticized for a lack of clarity in his words ("*Ryukougo*" 2001, p. 4). At this point, the *Asahi Shimbun* (2002) argues that Koizumi had not shown the clear perspective of the future to the people ("*Kadan*"). Asaumi (2001) argues: "Although the public entertains high expectations that a charismatic leader will bring them happiness, the leader's ability to bring about the happiness sought by the public inevitably is limited. The relationship between the masses and a charismatic leader can be described as a fantasy shared by many members of society" (p. 20: my trans.).

Second, Koizumi's political style is problematic in the sense that he used the power of rhetoric to focus people's attention, but not to obtain public support to implement his reform program and to overcome the objections of the anti-reform forces. Indeed, Takashi Mikuriya (2001) admits that his sensational word choice created a highlight in Japanese political discourse (p. 4). Viewing Koizumi's drama of "Structural Reform," the people praised him as a reformer for a while. Such evidence of symbolic convergence demonstrates the public's agreement with his reform spirit. Therefore, Koizumi should have shifted his strategy to use clearer and more concrete language to express his views.

Finally, despite the problems posed by Koizumi's use of symbolic language, future Japanese politicians should not hesitate to use powerful symbols to win public support for the implementation of their new programs. The use of effective rhetoric is essential to help people reach good decisions. Prime Minister Koizumi should be considered one of the pioneers of Japanese politics. He used rhetoric effectively to get the public's attention. But, at the same time, he should have also used rhetoric to open up the process of the congressional decision-making so that the public was more fully included in policy deliberations.

この事例研究は、Suzuki, T. (2007). "A fantasy theme analysis of Prime Minister Koizumi's 'Structural reform without sacred cows.'" F. H. van Eemeren *et al.* (Eds.), *Proceedings of the Sixth Conference of the International Society for the Study of Argumentation*. Amsterdam: Sic Sat, pp.1345-1351. を加筆修正したものです。

第10章

［事例研究3］

1984 Reagan-Mondale Presidential Campaign: An Analysis of the Budget Deficit Issue

1. Introduction

　　Metaphors discover and implicitly argue for particular ways of understanding and experiencing one kind of thing in terms of another. By the same token, metaphoric expressions function as a mechanism of creating a new meaning within its context, and they can be viewed as an experiential process which provides a profound connotation with thought and action. Therefore, as George Lakoff and Mark Johnson (1975) explain, we do not solely see the reality as described by metaphors, but we think and behave through that which is expressed by them.

　　When Walter Mondale boldly revealed his intention to raise taxes to reduce budget deficits in 1984, it suddenly became the dominant issue of the presidential campaign. Hence, the Japanese mass media applied a metaphor to his strategy and labeled as "*niku o kirasete hone o tatsu*," which means "to chop the enemy's bone by sustaining serious injury." The Japanese mass media almost unanimously jumped at that metaphor to describe Mondale's strategy against Ronald Reagan. Given the aforementioned cognitive function of metaphoric expressions, I believe using their perspective an insightful analysis may be made.

　　Actually, in order for one to employ the strategy of "*niku o kirasete hone o tatsu*" against another, I believe that there are three conditions, at least psychologically, to be met: (1) He/she is in an extremely disadvantageous position in comparison with his/her opponent; (2) there is no major alternative for him/her in the situation; and (3) in spite of the great risk, he/she can expect a great gain from the success of the strategy. Thus, this is a strategy to "ensure defeat of the enemy by taking great risk." In other words, the old Japanese saying implies the English idea of the last resort. Since the metaphor could be used only for situations that satisfied the above-mentioned conditions, its application will provide an opportunity to explore a risky strategy. Therefore, in this paper, I analyze Mondale's strategy against Reagan on the budget deficit as an example of a risky strategy in terms of the situation, possible strategies, and the outcome.

2. How Requirements of the Metaphor Met the 1984 Situation

A close look at the 1984 presidential campaign reveals how Mondale's position meets the three preconditions. In fact, Mondale had no realistic choice but to employ the strategy of *"niku o kirasete hone o tatsu"* against Reagan. First, Mondale was far behind President Reagan in the opinion polls. *Time* reported that, "Polls have never looked gloomier for Democrats: a national survey by NBC News, published last week, showed Ronald Reagan leading Mondale by an astonishing 62 % to 32 %" ("Poised" 1984, p. 22). Thus, Mondale was in an extremely disadvantageous position compared with Reagan.

Second, the deficit problem could be the "Achilles' heel" for Reagan, since one of his promises in 1980 was a balanced budget by 1983. In fact, despite his overwhelming popularity among Americans, growing deficits remained a major problem for which "Reaganomics" was primarily responsible. *Not only did Reagan fail to reduce the 52 billion dollars deficit, but he also boosted the budget deficit to 166 billion dollars* ("A Beastly" 1984, p. 88). Therefore, it seemed natural for Mondale to be tempted to contest the deficit issue during the campaign. Mondale argued: "One of the key tests of leadership is whether one sees clearly the nature of the problems confronted by our nation. And perhaps the dominant domestic issue of our time is what we should do about these enormous deficits" (Reagan 1987a, p. 1443).

Thirdly and most importantly, while Mondale could expect a great gain by demonstrating a threat and a need to solve the deficit problem, it also entailed great risks for him. *Business Week* accounted for Mondale's great gain, when it predicted: "If the environment of overspending and undertaxing persists, budget shortfalls will grow ever larger. The national debt will soar to nearly $1.6 trillion by the end of this year from $514 billion in 1975. *If present trends continue, the debt will double by the end of the decade and amount to $11,000 for every man, woman, and child in the nation"* [emphasis added] ("How to Cut" 1984, p. 51). Therefore, could Mondale have indicted the budget deficit as a major failure of the Reagan administration, it would have strongly motivated the electorate to vote for Mondale.

Mondale's choice to argue for tax increases, on the other hand, was risky for two reasons. Initially, Mondale must prove that his plan was not merely solvent but necessary to cope with the budget crisis; otherwise, people would vote against Mondale because of his "unnecessary" taxation. Although Mondale promised to reduce the budget deficit, many voters were uncertain whether tax increases were in fact necessary. Edward Yardeni, economist of Prudential-Bache Securities, stated: "After hearing most economists shout wolf for two years about the deficit, people are starting to wonder whether the supply-siders might right after all" ("A Beastly" 1984, p. 88). Thus, the swift recovery of the economy made it difficult for Mondale to exploit the budget issue against Reagan. Unless Mondale proved that tax increases were an inevitable part of the solution, his plan would do harm to him rather than do good, ensuring Mondale's loss in the upcoming election.

In addition to being a factor in lowering Reagan's popularity, Mondale must make Reagan concede that he would raise taxes if he was elected President; otherwise, his strategy would backlash and hurt his own credibility badly because his statement would appear to be a lie about a highly popular president. While Mondale insisted that Reagan have a secret plan to increase taxes, Reagan constantly denied such an intention by saying that spending reductions and a strong economic recovery would trim the deficit ("A Beastly" 1984, p. 88). Thus, Mondale needed to show the validity of his statement.

3. Methodology

In an attempt to discover their rhetorical handling of budget deficits, both Mondale and Reagan's speeches in the 1984 campaign are examined. For Mondale, I will use *Excerpts from the Speeches of Walter F. Mondale: Campaign for the Presidency, 1982-1984* (1985) as a resource for the analysis. All the five speeches in the package during the 1984 campaign were examined. Since the speeches were selected by Mondale himself, it is reasonable to assume that important addresses were included, *i.e.*, "Speech at the National Press Club," January 3, 1984; "Tampa Rally Speech," March 6, 1984; "Presidential Nomination Acceptance Address," July 19, 1984; "Speech on Human Rights," October 29, 1984; and "Speech at Abyssinian Baptist Church,"

November 1, 1984.

For Reagan, I will use *Public Papers of the Presidents of the United States. Book II – June 30 to December 31, 1984* (1987) as a resource for the analysis. Based on the subject index, six speeches in which Reagan talked chiefly about the budget deficit were selected and examined, namely, "Remarks at a Reagan-Bush rally in Atlanta, Georgia," June 26, 1984; "Radio Address to the Nation on Deficit Reduction and Taxation," August 4, 1984; "Remarks Accepting the Presidential Nomination at the Republican National Convention in Dallas, Texas," August 23, 1984; "Remarks and a Question-and-Answer Session at the 'Choosing a Future' conference in Chicago," Illinois, September 5, 1984; "Remarks and a Question-and-Answer Session at the Economic Club of Detroit" in Detroit, Michigan, October 1, 1984; and "Remarks at a Reagan-Bush Rally in Portland," Oregon, October 23, 1984.

In addition, I also will explore the transcript of the "Debate Between President Reagan and Former Vice-President F. Mondale in Louisville, Kentucky, October 7, 1984" (Reagan 1987a) because the first presidential debate focused upon domestic issues. An analysis of the transcript will provide us with a unique opportunity to examine interaction between the two candidates on the deficit issue.

4. Mondale's Strategies against Reagan

With regard to the budget deficit, Mondale used three major strategies to attack Reagan. First, Mondale criticized Reagan by saying that he had spent too much on defense and too little on welfare. He argued that an expansion of the military spending was one of the main causes of the deficit. What's worse, such a military spending led the administration to drastic welfare cuts. When Mondale (1985b) talked about spending, he used a lot of data to describe the situation of people who suffered from welfare cut:

During [Reagan's] presidency, six million Americans have slipped below poverty, half of them children. Today, the poverty levels are the highest in 20 years. He threw nearly 4,000,000 children off the school lunch program and tried to eliminate nutrition help for 750,000 women and children. Today the infant mortality rate is on the rise again. Mr. Reagan cut a million people off the disability rolls. (p. 88)

In terms of the first strategy, Mondale also used contrasts to attack Reagan effectively. For example, in his speech on human rights, Mondale contrasted money spent on the Strategic Defense Initiative (SDI) with that on the food program, and money spent on the Contras with that on African people (1985c).

Mondale's second major strategy was to criticize the result of the 1981 tax cut by indicating that Reagan made the rich richer and the poor poorer. Specifically, Mondale demonstrated in three ways that Reagan's tax cuts were unfair, and at the same time caused the budget deficit.

First, Mondale argued that Reagan caused hardships for the poor, the sick, the young, women, the hungry, and the homeless.

Second, Mondale attacked the rich and big businesses that benefited under the Reagan administration. In so doing, at the Tampa Rally, Mondale (1985e) used a repetition strategy:

The rich and big business are going to begin to pay their fair share of taxes under the Mondale Administration. To the 90,000 profitable corporations who paid no taxes last year, my message is this: your free ride is over. To the health lobby, my message is this: your profits and high fees will no longer come ahead of affordable health care for patients .... To the big oil companies, and the utilities, and the telephone companies, my message is this: the rip-offs are over .... To the polluters, my message is this: clean up your act .... To the big weapons contractors, my message is this: your days of cost overruns and blank checks are over .... To foreign competitors, my message is this: your days of one-sided arrangements are over. (p. 40)

Third and lastly, Mondale asked the American people if they really enjoyed the advantages of Reagan's tax cuts by turning Reagan's favorite question against him.

This was clearly Mondale's most effective attack on Reagan's tax cuts, when he told us:

> The President's favorite question is: Are you better off? Well, if you're wealthy, you're better off. If you're middle income, you're about where you were. And if you're modest income, you're worse off. That's what the economists tell us. (Reagan 1987a, p. 1461)

The last major strategy employed by Mondale was to argue that the present economic prosperity was based on the future burden so that his plan should be adopted to remedy the situation. He also accused Reagan of not presenting any countermeasure to solve the deficit problem. According to Mondale, his plan would reduce the deficit by two-thirds over the next five years, mostly by curbing the growth of defense spending and raising taxes for families with an annual income of more than $25,000 ("A Beastly" 1984, p. 88). Mondale (1985a) stated his arguments in the presidential nominee acceptance address, when he said:

> Here is the truth about the future; we are living on borrowed money and borrowed time. These deficits hike interest rates, clobber exports, stunt investment, kill jobs, undermine growth, cheat our kids and shrink our future. Whoever is inaugurated in January, the American people will have to pay Mr. Reagan's bills. The budget will be squeezed. Taxes will go up. And anyone who says they won't is not telling the truth. (p. 61)

This part of the speech was carefully written in order to escape from the two risks previously explained. First of all, Mondale contested that it was inevitable for the American people to "pay Mr. Reagan's bills" regardless of the result of the presidential election. In so doing, Mondale attempted to give the impression to the voters that Reagan was the person responsible for tax increases.

Next, Mondale promised the voters to cut the deficit by two-thirds by the end of his first term as part of his strategy of criticizing Reagan's tax cuts. He charged Reagan with not revealing his secret intention to raise taxes. He maintained that

Reagan would raise taxes unfairly, but that Mondale would not do so. Thus, Mondale intended to at least make himself appear an honest and fair candidate.

The biggest problem in Mondale's third major strategy was that Reagan had never mentioned his intention to raise taxes to solve the deficit problem. Rather Reagan stated that spending reductions and the strong economic growth would trim the deficit ("A Beastly" 1984). Thus, no one was certain whether Reagan really had a plan to raise taxes or not if he was elected President. The dilemma, as a result, led Mondale (1985a) to make the following statement: "I challenge Mr. Reagan to put his plan on the table next to mine – and debate it with me on national television. Americans want the truth about the future – not after the election, but now." (p. 61)

In reality, the focus of the first Reagan-Mondale debate was the deficit issue. Both candidates discussed the cause of the budget deficit, uses of the budget, and the plan to solve the problem. During the debate, Mondale successfully employed all the three strategies though Mondale could not convince Reagan to admit that he would raise taxes.

According to *Time*, there was an indication that, "in a *New York Time*/CBS News poll of 329 voters taken immediately after the debate on Sunday night, 43 % thought Mondale had won, while 34 % judged Reagan the victor" ("Getting" 1984, p. 26). Thus, at least in the short term, "The shift in momentum began to be felt almost as soon as the cameras blinked off on the first debate" ("Getting" 1984, p. 25). In the long term, however, Mondale's bold strategies led to Reagan's landslide victory.

Why then did Mondale's strategies fail? The purpose of the next section of this paper is, therefore, to describe Reagan's strategies against Mondale.

5. Reagan's Strategies against Mondale

Before the first presidential debate with Mondale, Reagan spoke about the budget deficit as well as other campaign issues. With regard to handling the deficit issue, Reagan used five major strategies. First, Reagan explained to voters what he really said about tax increases. Reagan insisted that he had given his position against tax increases, but that when he added one qualifier it had been distorted. Reagan

(1987d) stated at a rally in Atlanta, Georgia:

> What I said was, if and when we bring government spending down to where we have a government that can fulfill its responsibilities and do those things the people require of government, and then, at that bottom level, that still is above what our tax system is bringing in revenues, yes, then we would have to look and make those two balance so that we would be spending within our means. (p. 1091)

Thus, Reagan denied specifically his intention to raise taxes. Not only did Reagan strongly deny his intention to raise taxes, but also he attacked the credibility of Mondale's attack on his position. Hence this strategy was intended to make Mondale's risk with Reagan's secret plan come about. Namely, that Mondale had been lying to American voters.

The second major strategy employed by Reagan was to blame the Democrats-controlling Congress that was responsible for the budget deficit. Reagan argued that all spending originated in the Congress, which did not want to regulate their spending (1987d). Reagan also charged the Congress with rejecting a constitutional amendment mandating that the government stop spending more than it took in and a line-item veto on appropriation bills (1987e).

Though such attacks on the Congress provided Reagan with a good excuse for the deficit spending, the strategy was somewhat problematic. If he wanted to indict the Congress as a vital cause of the problem and change the Congress, Reagan must prove that he could change their attitude; otherwise, his explanation might lead to a conclusion that ultimately Reagan could not solve the problem.

Third, Reagan questioned the workability of Mondale's plan to decrease the budget deficit. Reagan presented two reasons why Mondale's plan would fail to solve the problem. First, Reagan argued that Mondale mis-estimated the amount of new government spending. Reagan pointed out that, although Mondale stated that his increase would total about $30 billion per year, other sources, including the *Wall Street Journal*, said that the increased spending would be almost $90 billion.

Therefore, even if Mondale said he would cut defense, health care, and agriculture programs by a total of $55-60 billion, Reagan (1987c) maintained the deficits would be higher than Mondale assumed (p. 1122). Next, Reagan argued that Mondale also mis-calculated the necessary tax increases to reduce the deficit by two-thirds: "Well, the truth is he'd need an increase of more than twice his $60 billion, an increase of $135 billion to square with his promises. That averages $1,500 in increased taxes for every American household, and one way or another, that means you. It's the same tired old formula – tax and tax to spend and spend" (1987c, p. 1122).

The fourth major strategy employed by Reagan was to compare his own approach to deficit reduction with that of Mondale. Reagan argued that the deficit should be reduced primarily by reducing wasteful government spending, not by raising taxes. He (1987e) explained:

> Through the Grace Commission, for example, we've developed 2,478 recommendations of possible ways to reduce spending without hurting the needy. These recommendations are no secret. We've made them public. We've already begun to implement almost 29 percent of them. We're still completing our review of the rest, but they're there for all to see, and every one that is worth implementing will be implemented. (pp. 1122-1123)

Fifth and finally, Reagan never talked about the budget deficit in isolation. He always first demonstrated the economic recovery, and then added that further economic growth would reduce the deficit. Reagan looked at the deficit "as being partly structural and partly the result of the economic slump. Now, as you bring back the economy and it expands, even at the lowest tax rates that we put in as an incentive to help bring the economy, your revenues grow. They don't shrink. So, we are reducing the deficit right now." (1987e, p. 1238)

The last strategy was particularly important for Reagan since it demonstrated his biggest achievement in domestic policies, that is to say, economic expansion. At the same time, such a strategy contributed to appearing to make the inevitability of tax increases unlikely. Namely, Mondale's tax increases would be unnecessary, and, hence, he should not be elected President.

Overall, Reagan successfully prepared against all of Mondale's attacks on the budget deficit. In the first presidential debate, however, Reagan did not do as well as he should. *Time* explained the reasons for his failure: "One Reagan associate pointed a finger at White House Aide and Chief Debate Coach Richard Darman. Says this advisor: "The whole attitude of Darman was to make sure that the President didn't screw up." Other aides insisted that nearly everyone involved was equally at fault for putting too much stress on avoiding factual gaffes, and for that matter, the President was overly eager to rebut Mondale point by point and prove himself a master of detail" ("Getting" 1984, p. 27). As indicated earlier, the concentration upon the deficit issue must have upset Reagan, putting him on the wrong course in the debate.

Actually, after the first presidential debate, Reagan's rhetorical changeover pertaining to the budget deficit was striking. He simply stopped mentioning the deficit problem. Instead, Reagan started focusing on optimistic views of the economy that guided us to a bright future.

According to the subject index of *Public Papers of the Presidents of the United States* (1987), during the campaign, Reagan touched upon the deficit problem only three times after the first debate. Two of them, however, were brought up during interviews, so Reagan was forced to comment on the budget deficit by the interviewers. Moreover, the other mention did not really talk about the deficit itself:

My opponent is concerned now about the deficit. But back during the Jerry Ford years, he proposed that the deficit should be doubled because a deficit would stimulate the economy. (Reagan 1987g, p. 1645)

Thus, Reagan made up his mind not to discuss the budget deficit as an issue of the campaign. Clearly, from his experience in the first presidential debate, Reagan realized the potential danger of such a discussion. At this point, in *Handbook of Political Communication*. Chapter 19 "Content Analysis," C. Richard Hofstetter (1981) notes campaigners' "tendency to emphasize issues in the areas of a party's strength and to ignore issues in the areas of the opponent's strength" (p. 546). For that reason, in *Verbal Behavior and Politics*, Doris A. Graber (1976) concludes that "lack of mention or infrequent mention is considered evidence of lack of concern" (p. 83). The deficit problem in the 1984 campaign is a good example of such an issue. If the budget deficit became a major issue in the campaign, Mondale could gain a great advantage, while Reagan would gain little. At worst, in Reagan's view, American voters perceived the budget deficit to be a major failure of the Reagan Administration. At best, the voters perceived that Reagan had a plan to cope with the significant problem.

In order to outline the reasons why Reagan could gain a landside victory over Mondale, the next section will compare Mondale and Reagan's rhetorical strategies.

6. The Comparison of Mondale and Reagan's Strategies

In an attempt to appraise each candidate's rhetorical handling of the budget deficit, I will use three criteria: techniques of sending messages, views of reality, and flexibility of strategies. First, in terms of techniques of sending messages, Reagan sent his message more effectively than Mondale. Owing to its simplicity, audiences could easily understand Reagan's real intent. James W. Ceaser (1984) notes:

> Yet Reagan's reputation as a communicator rests so much with his ease before the camera as with a more general capacity, to quote the CBS News poll questionnaire, "to get his message across." It is the message as much as the medium that has earned the president his standing – a fact critics implicitly acknowledge when they accuse him of offering a "simplistic" view of affairs. (p. 10)

Ceaser (1984) concludes that "simplification and simplicity — as distinct from being simplistic — represent one of the distinguishing features" of President Reagan's rhetorical style (p. 10). Such a style enabled Reagan to explain his specific message in plain language. The following excerpt provides an example of how well Reagan sent his message in attacking Mondale's position:

But there are two things we do know that are not a matter of prediction: First, my opponent is committed to large spending increases and a tax increase equivalent to $1,800 per household, and, second, those policies, which he has supported all his political life, gave America an economic hangover that we must never, ever suffer through again. (Reagan 1987f, p. 1402)

On the contrary, Mondale did not make his message understandable to the voters in comparison with Reagan. Paul Light (1984) points out that, "Messages are filtered through a range of prisms, distorted and refracted by friends and enemies alike. Voters need help, and, at least in the primaries, Mondale was not giving it to them. His speeches often lacked enthusiasm and luster, perhaps because Mondale anticipated their endless repetition over the long campaign" (p. 13).

Mondale's approach was far from what Safire called Reagan's "a person-to-people-in-the-hall approach." Despite the fact that Mondale's speeches contained a lot of repetitions, a lot of his messages remained simplistic with little explanation. For instance, Mondale repeated the lines of "When we speak of ...." five times, "We know ...." four times, "You did not vote for ...." seven times and "By the start of ...." six times all in his acceptance address (1985a, p. 61). When these four different phrases are repeated many times, each explanation seems "sloppy" and becomes less impressive.

Second, in terms of views of reality, Reagan was more optimistic about the economy, America, and the future than Mondale. In other words, it was Reagan's strategies that gave Mondale the label of "pessimist." Reagan (1987d) stated:

The future, according to them, is dark and getting darker, and Americans are very unhappy. According to the other party, there's nothing to hope for but despair, and we have nothing in store but fear itself. In fact, I thought it sounded a little bit like one of those disaster or horror movies in which they picked me to play the monster [*Laughter*]. (p. 1090)

In fact, there were two factors that made Mondale's rhetorical sound pessimistic. First, one of the major themes of Mondale's vision is "the restoration of American excellence." Light (1984) explains why such a theme did not work:

> In contrast with Reagan's message that "America is back, standing tall," Mondale says America is still down and falling behind. Mondale argues that Reagan has sacrificed the future for a moment's pleasure. It is a touchy theme, if only because it is hard to get voters to think about a gloomy future when they are having such fun with lower inflation, Grenada, and the Olympics, in the present. (p. 15)

Thus, Mondale's quest for excellence ironically contributed to making his rhetoric sound pessimistic. Americans were happier with Reagan's rhetoric. In addition in order to attack the President successfully, Mondale had to convince the public that Reagan's good times would end abruptly when the bill for the big deficit finally came due. Therefore, Mondale had little choice but to present pessimistic views.

Lastly, in terms of flexibility of strategies, Reagan was more flexible in changing strategies than Mondale. Reagan had no problem in adapting his strategy to each situation once he felt it necessary. As mentioned previously, the very example is his rhetorical changeover on the budget deficit after the first debate.

On the contrary, Mondale maintained the same style and message throughout the campaign. Light (1984) maintained that Mondale told those who urged him to change his style, "There may not be enough slogans, but I don't think (my vision) lacks in substance" (p. 13). Mondale should have helped the voters to understand his message by changing his strategies when such flexibility was necessary.

7. The Implications Drawn from the Discussion

Mondale's handling of the budget deficit as a risky strategy against Reagan seemed to indicate two important implications. First, mere demonstration of the threat, or danger, is not persuasive. In fear arousal theory, the term "reflective" was introduced by Irving L. Janis (1967). According to him, two features of fear reactions in normal adults are emphasized: (1) the emotional state is based on thoughtful reflection; and (2) as a result of being mediated by higher mental process, the intensity of the emotion tends to increase or decrease as the sign of external threat increases or decreases. In essence, a person's level of reflective fear is roughly proportional both to the perceived probability of the dangerous event materializing, and to the anticipated magnitude of the danger.

Considering the fear arousal theory, Mondale failed to provide the voters with enough information concerning the probability of their personal vulnerability to the danger, or deprivation. Mondale argued again and again that, "Here is the truth about the future," and the "deficits hike interest rates, clobber exports, stunt investment, kill jobs, undermine growth, cheat out kids and shrink our future." Nonetheless, when he talked about "the truth about the future," the voters were yet uncertain about the credibility of these statements. For instance, when would such harmful events take place? How significant were they? Through what process would the deficit cause harm? Unless Mondale answered those questions, he could be regarded as a "pessimist," or a "doomsayer" by the voters. Hence Mondale's lack of explanation hurt his image badly, since there is a tendency that optimistic candidates attract more popularity among the electorate than pessimistic candidates ("When Optimists" 1988, p. 80).

Second and more importantly, candidates should structure their messages so that favorable inferences can be drawn by the electorate. As Doris Graber (1976) points out, three sets of things can be inferred about a source from its message: their views of reality, their goals and motivations, and the sender's personality (pp. 83-8). When Mondale focused his attacks on the unfair tax cuts, the voters might assume that his goal was to increase the taxes. When Mondale focused on the threat of the deficit and his tax increase plan, the voters could draw only negative inferences. When Mondale focused on attacking Reagan, the voters could not see his own political vision. Since Reagan's views were, beyond question, optimistic, they must have perceived Mondale's views as gloomy or pessimistic. Even though the reduction of the deficit was important, the voters wished to hear what differences Mondale could make to achieve a better America, rather than merely hearing what problems he could avoid. Since "messages are filtered through a range of prisms, distorted and refracted by friends and enemies alike," candidates should always consider how their message is perceived, and change their strategies accordingly.

8. Conclusion

The analysis of Mondale's strategy in handling the budget deficit against Reagan as an example of a risky strategy reveals why Mondale failed in the 1984 campaign. The analysis is also a perfect example of elections as process. Candidates must consider not only the contents of the message, but also the way they are perceived by the receivers. Overall, Mondale could not avoid the risk associated with his strategy. He could not persuade the voters that tax increases were an inevitable part of the solution because of his failure to explain the process and the impact of the harmful effects caused by the deficit. He also could not prove that his plan would bring a better future than Reagan's because of his failure to structure his message so that the voters could draw favorable inferences about him. As a result, negative inferences were drawn from his message.

Though Mondale failed to employ the strategy of *niku o kirasete hone o tatsu* effectively, it can be of great use to those candidates who otherwise have no choice. In order to utilize it more effectively, further questions might be posed. For example, how can candidates avoid or minimize risks? And what is the best structure to send messages in the situation? In the final analysis, we should further examine the utility of the strategy of *niku o kirasete hone o tatsu* when such a strategy is the last resort of the candidate.

この事例研究は、Suzuki, T. (1993). "The 1984 Reagan-Mondale presidential campaign: An analysis of the budget issue."『時事英語学研究』No.32, pp.29-42. を加筆修正したものです。

政治コミュニケーション関係ウェブサイト

A. 政府・政党

ブリティッシュライブラリー (British Library): http://portico.bl.uk/
イギリス首相官邸 (British Prime Minister's Office): http://www.number-10.gov.uk/
連邦議会図書館トーマス (The Library of Congress THOMAS): http://thomas.loc.gov/
ホワイトハウス (White House): http://www.whitehouse.gov/
民主党 (Democratic Party): http://www.democrats.org/
共和党 (Republican Party): http://www.gop.org/

B. メディア・世論調査

ビジネスウィーク (*BusinessWeek*): http://www.businessweek.com/
CNN: http://www.cnn.com/
ギャラップ社 (Gallup): http://www.gallup.com/Home.aspx
ニューズウィーク (*Newsweek*): http://www.newsweek.com/
選挙支持率調査 (PollingReports.com): http://www.pollingreports.com
選挙支持率調査 (Pollster.com): http://pollster.com
タイム (*Time*): http://www.pathfinder.com/time/

C. キャンペーン研究・政治学など

民主主義テクノロジーセンター (Center for Democracy Technology):
　http://www.cdt.org/
国際司法裁判所 (International Court of Justice): http://www.icj-cij.org/
大統領選のテレビ広告 (Living Room Candidate: Presidential Campaign
　Commercials 1952-2008): http://www.livingroomcandidate.org
ミシガン大学公文書センター (University of Michigan Government Documents Center):
　http://www.lib.umich.edu/libhome/Documents.center/
オバマガール (Obama Girl): http://obamagirl.com/
YouTubeの2008年大統領選関連動画: http://www.youtube.com/youchoose

D. コミュニケーション学・スピーチおよびディベート関連

アメリカ・コミュニケーション学会 (American Communication Association):
http://www.americancomm.org/

有名引用集 (Famous Quotes and Quotations):
http://www.quotationspage.com

スピーチの贈り物：世界の現代女性のスピーチ (Gifts of Speech: Contemporary Women's Speeches from around the World):
http://gos.sbc.edu/

アメリカのレトリック：演説の力 (American Rhetoric: The Power of Oratory in the United States): http://www.americanrhetoric.com/

大統領ディベート委員会 (Commission on Presidential Debates):
http://www.debates.org/

参考文献

第1章

明石紀雄、飯野正子．(1997).『エスニック・アメリカ』(新版) 有斐閣。

大石裕．(1998).『政治コミュニケーション―理論と分析』勁草書房。

岡部朗一．(1992).『政治コミュニケーション：アメリカの説得構造を探る』有斐閣。

鈴木健、岡部朗一（編）．(2009).『説得コミュニケーション論を学ぶ人のために』世界思想社。

鈴木健、竹前文夫、大井恭子（編）．(2006).『クリティカル・シンキングと教育』世界思想社。

出口剛司．(2009).「情報コミュニケーション学に向けた将来展望」『2008年教員活動成果報告書』明治大学情報コミュニケーション学部、64-66ページ。

鍋倉健悦．(1997).『異文化間コミュニケーション入門』丸善。

ネズビッツ, J. (1983).『メガトレンド』竹村健一（訳）、三笠書房。

波多野完治．(1976).『文章心理学入門』新潮社。

フィンリースン, J. G. (2007).『1冊でわかるハーバーマス』村岡晋一（訳）、岩波書店。

Aristotle. (1954). *Rhetoric.* W. R. Roberts (Trans.), NY: The Modern Library.

Bohman, J., & Rehg, W. (Eds.) (1997). *Deliberative Democracy: Essays on Reason and Politics.* Cambridge: The MIT Press.

Campbell, K. K. (1982). *The Rhetorical Act.* Belmont, CA: Wadsworth Publishing Company.

Edelman, M. (1988). *Constructing the Political Spectacle.* Chicago: University of Chicago Press.

Goodnight, G. T. (1982). "The personal, technical, and public spheres of argument: A speculative inquiry into the art of public deliberation." *Journal of the American Forensic Association, 18,* 214-227.

Gutmann, A., & Thompson, D. (1996). *Democracy and Disagreement: Why Moral Conflict Cannot Be Avoided in Politics, and What Should Be Done about It.* Cambridge: Belknap Press of Harvard University Press.

Habermas, J. (1976). *Communication and the Evolution of Society.* T. McCarthy (Trans.), Boston, MA: Beacon Press.

Habermas, J. (1996). *Between Facts and Norms: Contributions to a Discourse Theory of Law and Democracy.* W. Rehg (Trans.), Cambridge: The MIT Press.

Hahn, D. (2002). *Political Communication: Rhetoric, Government and Citizens.* 2nd ed., State College, PA: Strata Publishing.

Hanson, R. E. (2008). *Mass Communication: Living in a Media World.* 2nd ed., Washington, D.C.: Congressional Quarterly.

Lukes, S. (Ed.) (1986). *Power.* New York: New York University Press.

Olson, K. M., & Goodnight, G. T. (1994). "Entanglements of consumption, cruelty, privacy, and fashion: The social controversy over fur." *Quarterly Journal of Speech, 53,* 115-126.

"Quotation details." (2010). http://www.quotationspage.com/quote/24926.html. Retrieved January 25, 2010.

Tocqueville, A. de. (1945). *Democracy in America.* P. Bradley (Trans.), NY: Vintage Books.

Suzuki, T., & Foreman-Takano, D. (2004). *Lingua Frankly: Tips for Successful Communication.* Tokyo: Ikubundo.

第 2 章

紀平英作（編）. (1999).『アメリカ史』（新版 世界各国史 24）山川出版社。

鈴木健. (2008).「オバマ流スピーチのひみつを探る」『［対訳］オバマ演説集』朝日出版社、4-7 ページ。

鈴木健. (2009).「オバマ大統領『プラハ演説』のひみつを探る」『［対訳］オバマ「核なき世界」演説』朝日出版社、4-7 ページ。

ブルームバーグ・グローバル・ファイナンス＆フジサンケイ・ビジネスアイ（編）. (2009).『オバマは世界をこう変える』徳間書店。

"American Political Parties." (2009). Kernell, S., Jacobson, G. C., & Kousser, T. *The Logic of American Politics.* 4th ed. Washington, D.C.: CQ Press, p.569.

"Americans' continuing identification with a major party." (2009). Kernell, S., Jacobson, G. C., & Kousser, T. *The Logic of American Politics.* 4th ed. Washington, D.C.: CQ Press, p.596.

Borchres, T. (2006). *Rhetorical Theory: An Introduction.* Belmont, CA: Wodsworth.

Burke, K. (1950). *A Rhetoric of Motive.* NY: Prentice-Hall.

Goodnight, G. T. (1995). Unpublished manuscripts for public argumentation course taught by Takeshi Suzuki in the Department of Communication Studies, Northwestern University. Evanston, IL.

Commission on Presidential Debates. (1988). *Let Us Debate*.

Pew Research Center for the People and the Press. (2005). *The 2005 Political Typology: Beyond Red vs. Blue*. Washington, D.C.: Pew Research Center, p.67.

Rowland, C. R., & Jones, J. M. (2007). "Remaking the American Dream and American politics: Barack Obama's keynote address to the 2004 Democratic National Convention." *Quarterly Journal of Speech, 93,* 425-448.

Tulis, J. K. (1987). *The Rhetorical Presidency*. Princeton: Princeton University Press.

"Where the public gets in news about presidential campaigns." (2009). Kernell, S., Jacobson, G. C., & Kousser, T. *The Logic of American Politics*. 4th ed. Washington, D.C.: CQ Press, p.670.

第 3 章

岡部朗一．(1992).『政治コミュニケーション：アメリカの説得構造を探る』有斐閣．

鈴木健．(2009a).「オバマ大統領就任演説のひみつを探る」『［対訳］オバマ大統領就任演説』朝日出版社、4-7 ページ。

鈴木健．(2009b).「オバマ東京演説のひみつを探る」『［対訳］オバマ東京演説』朝日出版社、4-7 ページ。

鈴木健、岡部朗一（編）．(2009).『説得コミュニケーション論を学ぶ人のために』世界思想社。

Goodnight, G. T. (1980). "The liberal and conservative presumption: On political philosophy and the foundations of public argument." J. Rhodes & S. Newman (Eds.), *Proceedings of the First Summer Conference on Argumentation*. Fall Church, VA: Speech Communication Association, pp. 304-337.

Goodnight, G. T. (1995). Unpublished manuscripts for public argumentation course Taught by Takeshi Suzuki in the Department of Communication Studies, Northwestern University. Evanston, IL.

Kahane, H. (1995). *Logic and Contemporary Rhetoric: The Use of Reason in Everyday Life*. 7th ed., Belmont, CA: Wadsworth Publishing Company.

Lucaites, J. L., & Condit, C. M. (1990). "Reconstructing <equality>: Culturetypal and counter-cultural rhetorics in the martyred Black vision." *Communication Monographs*, 57, 5-24.

Obama, B. (2007). "Campaign 2008: Renewing American leadership." *Foreign Affairs*, June/August, 2-16.

Perelman, C., & Olbrechts-Tyteca, L. (1969). *The New Rhetoric*. J. Wilkinson & P. Weaver (Trans.), Notre Dame: University of Notre Dame Press, 415-426.

Sapir, E. (1934). "Symbolism." *Encyclopedia of the Social Science*. E.R.A. Seligman (Ed.), NY: Mcmillan, p.492.

Satin, M. (2004). *Radical Middle: The Politics We Need Now*. Boulder, CL: Westview Press.

Stevenson, C.L.(1944). *Ethics and Language*. New Haven: Yale University Press.

Suzuki, T., & Eemeren, F. H. (2004). "'This painful chapter': An analysis of Emperor Akihito's *apologia* in the context of Dutch old sores." *Argumentation and Advocacy, 41*, 102-111.

Tulis, J. K. (1987). *The Rhetorical Presidency*. Princeton: Princeton University Press.

Zarefsky, D. (1986). *President Johnson's War on Poverty: Rhetoric and History*. University: University of Alabama Press.

第 4 章

鈴木健．(2004a)．「大統領選の流れ」『大統領選を読む！』朝日出版社、17 ページ。

鈴木健．(2004b)．「コーカス（党員集会）の仕組み」『大統領選を読む！』朝日出版社、19 ページ。

鈴木健．(2004c)．「各州に割り当てられた選挙人の数」『大統領選を読む！』朝日出版社、52-53 ページ。

鈴木健．(2004d)．「二大政党候補の一般投票における得票率と当選の関係」『大統領選を読む！』朝日出版社、55 ページ。

「米国内のラティーノの人口変化と投票行動」．(2006)．『朝日新聞』6 月 30 日、6 面。

"Citizen involvement and election news." (2002). Patterson, T. E. *The Vanishing Voter: Public Involvement in an Age of Uncertainty*. NY: Vintage Books.

Denton, R. E., & Woodward, G. C. (1990). *Political Communication in America*. 2nd ed., NY: Preager.

Goodnight, G. T. (1991)."Controversy." D. W. Parson (Ed.), *Argument in Controversy*

Fairfac, VA: Speech Communication Association, pp. 1-13.

Hollihan, T. A. (2009). *Uncivil Wars: Political Campaigns in a Media Age*. 2nd ed., Boston, MA: Bedford/St. Martin's.

McDermott, M. L., & Frankovic, K. A. (2003)."Horserace polling and survey method effects: An analysis of the 2000 campaign." *Public Opinion Quarterly, 67*, 244-264.

Murray, S. K., & Howard, P. (2002). "Variation in White House polling operations: Carter to Clinton." *Public Opinion Quarterly, 66*, 527-558.

Olson, K. M., & Goodnight, G. T. (1994). "Entanglements of consumption, cruelty, privacy, and fashion: The social controversy over fur." *Quarterly Journal of Speech, 53*, 115-126.

Presidential Election 1789-2008. (2010). Washington, D.C.: CQ Press.

"The rise and decline of the death penalty." (2009). S. Kernell, G. C. Jacobson, & T. Kousser, *The Logic of American Politics*. 4th ed., Washington, D.C.: CQ Press, p.229.

Rosenstone, S. J. (1983). *Forecasting Presidential Elections*. New Haven: Yale University Press.

Smith, T. W. (1990). "The first straw? A study of the origins of election polls." *Public Opinion Quarterly, 54*, 21-36.

Traugott, M. W. (2001). "Assessing poll performance in the 2000 campaign." *Public Opinion Quarterly, 65*, 389-419.

Voss, D. S., Gelman, A., & King, G. (1995). "Pre-election survey methodology: Details from eight polling organizations, 1988 & 1922." *Public Opinion Quarterly, 59*, 98-132.

"Votes cast and delegates selected in presidential primaries, 1912-2008." (2010). *National Party Conventions 1831-2008*. Washington D.C.: CQ Press, p. 13.

第 5 章

ウッドワード, B.、バーンスタイン, C. (2005).『大統領の陰謀』常盤新平（訳）、文春文庫。

「名演説を生んだ20代」. (2008).『AERA』2008年11月24日号、75ページ。

岡部朗一. (1992).『政治コミュニケーション：アメリカの説得構造を探る』有斐閣。

岡部朗一（編）. (2009).「言語とメディアと政治―言語の可能性―」『言語とメディア・政治』朝倉書店。

「オバマとクリントンの支出内訳」. (2008).『読売新聞』3月6日、11面。

「1992—2004 年の 4 回の大統領選の勝敗」. (2008).『読売ウィークリー』9 月 7 日号。
「2008 年大統領選の結果」. (2008).『読売新聞』11 月 6 日、6 面。
「有権者の投票行動」. (2008).『読売新聞』11 月 6 日、9 面。
Ananthaswamy, A. (2008). "Will Obama bury the 'Bradley effect'?" http://www.newscientist.com/article/mg20026796.000-will-obama-bury-the-bradley-effect.html. Retrieved on September 7, 2009.
Bormann, E. (1960)."Ghostwriting and the rhetorical critics." *Quarterly Journal of Speech, 41,* 288.
Cappella, J. N., & Jamieson, K. H. (1997). *Spiral of Cynicism: The Press and the Public Good.* NY: Oxford University Press.
Delli Carpini, M. X., & Keetzer, S. (1993)."Measuring political knowledge: Putting first thing first." *American Journal of Political Science, 37,* 1179-1206.
"Democratic nomination preferences, 2007-2008." (2009). Kernell, S., Jacobson, G. C., & Kousser, T. *The Logic of American Politics.* 4th ed. Washington, D.C.: CQ Press, p.590.
Entman, R. (1993). "Framing: Toward clarification of a fractured paradigm." *Journal of Communication, 43,* 51-58.
"Growing acceptance of women and minorities as presidential candidates." (2009). Kernell, S., Jacobson, G.C., & Kousser, T. *The Logic of American Politics.* 4th ed., Washington, D.C.: CQ Press, p.481.
Hollihan, T. A. (2009). *Uncivil Wars: Political Campaigns in a Media Age.* 2nd ed., Boston, MA: Bedford/St. Martin's.
"Households with radios, televisions, cable or satellite, or broadband Internet access." (2009).Kernell, S., Jacobson, G. C., & Kousser, T. *The Logic of American Politics.* 4th ed., Washington, D.C.: CQ Press, p.665.
Husson, W., Stephen, T., Harrison, T. M., & Fehr, B.J. (1988). "An interpersonal communication perspective on images of political candidates." *Human Communication Research, 14, 397*-421.
Iyenger, S., & Kinder, D. (1987). *News That Matter.* Chicago: University of Chicago Press.
Kaid, L. L., & Chanslor, M. (1995). "Changing candidate images: The effects of political advertising." K. L. Hacker (Ed.), *Candidate Images in Presidential Elections.* Westport, CT: Praeger, pp. 139-183.
Keeter, S. (1987). "The illusion of intimacy: Television and the role of candidate personal

qualities in voter choice." *Public Opinion Quarterly, 70,* 88-98.

McCombs, M. E., & Shaw, D. L. (1993). "The agenda-setting function of mass media." *Political Communication Review, 1,* 1-7.

Medhurst, M. J. (2003). "Presidential speechwriting: Ten myths that plague modern scholarship." K. Ritter & M. J. Medhurst (Ed.)., *Presidential Speechwriting: From the New Deal to the Reagan Revolution and Beyond,* pp.3-19.

Michelson, C. (1944). *The Ghost Talks.* NY: G. P. Putnam's Sons.

Morrison, P. (2008). "The 'Bradley effect' in 2008." http://www.latimes.com/news/opinion/la-oe-morrison2-2008oct02,0,5653453.column. Retrieved on September 7, 2009.

Patterson, T. E. (2002). *The Vanishing Voter: Public Involvement in an Age of Uncertainty.* NY: Alfred A. Knopf.

Pfau, M., Diedrich, T., Larson, K. M., & Van Winkle, K. M. (1995). "Influence of communication modalities on voters' perceptions of candidates during presidential primary campaigns." *Journal of Communication, 45,* 122-133.

Popkin, S. L. (1994). *The Reasoning Voter.* 2nd ed., Chicago: University of Chicago Press.

"RCP poll average: General election: McCain vs. Obama." (2010). http://www.realclearpolitics.com/epolls/2008/president/us/general_election_mccain_vs_obama-225.html. Retrieved January 29.

"Republican nomination preferences, 2007-2008." (2009). S. Kernell, G. C. Jacobson, & T. Kousser, *The Logic of American Politics.* 4th ed., Washington, D.C.: CQ Press, p.590.

Sabato, L. J. (1992). "Open season: How the news media cover presidential campaigns in the age of attack journalism." M. D. McCubbins (Ed.), *Under the Watchful Eye: Managing Presidential Campaigns in the Television Era.* Washington, D.C.: Congressional Quarterly Press, pp. 127-152.

Smith-Spark, L. (2008). "Will closet racism derail Obama?" http://news.bbc.uk/2/hi/americas/us_elections_2008/7675551.stm. Retrieved on September 7, 2009.

"Social networking sites and the 2008 candidates." (2009). S. Kernell, G.C. Jacobson, & T. Kousser, *The Logic of American Politics.* 4th ed., Washington, D.C.: CQ Press, p.666.

Tarrance, Jr., V. L. (2008). "The Bradley effect–Selective memory." http://www.realclearpolitics.com/articles/2008/10/the_bradley_effect_selective_m.html. Retrieved on September 7, 2009.

"Voter turnout in presidential and midterm elections, 1789-2008." (2009). S. Kernell, G.C.

Jacobson, & T. Kousser, *The Logic of American Politics*. 4th ed., Washington, D.C.: CQ Press, p.573.

Waisanen, D., & Suzuki, T. (2008). "From the *Colbert Report* to counterfactual argument: Reflections of parodic public spheres." T. Suzuki, T. Kato, & A. Kubota (Eds.)., *Proceedings of the 3rd Tokyo Conference on Argumentation*. Tokyo: Japan Debate Association, pp. 258-265.

Waisanen, D., & Suzuki. T. (2009). "Audience roles in an infortaining public spheres: Polarization, critical deliberation, or epideictic engagement?" S. Jacobs, *et al.* (Eds.), *Concerning Arguments: Selected papers from the 15th Biennial Conference on Argumentation*. Washington, D.C.: National Communication Association, pp. 730-739.

第6章

カーター, J. (1976).『なぜベストをつくさないのか―ピーナッツ農夫から大統領へ』酒向克郎（訳）、英潮社。

佐々木毅. (1993).『アメリカの保守とリベラル』講談社。

鈴木健. (2004).『大統領選を読む！』朝日出版社。

「悪化するアメリカの住宅関連指標」. (2000).『読売新聞』5月2日、7面。

Benoit, W. L., McKinney, M. S., & Holbert, R. L. (2001). "Beyond learning and persona: Extending the scope of presidential debate effects." *Communication Monographs, 68*, 259-273.

Benoit, W. L., Webber, D., & Berman, J. (1998). "Effects of presidential debate watching and ideology on attitudes and knowledge." *Argumentation and Advocacy, 34*, 163-172.

"Career job approval: George W. Bush: ABC News and ABC News/*Washington Post* polls." (2010). http://abcnews.go.com/images/PollingUnit/1064a1Bush-Track.pdf. Retrived January 29, 2010.

Commission on Presidential Debates. (2008a). "September 26, 2008, the first McCain-Obama presidential debate." http://www.debates.org/index.php?page=2008-debate-transcript. Retrieved on January 28, 2010.

Commission on Presidential Debates. (2008b). "October 7, 2008, the second McCain-Obama presidential debate." http://www.debates.org/index.php?page=october-7-2008-debate-transcrip. Retrieved on January 28, 2010.

Commission on Presidential Debates. (2008c). "October 15, 2008, the third McCain-

Obama presidential debate." http://www.debates.org/index.php?page=october-15-2008-debate-transcript. Retrieved on January 28, 2010.

Hollihan, T.A. (2009). *Uncivil Wars: Political Campaigns in a Media Age.* 2nd ed., Boston, MA: Bedford/St. Martin's.

Kraus, S. (1988). *Televised Presidential Debates and Public Policy.* Hillsdate, NJ: Lawrence Erlbaum.

Kelley, M. (2004). "Debating the debate." http://www.law.harvard.edu/news/2004/09/15. Retrieved on September 7, 2009.

"Most important issue among registered voters: ABC News/*Washington Post* polls." (2010). http://abcnews.go.com/images/PollingUnit/1076a2ElectionofOurDiscontent.pdf. Retrieved January 29, 2010.

Presidential Election 1789-2000. (2002). Washington, D.C.: CQ Press.

Schlesinger, A.M., Jr., & Israel, F. L. (2002). *History of American Presidential Elections 1789-2001.* 11 Vols. Philadelphia, PA: Chelsea House Publishers.

Wattenberg, M. (2005). "Elections: Turnout in the 2004 presidential election." *Presidential Studies Quarterly, 35,* 138-146.

第7章

鈴木健．(2007)．「メディア・レトリックのイデオロギー批評」菅野盾樹（編）『レトリック論を学ぶ人のために』世界思想社、131-135 ページ。

鈴木健．(2009a)．「メディアとイデオロギー」鈴木健、岡部朗一（編）『説得コミュニケーション論を学ぶ人のために』世界思想社、213-216 ページ。

鈴木健．(2009b)．「オバマ大統領就任演説のひみつを探る」『[対訳] オバマ大統領就任演説』朝日出版社、4-7 ページ。

鈴木健．(2009c)．「オバマ大統領『プラハ演説』のひみつを探る」『[対訳] オバマ「核なき世界」演説』朝日出版社、4-7 ページ。

鈴木健．(2009d)．「オバマ大統領『教育演説』のひみつを探る」『[対訳] オバマから子どもたちへ』朝日出版社、6-9 ページ。

鈴木健、岡部朗一（編）．(2009)．『説得コミュニケーション論を学ぶ人のために』世界思想社。

"A Nation at Risk: The imperative for educational reform, April 1983." (1983). http://

www2.ed.gov/pubs/NatAtRisk/index.html. Retrieved January 28, 2010.

Benoit, W. L., Klyukovski, A. A., McHale, J. P., & Airne, D. (2001). "A fantasy theme analysis of political cartoons on the Clinton-Lewinsky-Starr affair." *Critical Studies in Media Communication, 18*, 377-394.

Berger, P., & Luckmann, T. (1966). *The Social Construction of Reality: A Teatise in the Sociology of Knowledge*. Garden City, NY: Doubleday.

Bormann, E. G. (1972). "Fantasy and rhetorical vision: The rhetorical criticism and social reality." *Quarterly Journal of Speech, 58*, 396-407.

Burke, K. (1966). *Language as Symbolic Action*. Berkeley: University of California Press.

Burke, K. (1969). *A Grammar of Motives*. CA: University of California, Berkley.

Campbell, K. K., & Jamieson, K. H. (1986). "Inaugurating the presidency." *Presidential Studies Quarterly, 15*, 394-411.

Chesebro, J. W. (2003). "Communication, values, and popular television series: A twenty-year assessment and final conclusions." *Communication Quarterly, 51*, 367-418.

Darsey, J. (2009). "Barack Obama and America's Journey." *Southern Communication Journal, 74*, 88-103.

Fisher, W. R. (1987). *Human Communication as Narration*. Columbia: University of South California Press.

Goodnight, G. T. (1980). "The liberal and conservative presumption: On political philosophy and the foundations of public argument." J. Rhodes & S. Newman. (Eds.), *Proceedings of the First Summer Conference on Argumentation*. Fall Church, VA: Speech Communication Association, pp. 304-337.

Griffin, L. M. (1958). "The rhetorical structure of the antimasonic movement." D.C. Bryant. (Ed.), *Rhetorical Idiom: Essays in Rhetoric, Oratory, Language, and Drama*. Ithaca: Cornell University Press.

Grossberg, L. (1984). "Strategies of Marxist cultural interpretation." *Critical Studies in Mass Communication, 1*, 394-421.

Hollihan, T. A. (2009). *Uncivil Wars: Political Campaigns in a Media Age*. 2nd ed., Boston, MA: Bedford/St. Martin's.

McGee, M. C. (1980). "The 'ideograph': A link between rhetoric and ideology." *Quarterly Journal of Speech, 66*, 1-16.

O'Brien, W. V. (1981). *The Conduct of Just War and Limited War*. NY: Praeger Publishers.

Reish, R. (2007). *Supercapitalism: The Transformation of Business, Democracy, and Everyday Life*. NY: Random House.

Sholle, D. J. (1988) "Critical studies: From the theory of ideology to power/knowledge." *Critical Studies in Mass Communication, 5*, 16-41.

Zarefsky, D. (1986). *President Johnson's War on Poverty*. University: University of Alabama Press.

第 8 章

『CNN が報じたクリントン不倫スキャンダルのすべて』. (1988). 朝日出版社.

鈴木健. (1988).「イデオロギーと暗示された意味：テクスト批評の新しい視点」『言語』7月号，74-77 ページ.

常盤新平、川本三郎、青山南、加賀山広（編）. (1984).『アメリカ情報コレクション』講談社.

Grossberg, L. (1984). "Strategies of Marxist cultural interpretation." *Critical Studies in Mass Communication, 1*, 392-421.

Hall, E. T. (1976). *Beyond Culture*. NY: Doubleday.

Sholle, D. (1988). "Critical studies: From the theory of Ideology to power/knowledge." *Critical Studies in Mass Communication, 5*, 16-41.

Suzuki, T. (1999). "A rhetorical analysis of Japanese apologetic discourse: A rhetorical genre." N. Sugimoto (Ed.)., *Japanese Apology across Disciplines*. NY: Nova Sciences, pp.155-183.

Ware, B. L., & Linkugel, W. (1973). "They spoke in defense of themselves: On the generic criticism of apologia." *Quarterly Journal of Speech, 59*, 273-283.

第 9 章

"A bandwagon election begins." (2001). *Japan Times*. July 13, p.18.

"A bold new start of the LDP." (2001). *Japan Times*. April 25, pp. 14-16.

Ando, T. (2002). "*Seiji no henka ha teichaku suruka*" [Can the change of political climate be sustained?]. *Nihon Keizai Shimbun*. June 4, p. 2.

Asaumi, N. (2001). "Koizumi facing battle royal." *Daily Yomiuri*. January 4, p. 20.

Beals, G. (2001). "Looks are everything." *Newsweek*. May 7, pp. 14-16.

City Nagaoka, Niigata. (2006). *"Kome hyappyou no seishin"* [The spirit of the one hundred sacks of rice]. Retrieved June 16, 2006, from http://www.city.nagaoka.niigata.jp/dpage/syomu/kome100/seishin.html

Bormann, E. G. (1985). "Symbolic convergence theory: A communication formation." *Journal of Communication, 35*, 128-137.

Bormann, E. G., Cragan, J. F., & Shields, D. C. (2000). "An expansion of the rhetorical vision component of the symbolic convergence theory: The Cold War paradigm case." C. R. Burgchardt (Ed.), *Readings in Rhetorical Criticism*. Pennsylvania: Strata Publishing, pp. 260-287.

Brasor, P. (2001). "Face value." *Japan.* July 20, pp. 19-21.

"Bunseki Koizumiryu: 2" [An analysis of the Koizumi style: Part 2]. (2001). *Yomiuri Shimbun.* August 17, p. 4.

"Bunseki Koizumiryu: 3" [An analysis of the Koizumi style: Part 3]. (2001). *Yomiuri Shimbun.* August 18, p. 4.

"Crazy for Koizumi." (2001). *Financial Times,* as cited in the *Japan Times.* July 27, p. 18.

"Diet surprises with TV ratings." (2001). *Japan Times.* May 19, p. 3.

"Erasing the pain of reform." (2001). *Japan Times.* August 10, p. 3.

"Gaman no tetsugaku" [The philosophy of endurance]. (2001). *Mainichi Shimbun.* September 1, p. 3.

Hosokawa, R. (2001). "LDP must reform for the nation's good." *Japan Times.* April 22, p. 19.

Igunatis, D. (2001). "Koizumi gambles on jumping-starting Japan." *Japan Times.* July 12, p. 18.

"'*Kadan na kotoba no sonosakie*" [The next step toward the use of "decisive" words]. (2001). *Asahi Shimbun.* January 1, p. 13.

"*Kaikaku no naijitsu*" [The truth of the structural reform]. (2001). *Asahi Shimbun.* July 10, p. 13.

"*Kaikaku no seihi ga tamesareru*" [The test of a success of Koizumi's reform]. (2001). *Asahi Shimbun.* July 31, p. 16.

"Koizumi poised to clinch poll, prime ministership." (2001). *Japan Times.* April 23, p. 1.

"*Koizumi senpu jimin taisho*" [The Koizumi tornado brought the triumph of the LDP]. (2001). *Asahi Shimbun*. July 30, p. 1.

"LDP candidates hope to win seats riding on Koizumi's popularity." (2001). *Japan Times*. July 24, p. 1.

"LDP rides into town on Koizumi's coattails." (2001). *Daily Yomiuri On-line*. Retrieved August 1, 2001, from http://www.yomiuri.co.jp/newse/20010801wo02.htm

Maeda, T. (2001). "Voters take a bet on the LDP." *Japan Times*. July 31, p. 3.

Mikuriya, T. (2001). "*Miseba tsukuru kagekina kotoba*" [The sensational words making a highlight scene]. *Japan Times*. December 31, p. 3.

Nabeshima, K. (2001). "Avoid temptation of populism." *Japan Times*. July 16, p. 20.

"Poll: Ruling Coalition shoot-in." (2001). *Daily Yomiuri On-line*. Retrieved July 24, 2001, from http://www.yomiuri.co.jp/newse/20010724wo02.htm

"Reform of state-linked firms encounters stiff resistance." (2001). *Japan Times*. August 11, p. 1.

Rybacki, K., & Rybacki, D. (1991). *Communication Criticism: Approaches and Genres*. Belmont, CA: Wadsworth.

"*Shushou shudou de shoumen toppa*" [Koizumi is aiming at the breakthrough by taking prime minister's leadership]. (2001). *Nihon Keizai Shimbun*. November 20, p. 2.

"'*Susundeinai' rokuwari*" ["No progress" the sixty percent answered]. (2001). *Asahi Shimbun*. December 26, p. 1.

Suzuki, Y. (2001). "signs of creative destruction." *Japan Times*. May 14, p. 18.

"*Tensei jingo*" [Vox Pupil, Vox Dei]. (2001). *Asahi Shimbun*. July 30, p. 1.

Toda, M. (2001). "Koizumi takes an early lead." *Japan Times*. April 22, p. 16.

"Two steps before the pain." (2001). *Financial Times,* as cited in *Japan Times*. July 31, p. 18.

Uchida, K. (2001). "Koizumi tidal wave may create." *Japan Times*. May 5, p. 18.

"Unemployment demands quick action." (2001). *Japan Times*. August 31, p. 20.

"Voters head for the polls in Japan." (2001). CNN.com. Retrieved July 1, 2001, from http://cnn.worldnews.printthis.clicability.com/

第 10 章

"A Beastly Question." (1984). *Time*. October 15, pp. 88-89.

Ceaser, J. W. (1984). "As good as their words: Reagan's rhetoric." *Public Opinion*. June/July, pp. 10-12 & 17.

"Getting a second look." (1984). *Time*. October 22, pp. 25-8.

Graber, D. (1976). "Inferences drawn from verbal behavior." *Verbal Behavior and Politics*. Urbana-Champaign: The University of Illinois Press, pp.83-91.

Hofstetter, C. R. (1981). "Content analysis.". D. D. Nimmo & K. R. Standers (Eds.), *Handbook of Political Communication*. Beverly Hills, CA: Saga Publication, pp. 529-560.

"How to cut the deficit." (1984). *BusinessWeek*. March 26, pp. 50-109.

Janis, I. L. (1967). "Effects of fear arousal on attitude change: Recent developments in theory and experimental research." *Advances in Experimental Social Psychology III*. Maryland Heights, MO: Academic Press, pp.162-224.

Lakoll, G., & Johnson, M. (1975). *Metaphors We Live By*. Chicago: Chicago University Press.

Light, P. (1984). "As good as their words: Mondale's message." *Public Opinion*. June/July, pp. 13-17.

Mondale, W. (1985a). "Presidential nomination acceptance address, July 19, 1984." Excerpts from the *Speeches of Walter F. Mondale Campaign for the Presidency, 1982-1984*. Washington, D.C.: March 28, pp. 56-63.

Mondale, W. (1985b). "Speech at abyssinian Baptist church, November 1, 1984." Excerpts from the *Speeches of Walter F. Mondale Campaign for the Presidency, 1982-1984*. Washington, D.C.: March 28, pp. 86-92.

Mondale, W. (1985c). "Speech on human rights, October 29, 1984." Excerpts from the *Speeches of Walter F. Mondale Campaign for the Presidency, 1982-1984*. Washington, D.C.: March 28, pp. 80-85.

Mondale, W. (1985d). "Speech at the National Press Club, January 3, 1984." Excerpts from the *Speeches of Walter F. Mondale Campaign for the Presidency, 1982-1984*. Washington, D.C.: March 28, pp. 28-36.

Mondale, W. (1985e). "Tampa rally speech, March 6, 1984," Excerpts from the

Speeches of Walter F. Mondale Campaign for the Presidency, 1982-1984. Washington, D.C.: March 28, pp. 37-42.

Reagan, R. (1987a). "Debate between the President and former Vice-president Walter F. Mondale in Louisville, Kentuchky, October 7, 1984." *Public Papers of the Presidents of the United States. Book II – June 30 to December 31, 1984*. United States Government Printing Office: Washington, D.C., pp. 1441-1464.

Reagan, R. (1987b). "Remarks accepting the presidential national nomination at the Republican national convention in Dallas, Texas, August 23, 1984." *Public Papers of the Presidents of the United States. Book II – June 30 to December 31, 1984*. United States Government Printing Office: Washington, D.C., pp. 1113-1119.

Reagan, R. (1987c). "Radio address to the nation on deficit reduction and taxation, August 4, 1984." *Public Papers of the Presidents of the United States. Book II – June 30 to December 31, 1984*. United States Government Printing Office: Washington, D.C., pp. 1122-1123.

Reagen, R. (1987d). "Remarks at a Reagan-Bush rally in Atlanta, Georgia, June 26, 1984." *Public Papers of the Presidents of the United States. Book II – June 30 to December 31, 1984*. United States Government Printing Office: Washington, D.C., pp. 1090-1093.

Reagan, R. (1987e). "Remarks and a question-and answer session at the 'Choosing a future' conference in Chicago, Illinois, September 5, 1984." *Public Papers of the Presidents of the United States. Book II – June 30 to December 31, 1984*. United States Government Printing Office: Washington, D.C., pp. 1233-1240.

Reagan, R. (1987f). "Remarks and a question-and answer session at the economic club of Detroit in Detroit, Michigan, October 1, 1984." *Public Papers of the Presidents of the United States. Book II – June 30 to December 31, 1984*. United States Government Printing Office: Washington, D.C., pp. 1396-1403.

Reagan, R. (1987g). "Remarks at a Reagan-Bush rally in Portland, Oregon, October 23, 1984." *Public Papers of the Presidents of the United States. Book II – June 30 to December 31, 1984*. United States Government Printing Office: Washington, D.C., pp. 1622-1626.

"Reagan's good-times budget: A risky election – Year bet on a strong economy." (1984). *BusinessWeek*. January 30, pp. 70-80.

"Poised for the big move up." (1984). *Time.* October 1, p. 22.

"When optimists attract: Life's winners score by saying pleasant things." (1988). *Newsweek.* October 17, p. 80.

あとがき

ギデンス, A. (1999).『第三の道』佐和隆光（訳）、日本経済新聞社。

松本茂、鈴木健、青沼智. (2009).『英語ディベート―理論と実践』玉川大学出版部。

鈴木健. (2001).「ディベートを学ぶ意義」『人事院月報』10月号、21-22ページ。

Freeley, A. J. (1986). *Argumentation & Debate: Critical Thinking for Reasoned Decision Making,* 6th ed., Belmont, CA: Wadsworth.

索　引

あ

愛玩犬ジャーナリズム ……………… 124
青い州 ……………………………… 167
赤い州 ……………………………… 167
赤さび地帯 ………………………… 117
新しい責任の時代 ………………… 181
新しい平和の時代 ………………… 181
新しい民主党員 …………………… 163
アポロギア理論 …………………… 196
アメリカ新世紀プロジェクト ……… 166
アメリカの再生 …………………… 181
アメリカンドリーム ……………… 4, 49
新たな始まり ……………………… 54
アンケート用紙の文言と配列 …… 117
暗示 ………………………………… 193
暗示的意味 ………………………… 70
「安全重視の母親」現象 …………… 167

意見形成 …………………………… 118
意見の交換 ………………………… 36
意思形成 …………………………… 29
意思対立 …………………………… 29
偉大な社会 ……………………… 35, 50
偉大なディベート ………………… 151
一般投票 …………………………… 98
一匹狼 ……………………………… 141
偽りのディベート ………………… 153
偽りの二律背反 …………………… 76
イデオグラフ …………………… 47, 192
イデオロギー ……………………… 143
イデオロギー批評 ………………… 192
異文化間コミュニケーション論 … 26
イメージ形成 ……………………… 65
医療コミュニケーション論 ……… 27
因果関係の誤り …………………… 76
印象管理 ……………………… 120, 123
インターネット …………………… 143

インフォテインメント …………… 126
引喩 ………………………………… 72

ウォーターゲート事件 …………… 124
美しい日本 ………………………… 36
うわべと現実の対比 ……………… 59

エスニシティ ……………………… 22

オバマ・ドクトリン ……………… 176
オープン …………………………… 94
思いやりのある保守主義 …… 51, 164
オールドエコノミー ……………… 185

か

外交保守 …………………………… 141
介入 ………………………………… 86
核になる価値観 …………………… 6
革命的な人々 ……………………… 82
過激な中道 ………………………… 83
架け橋の戦略 ……………………… 66
架け橋を作る ………………… 52, 177
仮装の敵 …………………………… 76
家族の価値 ………………………… 203
勝ち馬に乗る現象 ………………… 135
感情的説得 ………………………… 16

機会 ………………………………… 49
機会の国 …………………… 4, 31, 186
危機管理 …………………………… 123
危機に立つ国家 …………………… 184
儀式演説 …………………… 14, 179
規制緩和 …………………………… 158
議題設定機能 …………………… 121, 152
基調演説 …………………………… 97
基本的機会 ………………………… 17
基本的自由 ………………………… 17

索引　257

脚韻	72	公的問題を解決するプロセス	19
逆ブラッドリー効果	147	公的領域の議論	36, 59
ギャラップ	114	公平な機会	17
供給重視経済学	158	公平の原理	150
共時的分析	192	国際主義	105
凝縮的シンボル	70	小口献金者	138
業績評価型投票	88	個人献金	138
共通のきずな	73	個人主義	22
共通の敵	57	個人内コミュニケーション論	25
共通の利益の強調	56	ゴーストライター	126
共同製作	134	誤謬	75
拒否権	108	ゴミ置き場犬ジャーナリズム	124
切り返し	163	コミュニケーション的有能さ	31
		コミュニタリアニズム	160
具現化	193		
グリーン・ニューディール	51, 107	**さ**	
クロスオーバー	94	再現	47
クローズド	94	最大多数の最大幸福	30
		差別化する戦略	200
経済保守	141	参加型民主主義	20
激戦州	98, 141	三権分立	3
権威に対する訴求	75	サンプリング	116
言及的シンボル	70	サンベルト	117
言語的有能さ	31		
見識	177	ジェンダーギャップ	140, 163
現状維持派	191	視覚的な隠喩	194
現状打破派	191	死刑制度	107
現状の帰化	193	自己弁護戦略	196, 199
幻想なき理想主義者	178	7人の小人たち	160
		実演	46
効果的な政策決定	65	失業率	91
効果的な政策提唱者	6	私的領域の議論	36, 59
公共性	17	視点	122
公共性の空間	37, 106	シビル・ユニオン	110
公共のフォーラム	126	指名受諾演説	97
構造改革	191	社会運動	191
公的アメリカ演説史	14	社会階層	116
公的助成金	139	社会主義的施策	23
公的な議論が行われる場	21	社会的現実	173
公的な議論と討論	21, 65	社会的コンセンサス	150
公的な説得の技法	3, 14, 175		

社会的真実	16, 190	政治行動委員会	138
社会的に構築された現実	21	政治コミュニケーション論	3
社会的文脈	192	政治的資産	4, 52
社会保守	141	政治的な指導力	150
社会問題	105	正当化	194
社会論争	4, 106	正副候補のバランスを取る	143
ジャンル分析	179	西部諸州	143
宗教	111	誓約	50
宗教右派	109, 111	誓約の再生	55
修辞的疑問文	73	責任の所在	59
集団コミュニケーション論	25	積極的運動	191
就任演説	179	説得的定義	69
出馬表明以前の時期	91	説明責任	17, 185
証拠不十分の虚偽	78	セミオープン	94
常識への訴求	56	ゼロサム・ゲーム	142
勝者総取り制度	94, 142	選挙権の行方を左右する有権者	111
少数民族優遇措置	163	先行議論	74
象徴的現実	172	全国党大会	96
象徴的相互作用	172	戦時大統領	90, 120
所得倍増論	35	戦争挑発者	157
ジョブレス・リカバリー	103	戦争の英雄	115
ジョブロス・リカバリー	104	前提条件	71
人格攻撃	75	専門領域の議論	36, 59
人格問題	105, 162	前例に基づく議論	54
人民の意思	55		
信頼	123	相互依存性	17
		増税なき財政再建	35, 36
スーパーチューズデー	95	ソーシャル・ネットワーキング・サービス	143
スピーチライター	126		
スピンドクター	122	**た**	
滑りやすい斜面	77		
スマートパワー	176	代議員	93
		第三党候補者	102
聖域なき構造改革	36	対照	74
正義の戦争ドクトリン	181	対人間コミュニケーション論	25
性急な一般化	78	体制側による社会運動	191
政教分離の原則	70	大統領選キャンペーン	91
政権担当側	152	大統領選挙人	98
政策決定	29	大統領選挙人制度	115
政策綱領	97	代表制民主主義	19
政治演説	14	大票田	142

索引 259

大量破壊兵器 …………………… 173
対話 ………………………………… 40
対話型民主主義 …………………… 17
タウンミーティング …………… 153
妥協 ………………………………… 58
正しい戦争 ……………………… 181
単独行動主義 …………… 105, 166

地域性 …………………………… 143
地方への権限委譲 ……………… 158
中間選挙 …………………………… 90
中間層 ……………………………… 82
中産階級 ………………………… 111
中傷キャンペーン ……………… 161
中絶 ……………………………… 109
中道派 ……………………………… 83
超越する戦略 …………………… 200
超越的な原則への訴え …………… 57
調査会社 ………………………… 116
挑戦者側 ………………………… 152
沈積 ……………………………… 193

対句法 ……………………………… 72
通事的分析 ……………………… 192

定義する力 ………………………… 68
伝統的価値観 ……………………… 85

同一視 ……………………………… 73
頭韻 ………………………………… 72
党員集会 …………………………… 93
動機 ……………………………… 188
党公認候補者のバランスを取る … 97
同性婚 …………………… 79, 110
討論 ………………………………… 40
特別代議員 ………………………… 94
匿名性 …………………………… 131
ドラマティズム ………………… 188
トランスフォーメイショナリスト … 84

な

南部諸州 ………………………… 141
二酸化炭素排出量削減 ………… 107
二枚舌 ……………………………… 77
ニューエコノミー ……………… 185
ニューカラー …………………… 112
ニューディール政策 …… 35, 43, 50
ニューデモクラシー …………… 112
ニューフロンティア ……………… 50
人気に基づく議論 ………………… 75

ネオコンサーバティブ …………… 84
ネオポピュリスト ………………… 84
ネオリベラル ……………………… 84
ネーダー効果 …………………… 103

年齢 ……………………………… 143

は

バイブルベルド ………………… 117
敗北宣言 ………………………… 165
バタフライバロット …………… 164
番犬ジャーナリズム …………… 124
反動主義者 ………………………… 83

ビジネスコミュニケーション論 … 27
ビジョン中心の指導力 …………… 65
ヒスパニック …………………… 112
否定する戦略 …………………… 199
否定的運動 ……………………… 191
表面的意味 ………………………… 70
貧困との戦争 …………… 35, 50, 191
貧困ライン ……………………… 159

ファンタジー・テーマ分析 …… 190
フェアトレード運動 ……………… 86
フォーカスグループ …………… 122
複数領域にまたがる論争 ……… 174
副大統領候補選び ………………… 97

双子の赤字 ………………… 104, 159
ブッシュ・ドクトリン ……………… 176
プライミング効果 ………………… 122
ブラッドリー効果 ………………… 145
フレームを提供する機能 …………… 120
ブレーントラスト ………………… 129
フロントランナーのつまずき ……… 135
文化戦争…………………………… 203
文脈 ………………………………… 71
文明の衝突 ………………………… 55
分離………………………………… 69

ベビーブーマー …………… 97, 111
ペルソナ …………………………… 68
弁論術 ……………………………… 14

法廷弁論 …………………………… 14
冒頭演説 ………………………… 155
法律コミュニケーション論 ………… 27
補強の戦略 ……………………… 199
保守三大勢力……………………… 141
保守的な前提条件 ………… 78, 175

ま

マイノリティ …………………… 112
マッチングファンド ……………… 137

ミザリー・インデックス ………… 157
3つの説得戦略…………………… 16
民族性 ……………………………… 22

無駄に基づく議論 ………………… 53
無党派 …………………… 83, 176

メガチューズデー ………………… 96
メディアコミュニケーション論 …… 27
メディケア ………………………… 90

物語パラダイム ………………… 189
門番としての機能 ……………… 121

や

ヤッピー ………………………… 112
やり直しの機会 ………………… 186

誘導 ……………………………… 118

抑制と均衡 ………………………… 4
予備選挙 …………………………… 93
よりましな方の選択 ……………… 53
世論調査 ………………… 113, 116
世論調査機関 …………………… 116
世論を分断する論点………………
　　　　　………… 4, 79, 103, 166, 189

ら　わ

ライト・イン ……………………… 95
ラティーノ ……………………… 112

理性世界パラダイム …………… 189
リベラルな前提条件 ……… 78, 175
倫理的説得 ……………………… 16

レーガノミックス ………… 51, 158
レーガン・デモクラット ………… 141
レッテル貼り ……………………… 73
レトリック的合衆国史 …………… 14
レトリック的な物の見方 ………… 16
レトリック批評 ………………… 172

炉辺談話 ………………………… 43
ローズガーデン戦略 …………… 170
ロー対ウェード判決 …… 109, 174
論理的説得 ……………………… 16

ワイルダー効果 ………………… 145
わが家の裏庭は困る症候群……… 37

あとがき

　2006年にフルブライト研究員として滞在した南カリフォルニア大学で経験した「オバマ・ブーム」の中で、本書の構想を得た。本書のタイトルは『政治レトリックとアメリカ文化——オバマに学ぶ説得コミュニケーション』であるが、彼のレトリックだけでなく、オバマを生み出したアメリカから何を学べるかも意図している。

　避けては通れないのは、今後、われわれがどのような政策決定プロセスを望むかという問題である。そもそも政治家に説得コミュニケーションの能力が要求される理由は、世の中の物事すべてにプラスとマイナスがあるからである。「平等」を行き渡らせたいなら皆が「努力」して機会の均等を求めることが必要であり、「自由」という権利を主張するなら個々人には「責任」が伴うし、「安全」を求めるなら規模の大小の違いはあっても「共同体」という概念を欠かすことはできない。ある選択を行うときにプラスだけを求めてもそれはないものねだりであり、逆にマイナスだけを考えて及び腰になっていても未来は開けてこない。重要なのは、プラスとマイナスをどう考えるかというバランス感覚である。また、短期的にはプラスに思えたことも、近道や無難な選択をしたばかりに、長期的にはかえってマイナスにはたらいて後悔することも多い。逆に、最初はマイナスに思えたことも、それを乗り越えることで人生のヒントを学んだり、その後の自信につながることも多い。人の心も体もバネのようなもので、さびつけばちょっとした重荷にも押しつぶされてしまう。しかしながら、ひとつひとつは小さくとも成功体験を積み重ねてしなやかさと軽やかさを失わない人が、問題を乗り越える力を身につけることができる。

　その点で、今求められているのは、複雑化した社会の中でも「夢を語ることができる」指導者である。彼らには、レトリックを駆使してビジョン先行型の政策決定を行うことが求められている。特に、21世紀の政治家の仕事は、20世紀の政治家とは比べものにならないほど複雑化してきているのである。

議論学者オースチン・フリーリー（Freeley 1986）によれば、世界の知識は、1750年から1900年までの150年間に倍増したが、1900年からの半世紀でさらに倍増し、次に1950年からの10年間でまた倍増した。1960年以降、5年ごとに倍増を繰り返すといわれた知識は、2000年には1900年時点の1,000倍を超えたと考えられる。その結果、21世紀においては、われわれが想像もできなかった問題に、存在しない証拠資料に基づいて政策決定をしなければいけない状況に直面している。フリーリーは、「21世紀初頭には、知られていることすべてのうち、97％は、現在（1986年時点）の大学生が生まれてから発見されたものになるだろう」と予測していた（p. vii）。

　政治を「公的な政策決定のプロセスに関わるコミュニケーション」として捉えた場合、「公的な議論が行われる場」（public forum）を日本に作り出して機能させることは欠かせない。第1章の「公的問題解決のための段階別コミュニケーション」の社会問題の明確化、解決案の提示、問題解決の必要性の討議、各解決案のメリットの比較、市民や行政執行官への法律の説明という5段階を思い起こしていただきたい（**図1-1**を参照）。すべての段階において、直接に目の前の問題に関わる政治家、議論の場を提供するメディア、長期的な視点でアドバイスを行う専門家の役割のそれぞれに時間をかけて議論することから始める必要がある。公的な政策決定のプロセスが国民に見えるようにするだけでなく、彼らも参加できるような「公的な議論が行われる場」を機能させることが急務となっている。

　具体的には、3点に分けて述べてみたい。まず第1に、政党政治に関していえば、日本では、二大政党制を通じて国民が選択すべき対立軸がまだ設定されていない。はっきりした二大政党間の対立軸が設定されてこそ、国民に選択の余地が生まれる。例えば、米国の対立軸は、高福祉を指向し社会的な寛容さを求めるリベラリズムと、政府の最低限の関与を指向し伝統的家族観や価値観を望む保守主義である。イギリスの対立軸は、伝統的に「ゆりかごから墓場まで」と形容される福祉リベラリズムと、市場経済にできる限りまかせようとする新保守主義である。そうした対立軸が存在して初めて、米国

における「過激な中道」や欧州における「第三の道」（ギデンス1999を参照）といった構想も生まれてくる。手厚い福祉を目指す「第一の道」もセイフティネットさえあればよしとする「第二の道」も時代の要請に合わないとき、グローバルな視点から国家成長戦略を指向する第三の選択肢が意味を持つ。もし代わり映えしない二枚看板間で政権交代が繰り返されるだけであれば、国民にとって不幸な結果になる。

　言うまでもなく、期待される対立軸は、「日本」が今後どのような姿を目指すかである。少子高齢化とグローバリゼーションが進む中、あるべき姿を模索できない国に心をはせるとき、不安を感じるのは著者だけであろうか。例えば、格差社会は今まで手をつけられなかった構造的問題を解決できるという点で「ピンチはチャンス」である。格差社会は、豊かな時代に人生の大半を過ごした高齢者と正規労働者比率が5割の若年層との「世代間格差」、人口・産業・インフラで繁栄を謳歌する三大都市圏と産業弱体化・住民高齢化で疲弊した地方との「地域間格差」、富裕層や海外を顧客に利益を出せる企業とモノ作りを背負ってきながら経営難に陥った中小企業や新興ベンチャーとの「業界間格差」など、多様な顔を持っている。われわれは、政治がすべてを解決できるとする過大評価にも、政治は無力であるという過小評価にも与するべきではない。政府がすべき（あるいは政府にしかできないの）は、効率的な予算配分と国家戦略の立案であり、将来的に国民がどのような役割を演じて、経済的・精神的に豊かな社会を達成するかという方向づけである。

　さらに、政治家に関しては、自らの政策を積極的に提言して、すでに原案が存在する場合には対案を示し、できる限り説明責任を果たそうとする姿勢を期待したい。第1章で触れた「対話型民主主義」を指向し、自分が示したビジョンに説明責任を果たそうとする姿勢は優柔不断な政治家とは対極にあり、原案なしに結論だけを先送りする調整型タイプの政治家とはスタイルを異にしている。万が一にも専門家のアドバイスや反対意見に耳を貸さないようなことがあっては問題だが、論争を恐れない態度がこれからの政治家に欠かせない資質である。日本では2009年に自民党から民主党への歴史的な政権交代が実現したが、政権交代は手段にすぎず、それ自体が目標ではない。

20世紀にイギリスがマーガレット・サッチャー首相の指導下で公社民営化、所得税減税、金融ビッグバン、政策立案能力のある官僚登用によって英国病を克服したように、21世紀のアメリカもオバマ大統領の指導下で未曾有の金融危機後の「リベラルな民主主義」「国際協調主義」に基づく国家再建を指向している。ひるがえって日本を見たとき、いまだに日本病の根本的な処方箋さえ論じられていない。日本病とは、「失われた10年」には「過去の成功体験が忘れられずにチャレンジができず、不況に有効な処方箋を打ち出せないだけでなく、決断力のない責任者が居座って新しいリーダーが育たない現象」であり、21世紀においては継続する問題に加えて有効なデフレ対策を打ち出せず、自信喪失状態が続いている現象である。

　第2に日本に必要なのは、国全体が「構造不況」に入っている認識に基づいて原因分析を行い、複数の解決案を提示し、それぞれの効果を検証するというディベート的手法が取れる人材を、教育・政治・ビジネスの分野に育成することである(例えば、鈴木 2001; 松本、鈴木、青沼 2009 を参照)。ディベートを知らない人と知っている人のいちばんの違いは、ディベートを知っている人は提唱するプランの「利益達成」(plan-meet-advantage)のプロセスと短期・中長期的「効果」(impact)まで議論できる点である。学校の授業と社会人研修の形でディベートを教え、以下の3つの能力の養成を図る必要がある。まず、スピーチコミュニケーションとしてのディベート能力を学ぶ必要性である。相手の発言を耳でとらえただけでは、「聞く」(hear)ことにはなっても「聴く」(comprehend)ことにはならない。実際にディベートに参加することで、リスニングのコツ、意見の提示方法、ノートの取り方、議論の整理の仕方、自ら評価を下す方法を学習することが肝要である。さらに、肯定側と反対側の両方を代表する人々、公正な第3者を審査員として配することで「政策決定」(decision-making)の方法論としてのディベートを学ぶことができる。次に、民主主義の基礎としてのディベート能力を学ぶ必要性である。「複眼的思考方法」の訓練としてディベートは、暫定的提案の検証を参加者に教えることで、社会を成熟化させる。日本社会には、政治家・指導者・エリート・専門家などに議論を任せきりにしてしまい、有権者・国民・市民・一般

人などの意見が政策決定プロセスに反映されない傾向がある。公共性の領域の議論を市井の人々の立場からも見るとともに、一般人にも分かるように賛成論と反対論を提示する方法論を学ぶ場としてディベートは機能する。最後が、シミュレーションとしてのディベート能力を学ぶ必要性である。ディベートは、提案に対するイエスとノーの立場の現実的変革の方向性を、直感ではなく議論と分析に基づいて比較する機会を提供する。例えば、消費税はアップされるべきなのか、日本は道州制を導入すべきなのかなど、変化への不安感や人々の反対で施行することがむずかしい問題に関して、模擬実験を通じてリスクとチャンスを検証する「発想法」を身につけることである。

　最後である３つ目が、オバマのスローガン「チェンジ」（Change）を外部システムの「変革」と訳すのでなく、国家も国民も外部に合わせた自らの「変化」と考える必要性である。「生き生きと生きる」とは、あつれきを避けて無難に生きていくことではない。人間は生きている限り、２つのチャレンジを避けては通れない。ひとつは問題を解決するチャレンジであり、懸念が解決されたときには社会も個人も前進することができる。もうひとつが、現状を継続するだけではむずかしい目標を設定して将来的な達成を目指すチャレンジである。明治時代の日本人は気概や志を持っていたし、戦後の日本人も立身出世や勤勉といった価値観を持っていた。しかしながら、70年代までの家族的経営時代の年功序列や終身雇用というシステムが失われると、80年代には企業に忠誠心を持たない「新人類」が誕生し、90年代には社員を切り捨てて会社を生き残らせるための「リストラ」が横行し、勤労者も企業も互いを尊重しなくなった。日本的経営がうまく行っていた時代には、社員を研修やオン・ザ・ジョブで育てる余裕もあった。現在、即戦力を求める企業と「夢」を追い求める若者の間で、雇用のミスマッチが起こっている。求められているのは、国家主導による失業者の再教育プログラムと、これまで日本に存在しなかった分野も含めた大学院教育の充実である。近視眼的に、目先の効果を求めるのではなく、人材を育てるための予算は「将来に対する投資」と考えて長期的に大きな見返りを求める発想が必要である。そのためには、もちろん学部レベルの既存カリキュラムを抜本的に見直して、受験生と企業の両方に魅力

のある 21 世紀の要請に応えるような大学カリキュラムを模索することも必要である。

　同時に、「日本と世界」という対立構造でなく「世界の中の日本」というグローカル（glocal）な発想が求められている。チャレンジとは、リスクを取ることでよりよい未来を構築するチャンスを目指すことである。無難なやり方だけを追い求めていれば追いかけてくる国に抜かれてしまうことは歴史が証明している。日本が今の姿のままいたいと思っても、世界と地球の環境が激変している。そうした状況では、強い者が生き残るのではない。変化に適応できる者だけが生き残るのである。不安があっても、われわれは希望を求めてチャレンジしていくべきである。もしもオバマがそばにいたならば、きっと「イエス、ウイ・キャン！」と答えてくれるであろう。

2010 年 4 月

鈴木　健

著者プロフィール

鈴木　健　SUZUKI Takeshi

1960 年	茨城県生まれ
1996 年	ノースウエスタン大学大学院コミュニケーション研究科より博士号 (PhD) 取得。
	津田塾大学学芸学部助教授、南カリフォルニア大学アネンバーグ・コミュニケーション学部客員教授（フルブライト研究員）を経て、
現　在	明治大学情報コミュニケーション学部教授
専　攻	レトリック批評、コミュニケーション教育
著　書	『大統領選を読む！』朝日出版社、2004 年
	『クリティカル・シンキングと教育』（共編）世界思想社、2006 年
	『レトリック論を学ぶ人のために』（共著）世界思想社、2007 年
	『言語とメディア・政治』（共著）朝倉書店、2009 年
	『英語ディベート―理論と実践』（共著）玉川大学出版部、2009 年
	『説得コミュニケーション論を学ぶ人のために』（共著）世界思想社、2009 年
	『パフォーマンス研究のキーワード―批判的カルチュラル・スタディーズ入門』（共著）世界思想社、2011 年
	Japanese Apology Across Disciplines. (Co-authored). N. Sugimoto (Ed.), NY: Nova Science Publisher, Inc., 1999.
	Transforming Debate: The Best of the International Journal of Forensics. (Co-authored). J. E. Rogers (Ed.), International Debate Education Association, 2002.
	Lingua Frankly: Tips for Successful Communication. (Co-authored). Tokyo: Ikubundo, 2004.
	Contemporary Perspectives on Argumentation: Views from the Venice Argumentation Conference. (Co-authored). F. van Eemeren et al. (Eds), Amsterdam: Sic Sat, 2006.

政治レトリックとアメリカ文化
オバマに学ぶ説得コミュニケーション

2010 年 5月15日　初版第 1 刷発行
2012 年10月20日　　　第 2 刷発行

著　者	鈴木　健
発行者	原　雅久
発行所	株式会社 朝日出版社
	〒 101-0065　東京都千代田区西神田 3-3-5
	TEL: 03-3263-3321　FAX: 03-5226-9599
	郵便振替　00140-2-46008
	http://www.asahipress.com/(PC)　http://asahipress.jp/（携帯）
	http://twitter.com/asahipress_com（ツイッター）
編集協力	赤井田拓弥（ナラボー・プレス）
装　丁	岡本　健・阿部太一（岡本健＋）
カバー写真	©The White House
本文デザイン・DTP	POOL GRAPHICS
印刷・製本	図書印刷株式会社

ISBN978-4-255-00525-6　C0031
©SUZUKI Takeshi & Asahi Press, 2010　Printed in Japan

リスニングの進化が実感できる英語学習誌!

CNN ENGLISH EXPRESS

CNNライブ収録CD付き／毎月6日発売／定価1,400円(税込)

毎月この1冊で英語が聴ける、世界が変わる!

英語が楽しく続けられる!

重大事件から日常のおもしろネタ、スターや著名人のインタビューなど、CNNの多彩なニュースを生の音声とともにお届けします。3段階ステップアップ方式で初めて学習する方も安心。どなたでも楽しく続けられて実践的な英語力が身につきます。

資格試験の強い味方!

ニュース英語に慣れれば、TOEIC®テストや英検のリスニング問題も楽に聞き取れるようになります。

定期購読をお申し込みの方には本誌1号分無料ほか、特典多数。詳しくは下記ホームページへ。

CNN ENGLISH EXPRESS ホームページ

英語学習に役立つコンテンツが満載!

[本誌のホームページ] http://ee.asahipress.com/
[本誌編集部の twitter] http://twitter.com/asahipress_ee

朝日出版社　〒101-0065 東京都千代田区西神田 3-3-5　TEL 03-3263-3321

類のない例文数を収録
書きたい英語が自由自在に書ける！

CD-ROM for Windows

[イーディック]
E-DIC 英和/和英 第2版
例文が引ける辞書

単語・イディオム・熟語動詞・スラングを完全収録。
類例のない豪華収録辞書データでほしい英語情報がすぐ手に入ります。

例文にある単語を入れ替えるだけで思うがままに英文が書けます。

お買い求めの後も、新しい辞書データを無料提供する増量サービスが大好評!!

税込価格2,940円
全国の書店、ネット書店にて好評発売中
朝日出版社ホームページにてもダウンロード販売中
http://www.asahipress.com/e-dic2/

日本語版Windows XP (Service Pack 2) 以上対応

スマートフォン用アプリも新発売
（iPhone用、Android用）

詳しくはこちら ▶ http://www.asahipress.com/e-dic2/

朝日出版社 〒101-0065 東京都千代田区西神田3-3-5　TEL 03-3263-3321

必読・必聴！世界を変える歴史的スピーチ。

臨場感あふれる生声CD付き［英-日］完全対訳　各1,050円（税込）

オバマ 東京演説

Obama's Tokyo Speech

初来日の
記念碑的スピーチ！

アジア外交演説を全文収録。

日米首脳共同記者会見も収録。
（オバマ大統領発言部分）

オバマ「核なき世界」演説
核兵器廃絶に向けて
世界を主導する考えを表明。
この演説でノーベル平和賞受賞。

オバマから子どもたちへ
［茂木健一郎 監訳］
未来を担う者たちに語りかけた
オバマ式「学問のすすめ」

オバマ演説集
ケネディを超える感動。
歴史はこの演説でつくられた！
伝説の「基調演説」から
「勝利演説」まで。

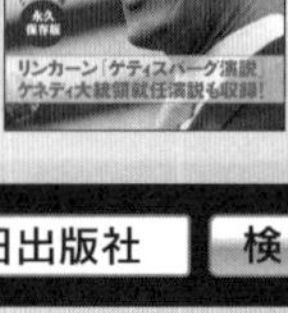

オバマ大統領就任演説
リンカーンの
「ゲティスバーグ演説」、
ケネディの大統領就任演説も収録。

役に立つ語学の情報がいっぱい！　朝日出版社　検索　TEL 03-3263-3321